汽车技术创新与研究系列丛书

面向类脑智能汽车的驾驶人情感计算与意图辨识

王晓原 刘亚奇 韩俊彦 著

机械工业出版社

将类人智能植入车辆"大脑"是智能汽车领域的前沿和热点，本书将深入探讨人类驾驶复杂情感 - 意图 - 行为交互的作用，在全面总结国内外相关研究现状及发展趋势的基础上，着重介绍作者在这一领域的最新研究成果，主要包括：汽车集群态势复杂性分析及建模方法、不同驾驶人情绪下的汽车运动特征、单 / 双车道环境汽车驾驶人意图的情感指引机制及辨识方法、基于多人动态博弈的汽车行驶车道选择模型。本着严谨科研、实用为上的原则，本书对研究中涉及的实验组织、数据采集与处理、模型验证等技术方案进行详细阐述，并给出相关参考文献，以供希望进一步深入了解的读者使用。

本书可以为机械工程（车辆工程）、交通运输工程、控制科学与工程、系统科学与工程、智能驾驶、心理学、行为科学等多学科交叉领域从事驾驶人行为、意图及情感交互作用研究的相关专业技术人员提供参考，也可以作为相关专业的研究生和高年级本科生教材。

图书在版编目（CIP）数据

面向类脑智能汽车的驾驶人情感计算与意图辨识 / 王晓原，刘亚奇，韩俊彦著. —北京：机械工业出版社，2023.1（2024.3重印）

（汽车技术创新与研究系列丛书）

ISBN 978-7-111-72544-2

Ⅰ．①面… Ⅱ．①王… ②刘… ③韩… Ⅲ．①智能控制—汽车—研究 Ⅳ．①U46

中国国家版本馆CIP数据核字（2023）第010520号

机械工业出版社（北京市百万庄大街22号　邮政编码100037）
策划编辑：王　婕　　　　　责任编辑：王　婕　何士娟
责任校对：潘　蕊　李　婷　责任印制：刘　媛
涿州市般润文化传播有限公司印刷
2024 年 3 月第 1 版第 2 次印刷
184mm×260mm・14印张・2插页・327千字
标准书号：ISBN 978-7-111-72544-2
定价：138.00元

电话服务　　　　　　　　　网络服务
客服电话：010-88361066　　机　工　官　网：www.cmpbook.com
　　　　　010-88379833　　机　工　官　博：weibo.com/cmp1952
　　　　　010-68326294　　金　书　网：www.golden-book.com
封底无防伪标均为盗版　　机工教育服务网：www.cmpedu.com

前　言

随着交通运输业的快速发展，我国汽车保有量不断增加，城市道路系统中人-车-环境矛盾日益突出，交通安全问题日趋严重，其中人的因素在交通事故影响因素中占95.3%。随着智能运输系统的不断发展，人们发现单纯的逻辑推理难以顺应复杂多变的生活环境。虽然人脑的记忆能力和计算速度不如计算机，但由于情感的指引，人类能够更快地做出最佳的决策。本书以人的情感和意图为主要研究对象，综合考虑驾驶人倾向性、车辆状态和车辆集群态势，采用心理测量、道路实验、模拟驾驶、计算机仿真等手段进行了系统研究。本书在学术上可促进机械工程（车辆工程）、交通运输工程、控制科学与工程、系统科学与工程、智能驾驶、人工智能、心理学、行为科学、人因学等学科的交叉，在应用上可为智能汽车的发展提供新思路和理论以及方法参考。

十余年来，作者的研究团队一直围绕驾驶人行为与安全等智慧交通和智能网联驾驶重点研究课题，致力于驾驶人行为、意图与情感计算等方面的探索性研究，取得了丰硕研究成果，并整理汇集到本书之中，与读者共享。

全书共6章，第1章主要介绍本书的研究背景、研究现状；第2章主要介绍多车道环境中汽车集群态势复杂性分析及建模方法；第3章主要介绍采集与分析愤怒等八种典型驾驶情绪下汽车运动特征数据的关键理论和方法；第4、5章主要介绍单、双车道环境驾驶人意图的情感影响机制及辨识方法；第6章主要介绍基于相场耦合与多人动态博弈的车道选择模型。

全书由王晓原、刘亚奇、韩俊彦执笔统稿。作者之外，在前期的资料收集与整理、数据调查与实验过程中，刘丽萍、王方、王云云、刘善良、刘士杰等做了大量艰苦但富有成效的工作。研究及交流过程中，美国华盛顿大学的Xuegang（Jeff）Ban教授、清华大学的王建强教授、武汉理工大学的吴超仲教授、北京理工大学的王武宏教授、西南交通大学的孙湛博教授等，均提供了大量富有建设性的意见和多方面的帮助。

在本书的编写过程中，我们得到了多方的支持，特别是山东省自然科学基金（项目编号：ZR2020MF082）的资助，在此一并表示感谢。

由于作者的水平与对类脑智能、驾驶人行为的研究有限，书中难免存在一些不妥或疏漏之处，敬请广大读者及专家批评指正。

作　者
2022年09月

目 录

前言

第1章 概述 ... 001

1.1 类脑智能汽车 ... 001
1.2 驾驶情感与意图 ... 002
1.2.1 驾驶情感 ... 002
1.2.2 驾驶意图 ... 004
1.2.3 意图的情感影响机制 ... 005
1.3 汽车驾驶行为 ... 006
1.3.1 车道变换 ... 006
1.3.2 车道选择 ... 008

第2章 汽车集群态势复杂性分析及建模方法 ... 010

2.1 双车道汽车集群态势复杂性分析与建模方法 ... 010
2.1.1 双车道汽车集群态势的数学表达 ... 010
2.1.2 双车道汽车集群态势的划分及约简 ... 014
2.1.3 双车道汽车集群态势辨识 ... 015
2.2 三车道汽车集群态势复杂性分析与建模方法 ... 015
2.2.1 三车道汽车集群态势的数学表达 ... 015
2.2.2 三车道汽车集群态势的划分及约简 ... 019
2.2.3 三车道汽车集群态势辨识 ... 020

第3章 不同驾驶人情绪下的汽车运动特征 ... 022

3.1 驾驶人情绪诱发 ... 022
3.1.1 情绪诱发方法 ... 022
3.1.2 诱发效果评价 ... 026
3.1.3 实车及虚拟驾驶实验 ... 035
3.2 驾驶人心理 - 生理特征 ... 036
3.2.1 心理问卷调查及分析 ... 036
3.2.2 生理特征信号采集及分析 ... 039
3.3 汽车运动特征 ... 041
3.3.1 研究方法 ... 041
3.3.2 分析结果 ... 043

第4章 单车道环境汽车驾驶人意图的情感指引机制及辨识方法 ………………053

4.1 驾驶人情感动态特征提取及辨识 …………………………………………053
4.1.1 模型构建与数据采集 …………………………………………………053
4.1.2 特征提取与模型标定 …………………………………………………056
4.1.3 测试验证 ………………………………………………………………059

4.2 驾驶人意图的情感作用效应分析 …………………………………………063
4.2.1 模型构建与数据采集 …………………………………………………063
4.2.2 统计分析与模型评估 …………………………………………………065

4.3 情感影响的驾驶人意图涌现规律 …………………………………………071
4.3.1 模型构建与数据采集 …………………………………………………071
4.3.2 模型训练与验证 ………………………………………………………073
4.3.3 影响分析与后验概率 …………………………………………………078

4.4 情感演变激发的驾驶人意图转移规律 ……………………………………084
4.4.1 模型构建与数据采集 …………………………………………………084
4.4.2 特征提取与模型标定 …………………………………………………088
4.4.3 测试验证 ………………………………………………………………090

4.5 适应情感多模式划分的驾驶人意图特征提取及辨识 ……………………093
4.5.1 模型构建与数据采集 …………………………………………………093
4.5.2 特征提取与模型标定 …………………………………………………097
4.5.3 测试验证 ………………………………………………………………100

第5章 双车道环境汽车驾驶人意图的情感指引机制及辨识方法 ………………104

5.1 驾驶人意图的情感触发效应分析 …………………………………………104
5.1.1 基于免疫算法的情感触发效应分析模型 ……………………………104
5.1.2 数据处理与参数标定 …………………………………………………106
5.1.3 模型评估与结果分析 …………………………………………………110

5.2 不同情感影响下驾驶人意图涌现规律 ……………………………………112
5.2.1 基于前向神经网络的意图涌现规律辨识模型 ………………………112
5.2.2 模型训练与结果分析 …………………………………………………113

5.3 情感演变激发的驾驶人意图转移规律 ……………………………………116
5.3.1 基于情感演化的驾驶意图转移模型 …………………………………116
5.3.2 意图转移概率计算 ……………………………………………………120
5.3.3 测试验证 ………………………………………………………………134

5.4 考虑情感影响的驾驶人意图辨识 …………………………………………135
5.4.1 基于SVM的驾驶人意图辨识模型 ……………………………………135
5.4.2 模型训练 ………………………………………………………………137
5.4.3 测试验证 ………………………………………………………………138

第6章 基于多人动态博弈的汽车行驶车道选择模型 ... 143
6.1 基于完全信息多人动态博弈的车道选择模型 ... 143
6.1.1 模型构建、标定与求解 ... 143
6.1.2 基于NGSIM轨迹数据的车道选择模型验证 ... 148
6.2 基于相场耦合与不完全信息多人动态博弈的车道选择模型 ... 148
6.2.1 车道选择博弈分析 ... 148
6.2.2 模型构建、标定与求解 ... 155
6.2.3 模型验证 ... 163

附录A 双车道环境下作用粒度模糊推理规则 ... 168

附录B 三车道环境下作用粒度模糊推理规则 ... 174

附录C 情绪诱发方法分类 ... 185

附录D 驾驶倾向性测试问卷及评分方法 ... 187

附录E 意志力调查问卷及评分方法 ... 191

附录F 情绪体验自我报告问卷 ... 192

附录G T1、T3～T8车辆集群态势下汽车运动特征统计 ... 193

附录H 不同情绪下汽车运动特征差异性比较 ... 204

参考文献 ... 213

第 1 章 概 述

本章扼要地介绍了类脑智能汽车,系统地阐述了驾驶情感、驾驶意图以及驾驶行为的研究现状。

1.1 类脑智能汽车

据国家统计局数据[1],随着社会经济的发展,我国汽车保有量日趋庞大,而道路等基础设施的增速十分缓慢。当前,人-车-环境矛盾突出,事故、拥堵、污染等问题仍很严峻。在有限道路交通空间资源和既定交通需求条件下,运用智能交通系统(Intelligent Transportation System,ITS)、智能网联汽车(Intelligent and Connected Vehicle,ICV)的先进理念和技术,保障交通系统安全、智能、高效、绿色运行是亟待解决的课题。在此背景下,车辆已经从单纯的复杂机械机构向智能体发展。例如,车身电子稳定(Electronic Stability Program,ESP)系统的应用提高了车辆行驶的稳定性,自动紧急制动(Autonomous Emergency Braking,AEB)系统的应用提高了车辆行驶的安全性,主动悬架(Active Suspension,AS)系统的应用提高了车辆行驶的舒适性。但由近年来的道路交通事故发生率可以发现,这些智能系统的应用并不能完全解决由机动车驾驶人个人因素导致的交通事故。想要避免甚至杜绝这些交通事故的发生,最根本的解决办法是将机动车驾驶人从繁重的驾驶操作当中解放出来,实现更高级别的自动驾驶。

自动驾驶汽车不仅具备加速、减速、转弯以及倒车等传统车辆的常规功能,而且具有环境感知、路径规划、车辆控制、智能避障等智慧功能。自动驾驶车辆在交通系统中具有重大的应用价值,可以极大地促进交通系统智能化水平的提升,显著降低道路交通事故的发生率。利用自动驾驶技术将人类从驾驶任务中解放出来,被认为是实现零事故安全驾驶的最有效途径,是全面影响人类社会的交通革命。GB/T 40429—2021《汽车驾驶自动化分级》[2]将自动驾驶技术划分为 L0~L5 六个阶段。其中,L2 自动驾驶技术已实现量产,相关的自适应巡航控制、车道保持等已得到一定程度的规模应用。然而,L3 自动驾驶技术的发展已进入一个瓶颈期,谷歌、特斯拉、Uber、Waymo 等国际知名研发机构在 L3 自动驾驶技术量产道路上均举步维艰。究其原因,主要是当前自动驾驶技术忽视了驾驶人的人脑智能。

类脑智能的概念由美国科学家 Carver Mead 首次提出。类脑智能是指利用神经形态计算模拟人类信息处理过程，其具有在信息处理机制上类脑、认知行为和智能水平上类人的特点。类脑智能是人工智能的终极目标，类脑智能希望通过研究人类大脑的工作机理并模拟出一个和人类一样具有思考、学习能力的智能机器，从而根本地解决机器本身在复杂、非确定环境中无法正确、令人满意地行动的问题。随着人工智能（Artificial Intelligence，AI）研究不断深入及其应用领域不断扩展，研究者们发现，已有的 AI 研究在很多方面忽视了人类情感、意图、行为以及三者间的关系，导致性能难以进一步提高，已经无法满足智能机器新的发展需求。具体到自动驾驶汽车，当前的发展瓶颈主要是不能充分理解交通环境各组成成分及其干扰成分之间的排斥、吸引、竞争等逻辑关系，且对情感、认知等人类内在微观心理特性及其引发的一系列连锁反应不能很好把握。深入探究类脑智能可以使自动驾驶汽车拥有较高的认知水平，能够像熟练驾驶人一样产生安全、合理的驾驶行为，实现最大程度的"拟人化"。这意味着自动驾驶汽车可以在充分发挥其精确感知、快速反应、不间断工作等优势的同时，理解驾驶人的思维和行为方式，满足驾乘人员的需求，实现人车感知融合、行为融合、思想融合，使汽车回归于为人服务的本质。

1.2 驾驶情感与意图

类脑智能是突破当前汽车自动驾驶技术瓶颈的关键途径之一，揭示人类在驾驶活动中行为决策的微观心理过程，特别是情感、意图及其交互机制是实现类脑智能汽车的前提。

1.2.1 驾驶情感

情感是人对客观现实的一种特殊反映形式，是人对客观事物是否符合自身需要而产生的态度体验。情感是推动驾驶人进行驾驶活动的动力系统，决定着驾驶人对周围交通环境的认知以及态度的选择和趋向。人类行为由"认知"和"情感"协调控制，认知导向现实问题解决，情感导向心理需求解决。认知是个体从外界环境推导出含义，产生内部解释的心理过程。情感和情绪是统一的心理过程，是有机体反映客观事物与主体需要之间关系的态度体验。由于注意资源和认知载荷的局限性，人类认知具有有限理性的特点；由于认知和情感的深层交互作用，人类认知行为具有情感色彩。揭示人脑如何准确把握刺激客体的关键信息特征，并把默会知识转化为显性规则或概率，进而建构环境态势意义框架，在众多不确定情景中实现深层次态势预测和行为规划的过程，是使智能汽车以类脑方式实现各种人类认知和协同能力的现实基础和理论前提。当前，国内外相关学者对驾驶情感进行了大量研究，主要涉及驾驶情感生成机制、驾驶情感识别、情感对驾驶人生理和心理特性的影响等方面。近年来，国内外驾驶情感的代表性研究如下：

Martin Schmidt-Daffy[3] 指出当前任务要求超过驾驶人的感知能力时，其会产生恐惧情感；驾驶人的安全与速度目标之间冲突时，焦虑的强度会增加；降低车速会使驾驶人的恐惧情感显著减弱，但却不会减弱驾驶人的焦虑情感。Amanda N. Stephens 等[4] 研究了后车在跟随缓慢行驶的前车行驶过程中，不同类型的前车对于后车驾驶人愤怒等情感的不同影响。研究结果表明，与厢式作业车相比，前车是救护车辆时，后车驾驶人的愤怒感相对较弱。而且，后车驾驶人的行为会因前车状态的不同而不同。受 AI 领域情感识别研究的启发，相关学者研究了利用汽车驾驶人生理信号、语音信息、姿态表情的驾驶情感识别方法。Leng H 和 Lin Y 等[5]研究心率、皮温、皮电等与恐惧、高兴情感间的映射关系，实现对恐惧、高兴情感的有效识别，研究结果证明了运用生理参数进行驾驶人情感识别的可行性。Vankayalapati H D 等[6]提出运用语音信息提高驾驶人情感辨识系统鲁棒性的方法，该方法基于线性判别分析分类法、利用驾驶人语音韵律和声学特性辨识驾驶人情感，评估结果表明该方法情感辨识准确度高达 85%。Paschero M 等[7]运用经典神经网络模型和模糊神经网络分类器建立了一种情感识别系统，该系统通过实时监控人脸表情实现情感识别，所建情感识别系统训练时间短，且拥有简单、可自动设置的程序。Agrawal Urvashi[8]等通过监控分析驾驶人眼动和唇动检测面部表情，并运用面部表情信息进行驾驶人快乐、愤怒、悲伤和惊奇四种情感的辨识，验证结果表明所提方法情感识别准确率可达 94.58%。Frasson Claude 等[9]建立了一套虚拟驾驶系统，该系统利用脑电图（Electroencephalogram，EEG）系统实时捕捉和分析驾驶人的情感类型和强度，虚拟系统驾驶人情感状态的分析结果可用于减少驾驶人的不良情感。张潇丹等[10]针对支持向量机（Support Vector Machine，SVM）的参数优化问题，提出了一种改进的混合蛙跳算法（Improved Shuffled Frog Leaping Algorithm，Im-SFLA），提高了其在实用语音情感识别中的学习能力。研究结果表明，采用 Im-SFLA-SVM 方法的平均识别率达到 77.8%，分别高于 SFLA-SVM 方法、PSO-SVM 方法、SVM 方法、GMM 方法和反向传播人工神经网络（Back Propagation Artificial Neural Network，BP 神经网络；以下统称为 BP 神经网络）各 1.7%、2.7%、3.4%、4.7%、7.8%，并且对于烦躁这种实用情感的识别率提高效果最为明显。宿云等[11]构建了可以表示 EEG 数据语义和被试者上下文信息的本体模型，并基于该模型使用推理引擎进行基于 EEG 生理信号数据的自动情感识别。实验结果表明，模型在 eNTERFACE 2006 数据集上能够以 99.11% 的平均准确率识别被试者的情感状态，并从实验结果分析发现基于 EEG 数据情感识别最关键的特征是 Beta 波与 Theta 波的绝对功率比。另有学者针对汽车驾驶特性提出了多种驾驶情感识别及计算方法。Oehl Michael 等[12]指出目前没有一种可靠的驾驶人情感识别方法，并提出了一种利用转向盘握力非侵入测量驾驶人情感的新方法。研究通过测试积极情感（高兴）和消极情感（愤怒）对驾驶人转向盘握力的影响，得出当驾驶人处于高兴情感时转向盘握力会轻微增大，而当驾驶人处于愤怒情感时转向盘握力会显著减小。王晓原等[13-15]瞄准汽车驾驶人决策偏好等动态测度、表征方法和在线识别等问题，从驾驶人情感机理、辨识模型和计算方法方面进行了探索性研究。不同情感状态下，驾驶人心理和生理特性表现出明显差异。Christophe Jallais 等[16]研究了愤怒、悲伤情感对于驾驶人定位道路元素的干扰，指出了愤怒比悲伤更加减缓了驾驶人对道路元素的定位速度，更具驾驶危险性。Christelle Pêcher 等[17]通过模拟驾驶过程中对驾驶人播放情感音乐，研究音乐情感对驾驶行为的影响，研究结果表明高兴情感音乐会分散驾驶人注意力，使其横向控制能力减弱，悲伤情感音乐使驾驶人倾向于保持低速行驶。M. P. Barnard 等[18]通过模拟驾驶情景激发驾驶人恐惧情感，研究驾驶人恐惧情感与皮电、心率、眼动信息的关系及其测量方法，研究结果表明驾驶人恐惧情感随着事故风险水平的增加而增强，不同恐惧情感状态下驾驶人的皮电、心率、眼动信息存在差异。

1.2.2 驾驶意图

机动车驾驶意图是指驾驶人在驾车过程中所形成的一种与行驶环境和车辆状态相关的，并能决定下一时刻驾驶行为动作实施的自我内心状态。驾驶意图难以实时获取，往往通过驾驶人的动作、姿势及车辆状态、车外环境等间接信息对其进行预估和推测。在车辆行驶过程中，驾驶人通过自身视觉、听觉和触觉等感觉器官收集各种外在环境信息，然后根据其自身特性和需求做出判断和决策，形成下一步的行为规划，继而控制手、脚等执行航向调整或车速增减等操作，从而改变车辆的运行状态。驾驶行为的执行是由人的功能器官分层次沿时间轴循序进行的。驾驶意图本身可视为驾驶人对下一步驾驶行为的提前规划，是对当前道路交通系统信息所做的一种决策，此决策结合了驾驶人的主观愿望、驾驶经验和操作习惯等，其用途是指导驾驶人后续驾驶行为的执行。

作为影响车辆行驶安全的重要因素，驾驶意图一直是交通安全领域研究的热点。Sonja E.Forward[19]运用改进行为计划理论对275名实验样本的超速和违法超车两种意图进行了研究。其中，所用改进行为计划理论包含对描述性规范和历史行为进行独立处理的方法，实验样本均持有驾驶执照。研究结果表明，描述性规范和历史行为均影响对于超速和违法超车意图的预测，且描述性规范的影响作用更大。研究还发现，速度和行驶里程对年轻驾驶人的意图预测意义巨大，经常开车的驾驶人更倾向于超速。Heidi E.Nemme等[20]改进了行为计划理论，并将其应用于对年轻驾驶人开车期间接收和阅读短信意图的预测。通过研究态度、主观规范、感知行为控制、社会团体规范和道德规范对169名年轻驾驶人接收和阅读短信意图的影响，得出运用多策略方法对驾驶意图进行预测可有效减少交通危险行为。Lethaus Firas等[21]指出驾驶人眼动信息可有效预测驾驶人行为，将其应用于辅助驾驶系统，可有效改善驾驶安全。利用动态驾驶模拟装置搜集驾驶人不同操纵行为之前和操纵过程中的眼动信息和驾驶数据，用于人工神经网络预测模型的在线学习。研究结果表明，眼动信息和行车数据相结合可有效预测驾驶人意图。Lefevre等[22]摒弃以往利用轨迹预测识别交叉口处危险态势的方法，提出了一种通过对比驾驶人意图和期望行为的交叉口危险态势判别方法。通过设计交叉口冲突实验，验证了该方法在不同交通情境中的有效性。研究成果大大提高了危险态势预测的准确性，减少了交叉口处的碰撞事故。S.Helman等[23]指出驾驶人在学习开车之前和学习开车过程中拥有的态度及意图在很大程度上决定了其以后单独驾车的行为。利用调查问卷对204名实验样本学习开车之前和通过驾驶考试之后的态度及意图分别进行调查，并分析了两个调查结果的变化。调查结果表明，通过驾驶学习之后，驾驶人对速度选择、技术水平认知、刺激寻求（通过驾驶获得）态度及意图产生了对交通安全的不利变化，而驾驶人对跟车距离、超速倾向的态度及意图的变化对安全有利。Louise P.Waddell等[24]将驾驶过程中驾驶人使用手机的行为分为主动和被动使用两类，并通过对181名驾驶人的网络调查评估了态度、主观规范、感知行为控制、描述性规范，历史行为及意图等指标与驾驶过程中使用手机意图的关系。研究通过运用分层多源回归分析方法揭示了态度、主观规范、感知行为控制、描述性规范对驾驶人主动和被动使用手机意图的预测均有显著影响。Laurent Auzoult 等[25]认为道路安全干预措施当被驾驶人有效感知时，其对驾驶人的认知和意图将构成显著影响；并且，驾驶人对道路安全的认知效果取决于他们自身的自我意识。通过对 852 驾驶人的调查分析，研究了与安全相关的道路干预措施对驾驶人行为意图和认知的影响。Neale Kinnear 等[26]研究了排队长度、车队中大货车比例、速度、超车机会数量、任务缓急程度、拥堵时间等动态变量与驾驶人挫败感和超车意图的关系。研究结果表明，速度、排队长队等与交通相关的变量与驾驶人的挫败感和超车意图显著相关。王晓原等[27]从认知机理出发对驾驶人倾向性辨识及预测进行研究。通过对人 - 车 - 环境动态多源数据的分析，运用动态贝叶斯网络构建了多车道复杂环境下的驾驶倾向性动态辨识模型，并通过实车驾驶、虚拟驾驶、计算机仿真等多种实验手段验证了模型的有效性。吴超仲等[28]提出了一种基于扩展卡尔曼滤波（Extended Kalman Filter，EKF）学习方法的 BP 神经网络模型，用于识别驾驶人的换道意图，并进行短时行为预测。通过实验采集了 20 组高速公路实车行驶数据，利用前方车头时距、转向盘转角值、驾驶人头部水平位置数据，以及车道偏离量 4 类数据样本进行训练得到结果。实验结果表明，本模型较传统的神经网络识别模型具有更短的识别时间，且模型的可信度更高。在车辆换道和直线行驶 2 种工况下，本模型对换道意图的识别准确率达到了 95%。王建强等[29]提出了一种基于隐马尔可夫模型（Hidden Markov Model，HMM）的换道意图识别算法，以综合决策因子与表征车辆横向运动的特征参数为观测变量，以驾驶人意图为隐状态，搭建并训练 HMM，通过其解码方法实现驾驶人的换道意图识别。

1.2.3　意图的情感影响机制

关于情感对意图的影响机制研究大多集中在消费领域，很少涉及驾驶情感和驾驶意图。Ford 等[30]研究了怀旧情感对消费者捐赠意图的影响作用。研究结果表明，怀旧情感的激发程度越高，消费者的捐赠意图更大；怀旧情感对消费者捐赠意图的影响，受到其怀旧情感的调节；怀旧情感和捐赠意图都受到记忆唤起的调节作用。Ebru Tümer Kabadayl 等[31]通过对电子零售商店消费者重游意图的研究，论述了情感作用对消费者行为和营销管理（尤其是零售管理）的重要性。研究结果表明，零售商店的技术定位和情感状态直接影响消费者的重游意图。另外研究还证实，口碑是影响消费者是否产生积极情感的重要因素。Nicole Syringa Harth 等[32]对比分析了骄傲、愧疚及愤怒三种群体性情感对三种与自然环境相关意图的预测效果。研究结果表明，愧疚情感使人们更倾向于产生修复环境的意图，愤怒情感使人倾向于产生惩罚环境破坏者的意图，骄傲情感使人倾向于产生保护环境的意图。研究结果证明了情感在促进人们环境行为中扮演着重要角色。Chen Hung-Bin 等[33]运用结构方程模型研究了怀旧情感对餐馆顾客消费意图的影响作用。研究结果表明，怀旧情感既可以促进消费意图，也可以减弱消费意图；怀旧情感对消费意图的影响因人而异；对于年轻消费者，他们更加看重的是低廉的价格。Sheng-Hshiung Tsaur 等[34]运用 Mehrabian-Russell 模型研究了审美劳动消费者积极情感与消费意图的影响，研究了积极情感对餐厅消费者审美劳动及消费意愿的调节作用。研究结果表明，审美劳动能有效刺激消费者产生积极情感，积极情感对消费者的行为意图具有积极的调节作用。但是，当考虑食物质量、环境氛围、服务质量等变量时，审美劳动不再对行为意图有促进作用。宁淑荣等[35]从行为受情感和理智协调控制的观点出发，研究人工鱼的意图产生与行为决策。从人工鱼情感需求与生存理智来协调规划其意图优先级，给出了人工鱼藏匿处成立的条件，以及求偶、集群、避障、进食、藏匿、逃逸意图产生与行为决策的方法。

这些针对消费领域的研究证明了情感是意图强有力的预测器，意图是情感影响的结果，能对未来行为进行较好地预测。赋予车辆人类智慧、实现类脑智能汽车的研究无法回避驾驶情感、驾驶意图，特别是意图的情感影响机制。

1.3 汽车驾驶行为

车道变换不仅是驾驶人在车辆行驶过程中的主要驾驶任务之一，同时也是交通流理论和汽车主动安全理论研究的主要组成部分。车道选择是车道变换的重要组成部分，需要驾驶人在瞬间内综合分析多种信息、考虑多种因素的影响，车道选择的合理性直接关系到驾驶人驾驶过程的安全性。

1.3.1 车道变换

目前，许多学者已经在车道变换及车道选择方面做了大量的研究工作。其中，主要的车道变换模型可以分为两类：一类主要描述驾驶人进行车道变换的决策过程，另一类主要分析驾驶人变换车道对周围其他车辆及整个交通流等的影响。

1. 基于换道决策的车道变换模型

Gipps[36]基于交叉口信号控制或是有障碍物或重型车辆存在等交通情况，建立了车道变换模型。M.Rickert等[37]建立了基于双车道的元胞自动机模型，该模型的基础框架包括两部分：一是判断主车所在车道的前方是否存在障碍物，二是判断相邻车道上是否有足够的换道可插车间隙。Wu Jianping等[38, 39]将车道变换划分为向右换道和向左换道两种类型，分别使用超车利益与换道机会、后车压力与左车道的可插车间隙作为规则，建立了一种基于模糊逻辑的换道模型。

Hidas[40]提出了一个基于人-车单元的智能仿真的SITRAS模型。模型中判断车辆是否进行车道变换的条件包括：换道目标车辆跟随目标车道前车的减速度是否大于目标车可以接受的减速度、目标车道后车跟随换道目标车辆的减速度是否大于后车可以接受的减速度。随后，Hidas[41]在拥堵的交通条件下，将车道变换决策明确地分为被迫换道、自由换道和合作换道，建立了基于智能体理念的车道变换模型。张发等[42]提出了一种基于有限状态自动机的车辆行驶框架，该框架能够联系车辆跟驰和车道变换，同时容纳了选择性换道和强制性换道两种换道方式。Tomer Toledo等[43]提出了一种可以共同解释车道变换和加速决策的综合驾驶行为模型，该模型可以捕获这些行为的相关性，并反映驾驶人的计划能力。后来，Tomer Toledo等[44]又将短期目标和短期计划的概念引入了综合驾驶行为模型。

换道决策是驾驶人对不同车道行驶条件满意度选择的结果，王晓原等[15]应用层次分析法（Analytic Hierarchy Process，AHP）量化了驾驶人进行车道变换的动态决策过程，通过分析驾驶人的心理-物理特性，建立了考虑驾驶倾向性时变规律的车道变换模型。许伦辉等[45]以最小安全距离作为车辆安全换道的目标，建立了一种双车道环境车道变换模型。龙小强等[46]考虑了车辆的车型及驾驶人特性对车道变换的影响，引入了随机效用理论以描述驾驶人换道需求的产生，建立了基于车道选择效用的任意性换道模型。Kim Schmidt等[47]提出了一种基于转向盘转角的车道变换模型，用于预测驾驶人的换道决策过程，将平均2.5°的转向盘转角作为换道早期的预测因子，以提高先进驾驶人辅助系统换道安全预警的准确性。Li Qing等[48]建立了基于模糊逻辑的施工区内强制性车道变换模型，该模型以驾驶人智能咨询系统为基础，考虑了驾驶人的包括性别、年龄、学历及驾驶经验等社会人口统计学因素，研究了驾驶人在不同地理位置进行车道变换的反应时间及反应距离。Mehdi Keyvan-Ekbatani等[49]基于驾驶人在高速公路驾驶测验过程中对车辆速度及所行驶车道的选择数据，归纳了四种具有不同换道动机的驾驶策略：速度主导型、速度主导及超车型、车道主导型和交通状况主导型。Luo Yugong等[50]基于车-车通信技术提出了一种动态自主换道策略。该策略的关键技术包括轨迹规划和轨迹跟踪，通过将规划问题转化为约束优化问题，计算满足行车安全性、驾驶舒适性及交通效率要求的参考运行轨迹并实时更新。Esmaeil Balal等[51]提出了一种模糊推理系统，该系统的系统输入变量由车载传感器所采集数据的分析结果及基于驾驶人问卷调查的结果确定，而输出结果可为驾驶人是否进行任意性换道提供二元决策辅助。Lee等[52]提出了一种换道预警和干预策略，该策略由相对运动估计器及管理器组成。其中，相对运动估计器用于综合分析各种车辆传感器采集的信息，并应用EKF方法估计和修改相邻车道中威胁车辆与目标车辆之间的相对运动信息，管理器主要用于确定在不同威胁级别情况下横向驾驶人支持系统的预警和干预标准以及期望的车辆运动。Li Shengbo等[53]基于多智能体共识控制，引入四分量框架，对自动驾驶车辆列队行驶系统进行建模、分析，并给出了分布式换道控制器的设计。Peng Jinshuan等[54]基于驾驶人换道辅助系统及道路自然驾驶实验，从驾驶人的视觉搜索行为、车辆操作行为以及车辆运动状态、驾驶环境等方面提取了影响驾驶人换道行为的指标，构建了驾驶人向左换道的预测指标体系，并在此基础上建立了BP神经网络模型，以预测驾驶人的车道变换行为。Li Guofa等[55]基于从车辆运行状态及驾驶人操作信号中提取的最优特征，构建了融合一种序列向前浮动搜索算法、k-近邻分类器和HMM的驾驶人的车道变换或车道保持策略辨识方法。

2. 基于换道影响的车道变换模型

Jorge A. Laval等[56]在假设换道车辆在交通流中会产生间隙且这些间隙会使交通量减少的基础上，提出了一种在交通流中能识别有界加速度及换道车辆的四参数多车道混合模型，再现了瓶颈路段的交通现象。禹伟等[57]基于两车道的交通情况，对缓慢车道变换与交通拥挤的关系进行了定性分析和定量分析。结果表明，当到达车流量和车流密度越大时，由于缓慢车道变换而造成的交通拥挤情况则会越严重。Lyu Wei等[58]考虑到车辆换道是一个连续的过程且会对其后的跟驰车辆产生严重的影响，由此提出了一种通过控制虚拟车辆将换道过程简化为车辆跟驰框架思想的微观换道过程模型。结果表明，换道过程模型可以很好地契合实际的交通流状况，且换道行为可能会导致交通流量的减少。Zheng Zuduo 等[59]通过观测被诱发的驾驶人瞬时行为及驾驶人特征如驾驶人反应时间和最小间隔的变化等，研究了车道变换对驾驶人行为的影响。Lyu Wei 等[60]同时考虑任意性换道行为及强制性并道行为，建立了一个综合交通模型，通过计算换道和并道的可能性，研究城市道路瓶颈路段前方有并道影响的一般换道行为。Simon Oh 等[61]通过分析不同交通状态（引导车匀速、加速、减速）下车辆的运动轨迹，从微观角度揭示了换道对交通流的影响。Yasuhiro Shiomi 等[62]建立了基于车道变换动力学的多车道一阶交通流模型，其假定车道流量分配均衡是以随机用户均衡为前提的，且驾驶人进行车道变换并不能提高其效用。结果表明，该模型可以再现车道流量分配均衡曲线及并道瓶颈路段交通堵塞的传播。Malachy Carey 等[63]提出了一种改进的细胞传输模型，用以研究多车道及车道变换行为对交通分配结果的影响。Li Zhipeng 等[64]建立了广义点阵流体力学模型，将驾驶人个体的换道行为攻击性纳入考虑，研究了其对两车道交通流稳定性的影响。Li Xiang 等[65]通过假定行人进入交叉口服从泊松分布且驾驶人为了避免与行人发生碰撞而遵守安全规则，建立了一种基于元胞自动机的系统模型，研究了道路交叉口处换道车辆与过街行人的相互影响。Gong Siyuan 等[66]提出了一种在驶出匝道附近设置换道预警系统的方法，使强制性换道策略能够在恰当的位置执行，以减小其对驶出匝道附近交通流的负面影响，并建立了最优模型以寻找最佳的绿色和黄色预警区域。

1.3.2 车道选择

车道选择是驾驶人进行车道变换的重要组成部分，车辆在进行车道变换前，驾驶人需要根据自身的驾驶任务及期望，结合当前的行驶条件，选择合适的车道行驶。换道过程涉及两个或两个以上车道，所涉车道上的车辆间构成了一种交互作用关系，这些车辆构成了一个车辆集群。在集群中，驾驶人的车道选择过程是一个相互影响、相互作用的动态博弈过程，需要考虑周围多辆车、多种因素（如交通流密度、车辆平均速度、车型、相对距离、相对速度、驾驶倾向性等）的影响，以追求自身利益（如行车安全性、行车效率性、行车舒适性等）的最大化。

许多学者基于博弈论知识，研究了驾驶人的车道选择及车道变换行为：Hideyuki Kita[67]运用博弈论方法将高速公路驶入匝道路段处直行穿越车辆与汇入车辆二者间的相互作用解析为二人非零和非合作博弈。博弈中，二者的战略选择分别为汇入和不汇入及让行和不让行，博弈双方通过估计对方车辆将要选取的行动而采取最佳的行动策略。刘小明等[68]基于对驾驶人车道变换行为的分析，建立了一种基于动态重复博弈的驾驶人车道变换模型。在该模型中，速度期望与安全期望作为驾驶人进行不同行为决策的依据。彭金栓等[69]基于驾驶人决策阶段车辆间的运动关系及驾驶期望等提出了基于二人有限零和灰色博弈的车道变换模型，研究了换道目标车和目标车道后随车的策略选择和收益特性。随后，彭金栓等[70]探讨了换道临界冲突点处换道车与目标车道后车之间的非合作混合战略博弈，深入分析了各博弈参与方的收益及博弈存在的纳什均衡。张元良[71]提出了一种基于 Stackelberg 博弈理论的自主性车道变换模型，研究了目标车和目标车道后随车的换道博弈过程。应用智能驾驶人模型计算换道目标车的加速度以及目标车道后随车的减速度，并以此作为驾驶人各自的收益，考虑驾驶人的倾向性类型，根据不同类型驾驶倾向性的收益阈值确定驾驶人的换道决策。Alireza Talebpour等[72]将换道目标车与目标车道后车的相互作用同样解析为二人非零和非合作博弈，根据驾驶人在车辆通信与否条件下得到信息的完备程度，分别建立基于完全信息和不完全信息的换道模型，通过分析各博弈方的战略空间及收益函数，求解双方的最优反应策略。王克刚[73]基于对汽车集群态势的分析及驾驶人车道选择行为的效用函数，建立了基于混合模糊多目标多人非合作博弈的车道选择模型。通过分析不同策略组合下各个驾驶人所获得的收益，求解博弈存在的纳什均衡，得到了参与博弈各驾驶人的最优车道选择策略。Wang Xiaoyuan等[74]基于滚动时域的最优控制和动态博弈理论提出了一种将车道变换和车辆跟驰统一控制的预测方法，通过预测，确定车辆的离散期望车道序列和连续加速度，通过最小化其支付函数的手段获得了博弈存在的纳什均衡解。

第 2 章 汽车集群态势复杂性分析及建模方法

本章着眼于智慧交通及智能网联驾驶基础科学问题——汽车集群态势辨识,针对不同车道环境,分析汽车集群态势的复杂性,考虑多种影响因素,研究汽车集群态势的建模方法。借助物理学中的"力"形象描述车辆间的相互作用,利用模糊逻辑方法对双车道环境和三车道环境分别建立汽车集群态势模型,对态势进行划分和约简。依据驾驶人兴趣感应区域内目标车与其周围其他车辆的时空位置关系及目标车所受周围车辆的作用力,实现目标车当前所处汽车集群态势的辨识。

2.1 双车道汽车集群态势复杂性分析与建模方法

本节以双车道场景为例,在综合考虑目标车驾驶人性别、驾驶倾向性、意志、驾驶经验以及目标车与周围车的相对距离、相对速度等汽车集群态势影响因素的基础上,对汽车集群态势进行划分、约简与辨识。

2.1.1 双车道汽车集群态势的数学表达

为更好地研究双车道环境不同汽车集群态势中驾驶人情感对意图的影响作用,本节根据目标车 u(被测试者所驾驶的汽车称为目标车)的前保险杠所在的横向直线 l 及同向车道间的车道线(l 划分前后,车道线划分左右)位置,对研究场景进行界定(图 2-1)。在双车道环境中,当目标车沿着车辆行驶方向的右侧车道行驶时,兴趣感应区域(兴趣感应区域指"对车辆安全影响较大,驾驶人注意力分配较多的区域")可被分为前、左前、后、左后侧各分区域;当目标车沿着车辆行驶方向的左侧车道行驶时,兴趣感应区域可被分为前、右前、后、右后侧各分区域。

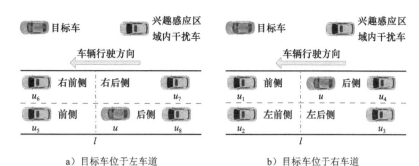

a）目标车位于左车道　　　　　　　b）目标车位于右车道

图 2-1　双车道环境目标车所在的汽车集群态势

车辆行驶过程中，驾驶人根据兴趣感应区域内干扰车的分部状况以及行驶状态并结合自身情况去选择更为安全的驾驶行为，即兴趣感应区域内干扰车会吸引或者排斥目标车向其所在区域内行驶。为更清楚地表达上述干扰车对目标车的作用效果，本节借用物理学中"力"的概念对其进行表示。根据文献[73]的定义："若兴趣感应区域内某分区的车辆吸引目标车向此区域所在的车道行驶，则此区域车辆对目标车施加的是引力，反之为斥力。"

本节采用模糊计算方法获取兴趣感应区域内干扰车对目标车的作用力。根据文献[73]提出的表示方法："用作用粒度表示引力和斥力的大小，作用粒度为 -1 时，表示斥力最大；作用粒度为 1 时，表示引力最大"（表2-1）。

表 2-1　兴趣感应区域内不同强度作用力对应的作用粒度

力	强斥力	中斥力	弱斥力	零	弱引力	中引力	强引力
作用粒度	[-1,-0.8]	(-0.8,-0.4]	(-0.4,0)	0	(0,0.4)	[0.4,0.8]	[0.8,1]

在车辆行驶过程中，目标车的行驶状态主要受到驾驶人（包括生理因素和心理因素）、车辆（包括目标车性能和周围车行驶状态）、自然环境（包括天气、温度等）等因素的影响。作为驾驶情感-意图相互作用的初步性研究，本节仅考虑目标车驾驶人的性别、驾驶倾向性、意志、驾驶经验（用累计驾驶里程表示）以及目标车与兴趣感应区域内干扰车的相对距离、相对速度6种因素（每种因素的分类情况见表2-2）。其中，驾驶倾向性、意志类型、目标车与周围车的相对距离和相对速度按照文献[74-76]提出的划分标准进行分类，其中相对距离和相对速度的隶属度详见第3章。驾驶经验根据文献[77-78]提出的标准进行分类，驾驶人的驾驶里程累计在1万km以下的被视为非熟练驾驶人，驾驶里程累计在1万km以上的被视为熟练驾驶人。

表 2-2　目标车所受作用粒度的影响因素

影响因素	分类
驾驶人的性别	男、女
驾驶倾向性	激进型、普通型、保守型
意志	强、中、弱
驾驶经验	熟练、非熟练
相对距离	远、中、近、危险
相对速度	正大、正小、零、负小、负大

参考文献 [73] 的计算方法，利用模糊逻辑方法综合考虑表 2-2 中的 6 种影响因素对目标车受到的作用粒度进行合理的分析。囿于篇幅，本节仅展示左后侧区域内车辆对目标车作用粒度的模糊推理规则（部分模糊推理规则见表 2-3，完整的推理规则见附录 A）。

表 2-3 模糊推理规则

规则数	目标车驾驶人性别	目标车驾驶人倾向性	目标车驾驶人驾驶经验	目标车驾驶人意志	目标车与左后车的相对距离	目标车与左后车的相对速度	作用粒度
1～4	男	激进型	熟练	弱	远（或中）	正大（或正小）	1
5～8	女	激进型	熟练	弱	远（或中）	正大（或正小）	0.9
9～12	男	普通型	熟练	弱	远（或中）	正大（或正小）	0.9
13～20	男	激进型（或普通型）	熟练	中	远（或中）	正大（或正小）	0.9
21～24	女	普通型	熟练	弱	远（或中）	正大（或正小）	0.8
25～32	女	激进型（或普通型）	熟练	中	远（或中）	正大（或正小）	0.8
33～40	男	保守型	熟练	弱（或中）	远（或中）	正大（或正小）	0.8
41～48	男	激进型（或普通型）	熟练	弱（或中）	远（或中）	零	0.8
49～56	女	保守型	熟练	弱（或中）	远（或中）	正大（或正小）	0.7
57～64	女	激进型（或普通型）	熟练	弱（或中）	远（或中）	零	0.7

另外，可根据需要对模糊推理规则进行简化。如本书第二篇不同情绪下汽车运动特征的实验研究中，为方便分析汽车运动特征，简化了双车道环境下汽车集群态势中作用粒度的模糊推理规则，具体规则见表 2-4。

表 2-4 作用粒度的模糊推理规则

规则数	目标车车型	左后车车型	相对速度	相对距离	作用粒度
1～4	小	小	正大（或正小）	远（或中）	1
5～8	中	小	正大（或正小）	远（或中）	1
9～12	小	中	正大（或正小）	远（或中）	0.9
13～16	中	中	正大（或正小）	远（或中）	0.9
17～24	小（或中）	小（或中）	零	远（或中）	0.8
25～28	大	小	正大（或正小）	远（或中）	0.7
29～32	小	大	正大（或正小）	远（或中）	0.7
33～36	大	中	正大（或正小）	远（或中）	0.6
37～40	中	大	正大（或正小）	远（或中）	0.6
41～44	大	大	正大（或正小）	远（或中）	0.5
45～52	小（或中）	小（或中）	正大（或正小）	近	0.5
53～56	大	小（或中）	正大（或正小）	近	0.4
57～60	小（或中）	大	正大（或正小）	近	0.4
61～62	大	大	正大（或正小）	近	0.3
63～66	大	小（或中）	零	远（或中）	0.3

（续）

规则数	目标车车型	左后车车型	相对速度	相对距离	作用粒度
67~70	小（或中）	大	零	远（或中）	0.3
71~72	大	大	零	远（或中）	0.2
73~76	小（或中）	小（或中）	零	近	0.2
77~80	小（或中）	小（或中）	负小	远	0.2
81~82	大	小（或中）	零	近	0.1
83~84	小（或中）	大	零	近	0.1
85~86	大	小（或中）	负小	远	0.1
87~88	小（或中）	大	负小	远	0.1
89	大	大	零	近	0
90	大	大	负小	远	0
91~94	小（或中）	小	负小	中（或近）	0
95~98	小（或中）	中	负小	中（或近）	0
99~102	大	小（或中）	负小	中（或近）	−0.1
103~106	小（或中）	大	负小	中（或近）	−0.1
107~108	大	大	负小	中（或近）	−0.2
109~112	小	小（或中）	正大（或正小）	危险	−0.2
113~116	中	小（或中）	正大（或正小）	危险	−0.3
117~118	大	小	正大（或正小）	危险	−0.3
119~120	小	大	正大（或正小）	危险	−0.3
121~122	大	中	正大（或正小）	危险	−0.4
123~126	中（或大）	大	正大（或正小）	危险	−0.4
127~130	小（或中）	小	零（或负小）	危险	−0.4
131~134	小（或中）	中	零（或负小）	危险	−0.5
135~136	大	小	零（或负小）	危险	−0.5
137~138	小	大	零（或负小）	危险	−0.5
139~140	中	大	零（或负小）	危险	−0.6
141~144	大	中（或大）	零（或负小）	危险	−0.6
145~148	小（或中）	小	负大	远（或中）	−0.6
149~152	小（或中）	中	负大	远（或中）	−0.7
153~156	大	小（或中）	负大	远（或中）	−0.7
157~160	小（或中）	大	负大	远（或中）	−0.8
161~162	大	大	负大	远（或中）	−0.8
163~164	小	小	负大	近（或危险）	−0.8
165~166	小	中	负大	近（或危险）	−0.9
167~170	中	小（或中）	负大	近（或危险）	−0.9
171~172	大	小	负大	近（或危险）	−0.9
173~174	小	大	负大	近（或危险）	−1
175~176	大	中	负大	近（或危险）	−1
177~180	中（或大）	大	负大	近（或危险）	−1

2.1.2 双车道汽车集群态势的划分及约简

根据上述方法计算出兴趣感应区域内目标车所受到的作用力，其中，引力用"+"表示，斥力用"-"表示。

图 2-2　双车道环境目标车所受作用力分布

如图 2-2 所示，目标车在行驶过程中受到兴趣感应区域内车辆的共同作用，目标车所在车道对目标车的力可根据目标车前、后侧区域内干扰车对目标车的作用力进行综合计算（表 2-5）。相邻车道对目标车的作用力同样可以此方法进行计算，限于篇幅不予赘述。

表 2-5　车道作用力的模糊推理规则

规则数	前侧车辆对目标车的作用力	后侧车辆对目标车的作用力	目标车所在车道对目标车的作用力
1～4	强斥力或中斥力	强斥力或中斥力	斥力
5～10	强斥力或中斥力	弱斥力或零或弱引力	斥力
11～14	强斥力或中斥力	中引力或强引力	零
15～20	弱斥力或零或弱引力	强斥力或中斥力	斥力
21～29	弱斥力或零或弱引力	弱斥力或零或弱引力	零
30～35	弱斥力或零或弱引力	中引力或强引力	引力
36～39	中引力或强引力	强斥力或中斥力	零
40～45	中引力或强引力	弱斥力或零或弱引力	引力
46～49	中引力或强引力	中引力或强引力	引力

通过上述计算方法，汽车集群态势可被划分为 8 种类型，如图 2-3 所示。其中，"+"和"-"分别表示引力和斥力。

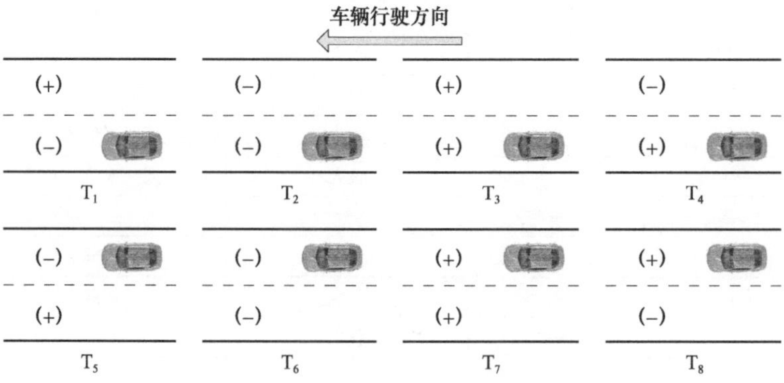

图 2-3　双车道环境中的汽车集群态势划分

2.1.3 双车道汽车集群态势辨识

由于汽车集群态势具有时变性特征，因此，需要对各时刻的态势类型进行实时辨识，辨识依据是目标车与周围车辆的时空位置及其对目标车的作用力。通过上述对双车道环境中汽车集群态势的研究得到汽车集群态势辨识流程如图2-4所示。

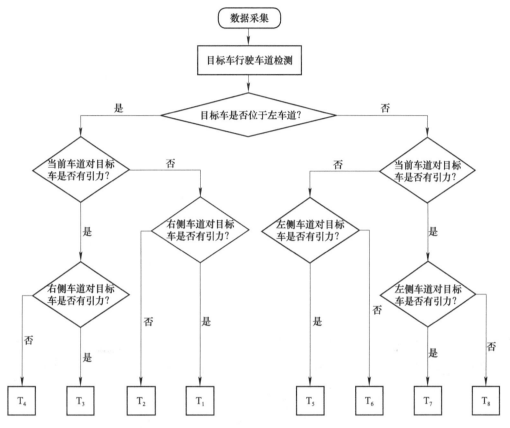

图 2-4　汽车集群态势辨识流程

2.2　三车道汽车集群态势复杂性分析与建模方法

本节通过对道路上行驶车辆的车型、相对速度、相对距离、各车道的交通流密度和车辆平均速度及驾驶人倾向性等参数的分析，借用物理学中"力"的定义，并运用模糊逻辑方法刻画了车辆所处的集群态势，建立了三车道汽车集群态势模型。通过划分和约简，最终得到16种汽车集群态势，并对这16种态势进行了辨识。

2.2.1　三车道汽车集群态势的数学表达

在城市快速路三车道场景（图2-5）下，以目标车 n_1 为研究主体（若不加特殊说明，本节以目标车位于中间车道最复杂的情况为例进行说明），根据目标车前保险杠所在的位置，将其兴趣感应区域划分为左前侧、左后侧、前侧、后侧、右前侧和右后侧各子区域。本节中，以目标车 n_1、左前车 n_2、左后车 n_3、前车 n_4、后车 n_5、右前车 n_6 及右后车 n_7 作为博弈参与人，进行驾驶人车道选择的博弈分析并构建模型，而各车道上的次前车、次后车等只在驾驶收益计算的过程中进行考量，但不计入博弈参与人之列。

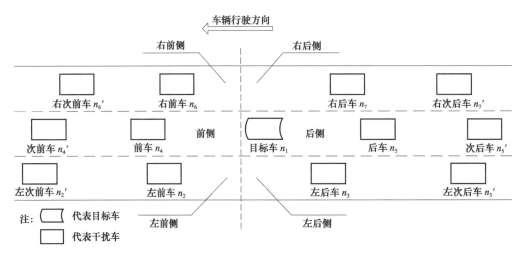

图 2-5　三车道条件下目标车所处的汽车集群态势图

图 2-5 中，目标车 n_1、左前车 n_2、左后车 n_3、前车 n_4、后车 n_5、右前车 n_6 及右后车 n_7 的车型依次记为 VT_1、VT_2、VT_3、VT_4、VT_5、VT_6、VT_7，即 $VT_i \in$ { 大型车，中型车，小型车 }，$i=1,2,3,4,5,6,7$，相应的驾驶人倾向性用 P_1、P_2、P_3、P_4、P_5、P_6、P_7 来表示，驾驶倾向性的取值为 $P_i \in$ { 激进型，普通型，保守型 }={$P_{rad} P_{com} P_{con}$}，$i=1,2,3,4,5,6,7$。在汽车集群态势中，车辆速度表示为 v_{n_i}($i=1,2,3,4,5,6,7$)，目标车与其所在编组关系中其他车辆的相对速度分别记为 $\Delta v_2 = v_{n_2} - v_{n_1}$、$\Delta v_3 = v_{n_1} - v_{n_3}$、$\Delta v_4 = v_{n_4} - v_{n_1}$、$\Delta v_5 = v_{n_1} - v_{n_5}$、$\Delta v_6 = v_{n_6} - v_{n_1}$、$\Delta v_7 = v_{n_1} - v_{n_7}$，相对距离（沿车辆行驶方向）分别记为 Δd_2、Δd_3、Δd_4、Δd_5、Δd_6、Δd_7。

在车道选择过程中，驾驶人最先考虑的是各车道上的交通流密度及车辆平均速度。通常，激进型驾驶人侧重行车效率，倾向于向左换道，重点考虑车辆平均速度；保守型驾驶人侧重舒适性，倾向于向右换道，重点考虑交通流密度。因此，在建立汽车集群态势的数学表达时需要考虑密度和速度这两项宏观指标。同时，在微观方面，驾驶人选择换道与否还需要考虑与其周围车辆之间的相互影响及相互作用关系，可以通过借助物理学中"力"的概念并抽象为车辆之间的相互作用力描述。因此，目标车所在的汽车集群态势可以借用目标车受到其所在编组关系中各车道作用力的集合抽象表示，其中，目标车所受的各车道作用力可通过该车道上各车辆对目标车作用力的合力来体现。若处于某一子区域的车辆对目标车选择该区域所在的车道起到了正面影响，那么处于该子区域的车辆对目标车施加的力为引力，反之为斥力。

在实际的汽车驾驶过程中，驾驶人对其所处周围交通环境的信息感知是模糊的、不完全的。而模糊逻辑方法可以采用语言变量的形式进行规则型近似推理，适用于刻画建立在驾驶人知识和经验基础上的主观判断过程，因而可以借助模糊逻辑的方法获得目标车驾驶人兴趣感应区域各子区域内车辆对目标车的作用力，进而得到目标车所受行驶方向各车道的作用力。力的大小用作用粒度描述：三车道环境下不同力的作用粒度可以用其所在区间的一个实数表示，如表2-6所示，其中，最大引力的作用粒度用1表示，最大斥力的作用粒度用-1表示。

表2-6 不同作用力所对应的作用粒度

力	强斥力	中斥力	弱斥力	零	弱引力	中引力	强引力
作用粒度	[-1,-0.7]	[-0.7,-0.3]	[-0.3,0)	0	(0,0.3]	(0.3,0.7]	(0.7,1]

由于交通流三参数流量 q、速度 v、密度 ρ 之间存在 $q=v\rho$ 的关系，结合本节的实际研究，将城市快速路的交通状态划分为三个等级：畅通、缓慢、拥挤，各交通状态等级所对应的服务水平分级见表2-7。

表2-7 城市快速路基本路段服务水平分级

服务水平等级	密度/[(pcu/km)/车道]	速度/(km/h)	最大服务交通量/[(pcu/h)/车道]
畅通	$\rho \leqslant 32$（小）	$v \geqslant 54.5$（大）	1600
缓慢	$32 < \rho \leqslant 50$（中）	$40 \leqslant v < 54.5$（中）	2100
拥挤	$\rho > 50$（大）	$v < 40$（小）	2100

参考文献[73]的方法，综合分析大量实验数据并进行反复模拟调试，考虑目标车驾驶人的倾向性类型（分为普通型、激进型和保守型三类）、目标车及其兴趣感应区各子区域内车辆的车型（分为大、中、小三类）、相对距离、相对速度、车道交通流密度（分为小、中、大三类，见表2-2）及车道车辆平均速度（分为大、中、小三类，见表2-2）6个方面的因素，利用模糊逻辑方法[80,83]对各个车辆所受的作用粒度进行合理评分。

在模糊逻辑方法中，模糊变量为目标车与周围车辆的相对距离 Δd_i 及相对速度 Δv_i（$i=2,3,4,5,6,7$），其相应的模糊集合分别为 {危险，近，中，远} 和 {负大，负小，零，正小，正大}，对应的隶属度分别如图2-6和图2-7所示。模糊子集边界值 D_1、D_2、D_3、D_4 以及 V_1、V_2、V_3、V_4 的计算参考文献[73]。

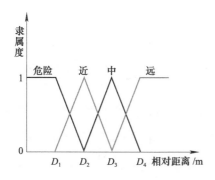

图2-6 相对距离的三角形隶属度函数图

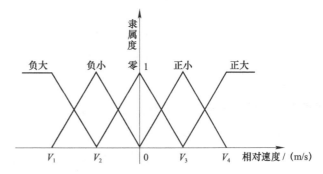

图2-7 相对速度的隶属度函数曲线

以左后车对目标车作用粒度的计算为例,剔除不符合实际情况(左车道交通流密度为大且车辆平均速度为大及左车道交通流密度为小且车辆平均速度为小的情况)的规则数 1080 条后,剩余的总规则数为 3780 条,作用粒度的部分模糊推理规则见表 2-8(完整的推理规则见附录 B),其中一条典型的语言模糊推理规则如下:

若目标车的车型为大型车、左后车的车型为大型车、目标车驾驶人的倾向性类型为保守型、目标车与左后车的相对距离为危险、目标车与左后车的相对速度为负大、左车道的交通流密度为大、左车道车辆速度为小,则左后车对目标车的作用粒度为 -1。

表 2-8 作用粒度的模糊推理规则

规则数	目标车车型	左后车车型	目标车驾驶人倾向性	相对距离	相对速度	左车道交通流密度	左车道车辆平均速度	作用粒度
1～64	小(或中)	小	激进型(或普通型)	远(或中)	正大(或正小)	小(或中)	大(或中)	1
65～128	小(或中)	中	激进型(或普通型)	远(或中)	正大(或正小)	小(或中)	大(或中)	0.9
…	…	…	…	…	…	…	…	…
1885～1892	大	大	普通型(或保守型)	近	零	小(或中)	大(或中)	0
1893～1896	大	大	普通型(或保守型)	远(或中)	零	大	小	-0.05
…	…	…	…	…	…	…	…	…
3773～3776	大	大	普通型(或保守型)	近(或危险)	负大	中	小	-1
3777～3780	大	大	普通型(或保守型)	近(或危险)	负大	大	小	-1

利用上述方法即可获得左后侧区域内车辆对目标车的作用力,分别选取目标车及其左前车、前车、后车、右前车和右后车为研究对象,用同样的方法可以获得相应各子区域车辆对目标车的作用力。同理,可以获得兴趣感应区域内各个车辆所受到的作用力大小。因此,对于位于中间车道的车辆,如车辆 n_1 所受兴趣感应区域各子区域车辆作用力的集合为 $f_1^0 = [f_1^q, f_1^h, f_1^{zq}, f_1^{zh}, f_1^{yq}, f_1^{yh}]$;对于位于左车道的车辆,如车辆 n_3 所受综合作用力的集合为 $f_3^0 = [f_3^{ql}, f_3^{hl}, f_3^{lyq}, f_3^{lyh}, f_3^{gyq}, f_3^{gyh}]$;对于位于右车道的车辆,如车辆 n_7 所受综合作用力的集合为 $f_7^0 = [f_7^{qr}, f_7^{hr}, f_7^{lzq}, f_7^{lzh}, f_7^{gzq}, f_7^{gzh}]$。

获得兴趣感应区域各个子区域车辆对目标车的作用力后,计算各个车道对目标车的作用力。考虑到位于不同区域的车辆对目标车作用力的贡献率不同,可以将目标车驾驶人感知的各子区域贡献率大小作为权重赋予相应子区域车辆对目标车的作用力,通过加权求和的方式求得各车道对目标车的作用力。通过问卷调查,运用 AHP,可以得到不同倾向性类型的驾驶人感知各子区域车辆对其所受综合作用力贡献率的大小,见表 2-9。表 2-9 中,ε_i^k 表示位于子区域 k 内的车辆对目标车 $n_i(i=1,2,3,4,5,6,7)$ 所受综合作用力的贡献率,如 ε_i^{ql} 表示目标车位于左车道时前侧区域车辆对其综合作用力的贡献率。

表 2-9　不同类型驾驶人感知各子区域车辆对目标车所受综合作用力的贡献率

驾驶人类型	目标车不同位置的贡献率								
	目标车位于左车道						目标车位于中间车道		
	ε_i^{ql}	ε_i^{hl}	ε_i^{lyq}	ε_i^{lyh}	ε_i^{gyq}	ε_i^{gyh}	ε_i^{q}	ε_i^{h}	ε_i^{zq}
激进型	0.246	0.153	0.186	0.228	0.088	0.099	0.217	0.154	0.167
普通型	0.254	0.198	0.181	0.195	0.081	0.091	0.224	0.189	0.153
保守型	0.265	0.226	0.175	0.171	0.078	0.085	0.239	0.193	0.112

驾驶人类型	目标车不同位置的贡献率								
	目标车位于右车道						目标车位于中间车道		
	ε_i^{qr}	ε_i^{hr}	ε_i^{lzq}	ε_i^{lzh}	ε_i^{gzq}	ε_i^{gzh}	ε_i^{zh}	ε_i^{yq}	ε_i^{yh}
激进型	0.241	0.157	0.192	0.235	0.082	0.093	0.184	0.125	0.153
普通型	0.245	0.189	0.189	0.218	0.075	0.084	0.164	0.136	0.134
保守型	0.254	0.215	0.183	0.199	0.071	0.078	0.144	0.138	0.174

因此，目标车 n_1 所受其当前所在车道的作用力为 $F_1^{lol} = f_1^q \varepsilon_1^q + f_1^h \varepsilon_1^h$，所受左车道的作用力为 $F_1^{zl} = f_1^{zq} \varepsilon_1^{zq} + f_1^{zh} \varepsilon_1^{zh}$，所受右车道的作用力为 $F_1^{yl} = f_1^{yq} \varepsilon_1^{yq} + f_1^{yh} \varepsilon_1^{yh}$，故目标车 n_1 所处汽车集群态势的数学表达为 $F_1^0 = [F_1^{zl}, F_1^{lol}, F_1^{yl}]$。同理，位于其他车道的车辆所处的汽车集群态势亦可据此计算。例如，位于左车道的车辆 n_3 所受其当前所在车道的作用力为 $F_3^{lol} = f_3^{ql} \varepsilon_3^{ql} + f_3^{hl} \varepsilon_3^{hl}$，所受相邻右车道的作用力为 $F_3^{lyl} = f_3^{lyq} \varepsilon_3^{lyq} + f_3^{lyh} \varepsilon_3^{lyh}$，所受相隔右车道的作用力为 $F_3^{gyl} = f_3^{gyq} \varepsilon_3^{gyq} + f_3^{gyh} \varepsilon_3^{gyh}$，故车辆 n_3 所处汽车集群态势的数学表达为 $F_3^0 = [F_3^{lol}, F_3^{lyl}, F_3^{gyl}]$；位于右车道的车辆 n_7 所受其当前所在车道的作用力为 $F_7^{lol} = f_7^{qr} \varepsilon_7^{qr} + f_7^{hr} \varepsilon_7^{hr}$，所受相邻左车道的作用力为 $F_7^{lzl} = f_7^{lzq} \varepsilon_7^{lzq} + f_7^{lzh} \varepsilon_7^{lzh}$，所受相隔左车道的作用力为 $F_7^{gzl} = f_7^{gzq} \varepsilon_7^{gzq} + f_7^{gzh} \varepsilon_7^{gzh}$，故车辆 n_7 所处汽车集群态势的数学表达为 $F_7^0 = [F_7^{gzl}, F_7^{lzl}, F_7^{lol}]$。

2.2.2　三车道汽车集群态势的划分及约简

根据汽车集群态势的数学表达，当目标车处于左、中、右车道时，目标车所处的汽车集群态势将分别有 $2^3 = 8$ 种，故共有 24 种状态。为了便于研究，将该 24 种汽车集群态势状态进行约简，约简规则如下：

当目标车处于左车道或者右车道时，将相邻车道车辆对目标车的作用力与相隔车道车辆对目标车的作用力进行合并，即可得到侧车道车辆对目标车的作用力，其模糊推理规则见表 2-10。其中，当某条车道的作用力大于或等于零时，表示车辆受到该条车道的作用力为引力，反之，若作用力小于零则表示车辆所受的车道作用力为斥力。

表 2-10 侧车道车辆对目标车作用力的模糊推理规则

规则数	相邻车道车辆对目标车的作用力	相隔车道车辆对目标车的作用力	侧车道车辆对目标车的作用力
1	引力	引力	引力
2	引力	零	引力
3	引力	斥力	零
4	零	引力	引力
5	零	零	零
6	零	斥力	零
7	斥力	引力	斥力
8	斥力	零	斥力
9	斥力	斥力	斥力

综上，当目标车分别位于左、中、右车道时，目标车所处的汽车集群态势将分别有 $2^2=4$、$2^3=8$ 和 $2^2=4$ 种，共 16 种。用"+"表示引力，"-"表示斥力，则上述 16 种汽车集群态势即可由图 2-8 表示。

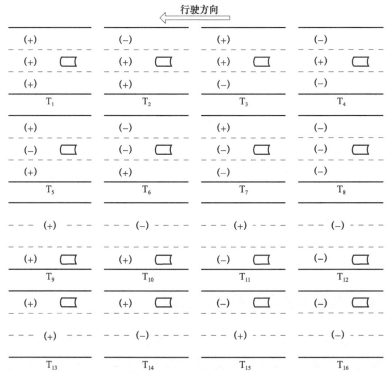

图 2-8 三车道下汽车集群态势约简图

2.2.3 三车道汽车集群态势辨识

道路环境的变化，尤其是车辆编组关系内各车辆间时空位置关系的动态变化，会使得车辆所处集群态势的状态随之发生改变,因此有必要对各时刻车辆所处的集群态势状态进行实时辨识。汽车集群态势状态辨识的依据是驾驶人兴趣感应区域内目标车与其周围其他车辆的时空位置关系及目标车所受周围车辆的作用力。三车道场景下目标车所处汽车集群态势的辨识流程如图 2-9 所示。

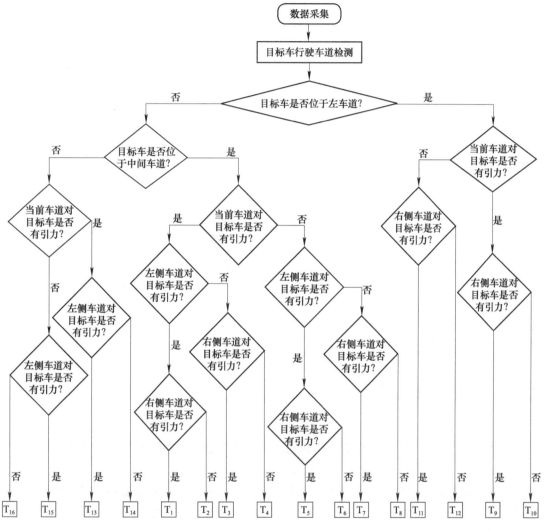

图 2-9　三车道下汽车集群态势辨识流程

第 3 章　不同驾驶人情绪下的汽车运动特征

人类情感具有较强的内隐性和时变性。在车辆运行过程中，准确把握驾驶情感状态，获取驾驶情感有效激发状态下的人-车-路-环境动态数据是保证研究有效性的关键。本章通过多元化方法诱发驾驶人情感，开展实车驾驶实验和虚拟驾驶实验，获取驾驶人不同情感状态下的人-车-环境动态多源数据并进行分析。

3.1 驾驶人情绪诱发

3.1.1 情绪诱发方法

情绪是人对客观事物是否符合人的需要而产生的态度体验，驾驶情绪是推动驾驶人进行驾驶活动的动力系统，它决定着驾驶人对周围交通环境的认知以及态度的选择和趋向。诱发出持续、稳定而又准确的情绪不仅是研究进行的基础，也是实验最终能否取得成功的关键。情绪诱发是指运用心理学的方法，通过一系列程序来诱发个体特定情绪的过程，情绪诱发方法则是指在非自然和严格控制的条件下唤起个体临时性情绪的一种策略。以往专家学者在进行情绪研究的过程中设计了一系列诱发人类情绪的方法，主要有：文字、图片、音乐、视频、嗅觉、味觉、回忆、想象、虚拟现实、计算机游戏、博弈游戏情绪诱发法以及组合情绪诱发等多种情感诱发方法，详见附录 C。

1. 情绪诱发素材

情绪诱发素材是保证情绪得以激发的基础，本实验所用情绪诱发素材包括国际情感图片系统（International Affective Picture System，IAPS）和北师大中国情感刺激材料库（Chinese Affective Picture System，CAPS）。其中，IAPS 是国际权威情绪材料，CAPS 是适应中国社会及文化背景的情绪素材。根据素材呈现的感觉通道不同，本实验情绪素材囊括视觉（文字、图片)、听觉(情绪音乐)和多通道刺激材料(视频)。部分情绪素材如图 3-1 所示。

图 3-1　部分驾驶情感视觉刺激材料

2. 实车实验装备

实车实验设备主要为道路交通综合实验车,配备 32 线激光雷达、BTM300-905-200 激光测距传感器、高精度全球定位系统(GPS)、SG299GPS 非接触式多功能测速仪、CTM-8A 非接触多功能测速仪、X5000 车载记录仪、PsyLAB 人因工程实验系统、WTC-1 型踏板力操纵力计、高清摄像头、笔记本计算机等,部分实验装备如图 3-2 所示。在天气及道路状况良好的非高峰期时段,选取山东省淄博市张店区原山大道与姜萌路之间的张周路路段作为行车线路组织实车实验,如图 3-3 所示,线路全程长约 4.5km,道路限速 70km/h。

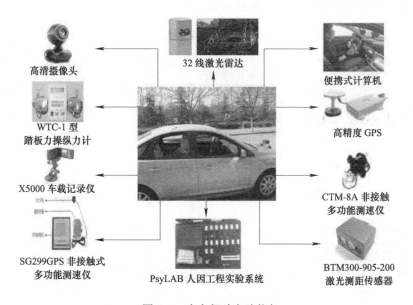

图 3-2　实车驾驶实验装备

图 3-3 实车实验路线与驾驶场景

3. 虚拟驾驶实验平台

虚拟驾驶实验主要基于人-车-环境综合仿真实验平台与多人多机交互式汽车驾驶模拟实验平台进行，借助于虚拟驾驶系统，能对人-车-环境之间的相互作用关系进行研究，同时也为道路交通仿真、驾驶人心理和行为特征等研究提供实验平台。根据实车实验线路道路基本属性、交通量等参数，分别利用 Road Builder 与 UC-win/Road 软件构建人-车-环境综合仿真实验平台与多人多机交互式汽车驾驶模拟实验平台三维虚拟道路系统，开展虚拟驾驶实验，并对驾驶人进行全程录像，实验平台与道路编辑界面如图 3-4～图 3-7 所示。人-车-环境综合仿真实验系统构成以及各部分功能如图 3-8 所示。

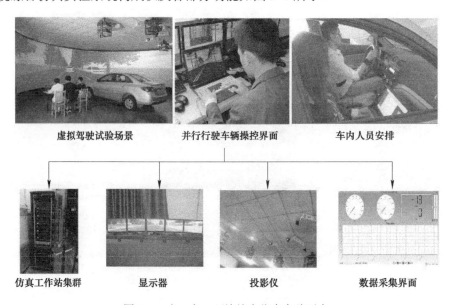

图 3-4 人-车-环境综合仿真实验平台

第 3 章　不同驾驶人情绪下的汽车运动特征

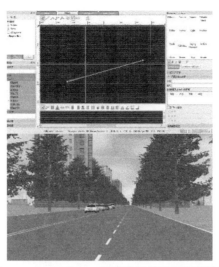

图 3-5　Road Builder 道路编辑界面与驾驶场景

图 3-6　多人多机交互驾驶实验平台

图 3-7　UC-win/Road 道路编辑界面

模拟驾驶试验车	模拟驾驶试验车是由实车改造而成的，用于提供模拟驾驶环境。驾驶人操作系统包括座椅、加速踏板、制动踏板、离合器踏板、档位拨杆、驻车制动手柄、转向盘、仪表面板、后视镜等，在各操作部件上布设有各类传感器以采集各类操作信号，并可通过数据采集系统实时输出数据。
仿真工作站集群	运行驾驶仿真软件系统，可生成实时的虚拟道路场景画面。
视景显示系统	视景显示系统是虚拟场景的显示设备，用于显示由软件系统生成的虚拟道路交通场景，包括桌面显示器、投影幕布、后视镜显示器。
声效系统	用于模拟驾驶过程中的各类声音，如车辆发动机的轰鸣声、胎噪、鸣笛声、碰撞声音、环境声音等。
移动控制终端	实现对仿真工作站、数据服务器等的遥控功能，用于启动和关闭整个驾驶仿真系统。
汽车模拟驾驶试验平台数据采集器	数据采集系统对仿真驾驶舱中各可操纵机构的状态进行检测并将检测结果送给中心控制系统，由中心控制系统通过汽车动力学模型及当前车辆信息计算出，主要包括车辆当前速度、加速度、车轮转速、前轮转角、档位以及离合、制动和加速状况等信息。

图 3-8　人 - 车 - 环境综合仿真实验系统构成及其功能

4. 其他实验条件

此外，实验过程中所用问卷包括驾驶倾向性测试问卷（见附录 D）、意志力调查问卷（见附录 E）、情绪体验自我报告问卷（见附录 F），所用软件包括 PsyLAB 人因工程实验系统软件、Minivcap 监控系统软件、SPSS19.0、Origin8.5、Minitab17、会声会影等。

3.1.2 诱发效果评价

实验心理学中，对所诱发出的目标情绪的效果进行评价也是关系到实验能否成功的关键。现有情绪诱发效果评定方法主要有情绪体验自我报告法、生理测量法、行为观察法和情感报表等。

（1）情绪体验自我报告法

情绪体验自我报告法是指通过让被试者填写各种情绪评定量表和其他相关内容的问卷，来评价其近期情绪反应的一种方法。已有研究表明，该方法是目前所有情绪诱导评价方法中最直接、最简单的方法之一，常用来测量被试者的主观情绪体验，其优势在于被试者可以对自己的情绪状态进行自我评价。但该方法容易受到被试者主观意识与个人信念的影响，因此在研究中，常与一些客观的指标结合使用，比如，情绪体验自我报告法与 EEG、皮电、心率变异率、功能核磁共振成像等。

（2）生理测量法

生理测量法是目前情绪诱导评价研究中的一种热点方法，在研究中，通常采用测量呼吸、心电、皮肤电、肌电、EEG、眼电、光电脉搏、血容量搏动和皮温等这些客观指标来评定情绪的变化，以达到了解被试者情绪状态与唤醒水平的目的，从而更直观确切地掌握人的情绪变化。生理信号由人体自主神经系统和内分泌系统支配，不易受主观意识的控制，可以客观反映情绪状态，因此该方法得到了越来越广泛的研究和应用。

（3）行为观察法

当情绪产生时，情绪对象不仅身体内部器官会发生相应的变化，其身体各部位的行为动作、身体姿态等也会有明显的变化。因此，通过对被试者实验过程中的外部表现（如语音语调、面部表情、行为动作、身体姿态等）进行现场评价，或者摄像后对录像进行评价分析，便可对其情绪进行识别和判断，以达到了解其心理活动的目的。

（4）情感报表

情感报表是以情感量表形式让被试者报告自己当下的情感。此方法操作简单、实验过程中对被试者的影响较小、测量准确度较高。本节情感报表采用中科院心理所修订的中国 PAD（Pleasure-Arousal-Dominance）模型情感量表。每种驾驶情感用愉悦度（Pleasure，P）、激活度（Arousal，A）和优势度（Dominance，D）3 个维度表示。PAD 标准项见表 3-1，该表为 9 段 12 项差异量表。PAD 参数计算公式见表 3-2。

第 3 章 不同驾驶人情绪下的汽车运动特征

表 3-1 PAD 标准项目

标号	4 3 2 1 0 1 2 3 4
S_1	愤怒的————————感兴趣的
S_2	清醒的————————困倦的
S_3	受控的————————主控的
S_4	友好的————————轻蔑的
S_5	平静的————————兴奋的
S_6	支配的————————顺从的
S_7	痛苦的————————高兴的
S_8	感兴趣的————————放松的
S_9	谦卑的————————高傲的
S_{10}	兴奋的————————激怒的
S_{11}	拘谨的————————惊讶的
S_{12}	有影响力的————————被影响的

表 3-2 PAD 参数计算公式

维度	参数计算公式
P	$P = S_1 - S_4 + S_7 - S_{10}$
A	$A = -S_2 + S_5 - S_8 + S_{11}$
D	$D = S_3 - S_6 + S_9 - S_{12}$

1. 诱发方法研究

情绪是有机体应对外界环境变化产生的适应性反应，在不同环境下有机体产生不同情绪。本节选取愤怒、惊奇、恐惧、焦虑、无助、蔑视、轻松、愉悦 8 种比较常见和典型的驾驶情绪进行研究（其选取依据主要来源于修订版日内瓦情绪轮，限于篇幅，具体筛选过程不再详述）。为有效激发驾驶人情绪，需针对特定情绪制定一套合适的情绪诱发方案，同时还需考虑实验时各种诱发方法的可行性。驾驶情绪诱发主要分为线下情绪诱发（即驾驶前的情绪诱发）与线上情绪诱发（即驾驶过程中的情绪诱发），由于驾驶前驾驶人不必完成驾驶任务，只需全身心投入情绪诱发过程，因而可通过视觉、听觉、回忆、想象、游戏等多种手段来实现；而驾驶过程中驾驶人的视觉注意多集中于驾驶任务，因此线上情绪诱发主要通过声音材料与联想回忆来实现。实验前，实验组织者首先通过访谈或开放式问卷等方式收集被试目标情绪体验最为强烈的几次事件，并将这些经历整理为长度大致相当的文字和声音材料，用于情绪激发实验。针对不同的情绪，本节利用虚拟驾驶实验探索最佳情绪诱发方法。

（1）愤怒

愤怒是有机体愿望不能实现或行动受挫引起的一种紧张、不愉快情绪，行驶环境或车辆性能不能达到预期目标容易引发驾驶人产生愤怒情绪。驾驶人愤怒情绪的线上、线下诱发方法如图3-9所示，图3-10所示为愤怒情绪部分图片资料。

线下：首先向被试者展示IAPS和CAPS中可激发愤怒情绪的图片资料（部分图片资料如图3-10所示），让被试者产生联想与想象；在此基础上，让被试者观看CAPS中可激发愤怒情绪的视频资料；之后向被试者展示实验前所整理的让其感到愤怒的事件的文字材料，让其回忆事件发生时的感受，随着诱发实验的进行，被试者会逐渐变得愤怒

线上：为被试者播放实验前所整理的让其感到愤怒的事件的声音材料，让其继续回忆事件发生时的感受，使其情绪得到充分激发。虚拟驾驶实验时，还可通过安排其他干扰车对目标车进行挡道、挑衅，进一步激发并保持其愤怒情绪

图3-9　愤怒情绪诱发方法

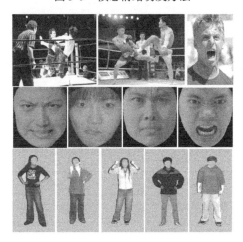

图3-10　愤怒情绪部分图片资料

（2）惊奇

惊奇是有机体面对突发或新奇事件时表现出的一种情绪体验。驾驶人惊奇情绪的线上、线下诱发方法如图3-11所示，图3-12所示为惊奇情绪部分图片资料。

线下：首先向被试者展示IAPS和CAPS中可激发惊奇情绪的图片资料（部分图片资料如图3-12所示），让被试者产生联想与想象；之后为被试者讲述一些奇闻异事，如新奇吉尼斯纪录等；然后向被试者展示实验前所整理的让其感到惊奇的事件的文字材料，让其回忆事件发生时的感受，被试者的情绪会逐渐被激发

线上：为被试者播放实验前所整理的让其感到惊奇的事件的音频材料，随着回忆的加深，惊奇情绪将被持续激发。虚拟驾驶实验时，还可在路边设置新奇宣传标语或标志牌等激发驾驶人的惊奇情绪

图3-11　惊奇情绪诱发方法

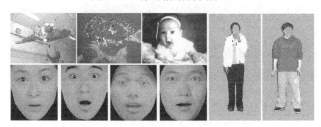

图3-12　惊奇情绪部分图片资料

（3）恐惧

恐惧是指有机体面临危险情境担惊受怕、强烈压抑的情绪体验，当驾驶人的安全受到自身或外界威胁时易产生恐惧情绪。驾驶人恐惧情绪的线上、线下诱发方法如图 3-13 所示，图 3-14 所示为恐惧情绪部分图片资料。

图 3-13　恐惧情绪诱发方法

图 3-14　恐惧情绪部分图片资料

（4）焦虑

焦虑是有机体对现实潜在挑战或威胁的一种情绪反应，是一个人在面临其不能控制的事件或情景时的一般反应。驾驶过程中会出现一些频发的和不可预测的事件，如超车与被超车、交通拥堵等，这些事件会不停地消耗驾驶人的应对能力，当其应对能力不能满足客观需要时，便会触发焦虑情绪。驾驶人焦虑情绪的线上、线下诱发方法如图 3-15 所示，图 3-16 所示为焦虑情绪部分图片资料。

图 3-15　焦虑情绪诱发方法

图 3-16　焦虑情绪部分图片资料

（5）无助

无助是有机体对外部事件无能为力、反应无效、无所适从、前景无望的情绪体验。驾驶人无助情绪的线上、线下诱发方法如图 3-17 所示，图 3-18 所示为无助情绪部分图片资料。

图 3-17　无助情绪诱发方法

图 3-18　无助情绪部分图片资料

（6）蔑视

蔑视是有机体自我感觉良好、认为自身比别人强（通常是精神上的）的情绪。驾驶人蔑视情绪的线上、线下诱发方法如图 3-19 所示，图 3-20 所示为蔑视情绪部分图片资料。

图 3-19　蔑视情绪诱发方法

图 3-20　蔑视情绪部分图片资料

（7）轻松

轻松是有机体感到没有负担、不紧张的一种心理状态。行车时，当车辆的内部与外部环境符合驾驶人心理预期、满足驾驶人的行车需求时，驾驶人易产生轻松情绪。驾驶人轻松情绪的线上、线下诱发方法如图 3-21 所示，图 3-22 所示为轻松情绪部分图片资料。

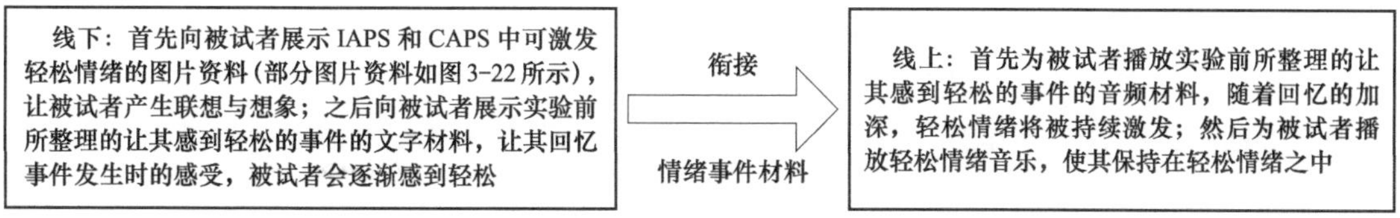

图 3-21 轻松情绪诱发方法

图 3-22 轻松情绪部分图片资料

（8）愉悦

愉悦是有机体达到预期目标后所产生的一种情绪体验和状态，是一种亢奋、积极的情绪。驾驶人愉悦情绪的线上、线下诱发方法如图 3-23 所示，图 3-24 所示为愉悦情绪部分图片资料。

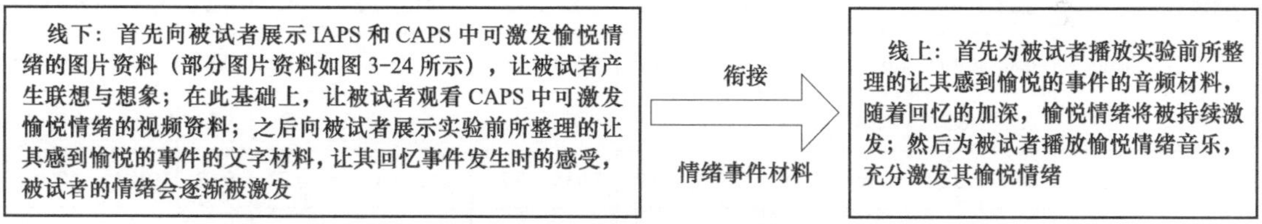

图 3-23 愉悦情绪诱发方法

图 3-24 愉悦情绪部分图片资料

2. 诱发效果评价方法研究

情绪诱发效果直接影响研究的正确性与可靠性。本节主要采用情绪体验自我报告与生理测量相结合的方法对情绪诱发效果进行评价,并结合实验过程中利用视频检测系统记录的被测者面部表情、行为动作统计分析结果,综合评价驾驶情绪诱发结果的有效性。

情绪诱发的强度和分化度是考察情绪诱发方法有效性的两个关键指标。情绪强度是指所诱发出的靶情绪的强烈程度,它是情绪体验自我报告中各个情绪条目的平均得分,平均得分越高,表明情绪诱发越强烈;情绪分化度是指所诱发出的靶情绪的单一性,它对实验结果的关系推论有着直接影响,击打率是判别靶情绪分化度的重要指标,它是指对靶情绪条目的评分比非靶情绪至少高 1 分的被试人数与进行该情绪诱发实验总人数的比率,击打率越高,表明所用情绪诱发方法的分化度越高,诱发的靶情绪越单一。本节情绪体验自我报告问卷根据 Gross 电影片段评定中选用的《情绪主观报告》改编而成,采用 Likert 九点计分方式评分,从 0 分(一点都不)到 8 分(非常强烈),分数越高表示被试体验到的情绪强度越高。驾驶结束后,被试者观看其驾驶期间的视频回放,填写情绪体验自我报告问卷。

对问卷进行分析,首先检验每种情绪诱发方法的情绪主效应,对情绪体验自我报告上的数据做单因素重复测量方差分析,结果见表 3-3,可以看出,各诱发方法均具有显著的情绪主效应。为进一步观察所诱发的靶情绪是否能与其他情绪区分,将每种情绪诱发法的靶情绪评分与组内非靶情绪的评分做两两比较,结果见表 3-3,可以看出,靶情绪与其他情绪具有显著差异,靶情绪的平均值明显高于组内其他情绪的平均值。

表 3-3 情绪体验自我报告统计结果

靶情绪类型	靶情绪击打率(%)	愉悦	恐惧	自豪	愤怒	高兴	惊奇	焦虑	兴趣	无助	蔑视	悲伤	轻松	F	p
愤怒	92.3	0.02	0.07	0.05	7.16*	0.09	0.94	2.15	1.03	0.03	1.59	0.01	0.21	189.2	0.000**
惊奇	83.6	0.86	0.11	0.09	0.72	1.23	6.25*	0.89	3.76	0.09	0.72	0.02	0.55	105.5	0.000**
恐惧	89.7	0.12	6.37*	0.56	0.15	0.21	0.16	0.95	0.52	1.25	0.03	0.95	0.23	92.3	0.000**
焦虑	91.2	0.11	0.26	0.06	1.25	0.56	1.02	7.03*	0.22	0.05	0.81	0.03	0.02	104.6	0.000**
无助	79.5	0.58	0.29	0.13	0.02	0.04	0.09	0.12	0.02	6.03*	0.06	1.25	0.96	73.1	0.000**
蔑视	82.7	1.24	0.05	3.57	1.92	2.01	1.69	1.05	0.96	0.11	5.95*	0.04	0.04	89.7	0.000**
轻松	85.5	1.15	0.58	0.96	0.15	0.82	0.25	0.06	1.03	0.86	0.11	0.75	6.07*	112.2	0.000**
愉悦	88.9	6.78*	0.16	2.13	0.06	3.05	1.02	0.16	0.59	0.07	0.06	0.03	0.91	137.8	0.000**

注:表中上标 * 说明对应项目主效应显著;上标 ** 说明不同情绪组内差异显著($p<0.001$)。

利用生理信号情绪测量法对情绪诱发效果做进一步验证:文献 [79] 建立的基于 J48 决策树分类器的情绪识别模型对情绪的平均识别率可达到 96.74%,因此,本节利用该模型对情绪诱发结果进行验证。首先将利用 PsyLAB 人因工程实验系统采集的驾驶人在不同情绪下的生理信号进行预处理和特征提取,本节选取心电、肌电、呼吸、皮电信号,以愤怒情绪为例,选取一名驾驶人在该情绪下的生理数据进行处理。

（1）心电信号

心电信号是一种典型的强噪声背景下的低频弱生物电信号，具有低信噪比、随机、非平稳、与噪声有极强的时频耦合等特点。根据心电信号的特点，本节选用小波变换对心电信号进行去噪，预处理前后的心电信号如图 3-25 所示。

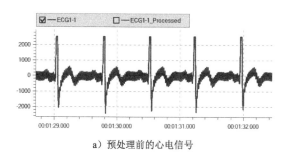
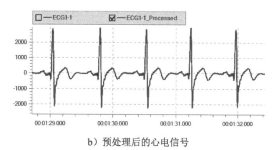

a）预处理前的心电信号　　　　　　　　b）预处理后的心电信号

图 3-25　预处理前后的心电信号

（2）肌电信号

肌电信号是肌肉收缩时伴随的电信号，它与人体肌肉的活动状态和功能状态之间有不同程度的关联性，因此能够在一定程度上反映神经肌肉的活动，从而体现情绪的变化。对采集到的肌电信号进行去噪处理，预处理前后的肌电信号如图 3-26 所示。

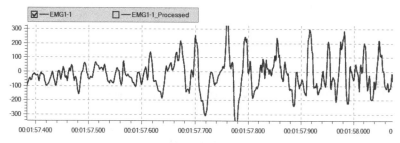

a）预处理前的肌电信号

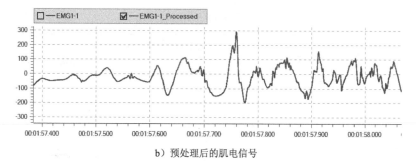

b）预处理后的肌电信号

图 3-26　预处理前后的肌电信号

（3）呼吸信号

呼吸信号的变化状况是人类情感最真实且最重要的表现之一，根据呼吸信号可以识别出人们内在情感和情绪的变化。对采集到的呼吸信号进行去噪处理，预处理前后的呼吸信号如图 3-27 所示。

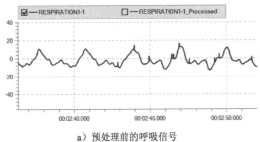
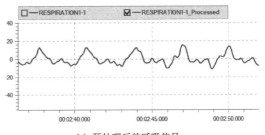

a）预处理前的呼吸信号　　　　　　　　b）预处理后的呼吸信号

图 3-27　预处理前后的呼吸信号

（4）皮电信号

皮电信号是指皮肤电阻或电导随皮肤汗腺机能变化而改变的现象，也称为皮肤电反应。情绪觉醒程度的变化能引发明显的皮肤电反应变化，因此通过皮电反应来推测被试者的情绪觉醒程度得到了研究者的普遍认同。对采集到的皮电信号进行去噪处理，预处理前后的皮电信号如图 3-28 所示。

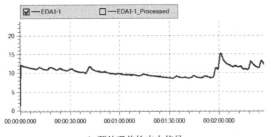
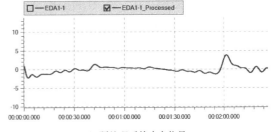

a）预处理前的皮电信号　　　　　　　　b）预处理后的皮电信号

图 3-28　预处理前后的皮电信号

对各生理信号进行去噪完成后，根据文献 [79] 所提方法利用 Relief 算法对去噪后的生理信号进行特征选择，最后利用 J48 决策树分类器进行情绪识别，结果见表 3-4。

表 3-4　情绪诱发实验结果

情绪	实验次数	实际情绪与目标情绪对比		准确度
		相符次数	不符次数	
愤怒	50	46	4	92.0%
惊奇	50	40	10	80.0%
恐惧	50	43	7	86.0%
焦虑	50	44	6	88.0%
无助	50	39	11	78.0%
蔑视	50	42	8	84.0%
轻松	50	47	3	94.0%
愉悦	50	45	5	90.0%
均值	50	43.25	6.75	86.5%

由表 3-4 可以看出，上述情绪诱发法所诱发出的实际情绪与目标情绪的契合度较高。

本节设计的不同情绪诱发方法可以有效地诱发出目标情绪，可为不同情绪下的实车与虚拟驾驶实验提供基础。值得强调的是，上述每种情绪的激发方法是针对普遍人群的一套较为实用的方法，然而每个人都会存在一定的差异性与特殊性，且每种激发手段也难免会存在一定的异质性问题，比如前一种诱导手段已经达到了激发效果，而此时若继续采用另外一种手段进行深入激发的话，可能会造成情绪的转变或减弱。因此，在实验过程中，还要根据实际情况选取诱导方法，若被试者感觉到情绪已得到深入激发，此时可停止对情绪的激发，转而选取一些可维持其情绪的手段，以保证情绪激发实验的有效性。

3.1.3 实车及虚拟驾驶实验

驾驶实验分为实车和虚拟驾驶实验两部分。实车驾驶实验所得数据与自然驾驶数据更为接近，但实验组织较为困难、周期较长，难以获取大量数据；而虚拟驾驶实验相对简单，且周期较短，实验组织与数据采集过程相对容易，因此，利用虚拟驾驶平台仿照实车实验道路交通环境构造虚拟路网，进行虚拟驾驶实验，可对实验数据进行有效补充。实验具体流程如图 3-26 所示。

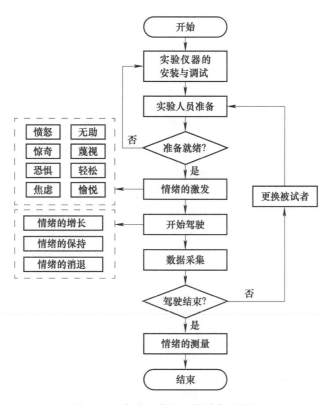

图 3-29　实车（虚拟）驾驶实验流程

1）安装并连接实验设备，对其进行调试，保证实验设备正常工作，确保实验顺利进行；向被试者传达实验过程中的注意事项（实验流程对其保密，以免对情绪的产生造成干扰；开车过程中尽量保持自然驾驶状态、不要太过紧张、不要压抑自己的情绪）与奖惩制度（协助顺利完成实验会有一定的酬劳，由于驾驶人自身原因造成实验无法正常进行会扣除部分报酬）。

2）启动车载实验设备并引导被试者起动实验车，为被试者播放舒缓音乐、营造安静氛围，使其情绪处于平静状态，同时让被试者在指定实验路线附近进行约 10min 的适应性驾驶。

3）准备就绪后进行线下情绪诱发实验，被试者情绪得以激发后，立即沿实验路线进行驾驶实验。被试行车过程中，除了采取相应的线上情绪诱发方法，随车人员需每隔 1min 对被试者情绪激活程度（将情绪激活程度按照从低到高分为 3 个等级：低、中、高）进行一次问询，以了解其情绪激发水平；同时，利用上述实验设备同步采集并记录数据。驾驶结束后，统计被试者在实验过程中的期望车速等信息。

4）实验结束后，立即让被试者观看其驾驶期间的视频录像，并填写情绪体验自我报告问卷。

虚拟驾驶实验与上述实验流程类似，按照上述实验步骤，组织 56 名被试者进行实验，激发被试者特定情绪后组织驾驶，每名被试者进行 8 次不同情绪的驾驶实验，共获得 448 组实验数据，其中实车驾驶实验 120 组，虚拟驾驶实验 328 组。

在保证驾驶人完成正常驾驶任务的前提下，诱发出持续、稳定而又可靠的驾驶情感是实验最终能否成功的关键，也是后续研究得以进行的前提。本节介绍了适应驾驶人情感研究的实验方法，重点探讨了音乐情感诱发、图片情感诱发、视频情感诱发、想象情感诱发、自传式回忆情感诱发、组合情感诱发、竞技游戏情感诱发、虚拟现实情感诱发等情感诱发方法在本研究中的运用以及利用道路交通综合实验车、高仿真汽车虚拟驾驶平台等装备获取驾驶人不同情感状态下的人－车－路－环境多源动态协同数据的方法。

3.2 驾驶人心理－生理特征

3.2.1 心理问卷调查及分析

1. 测试方法

驾驶人的心理指标是影响驾驶人行为的主要因素之一，由于驾驶人的性别、年龄、驾驶经验、驾驶倾向性、意志力等心理指标因人而异，行车过程中的行为表现也会有所不同。经验丰富、意志力强、自信、性格坚定果断的驾驶人，在遇到紧急情况时，动作往往比平时更准确、迅速；而缺乏驾驶经验、性格急躁、意志力弱的驾驶人往往会神色慌张、手忙脚乱、动作失常，不仅不能采取有效的行动，反而还会出现紧张心理，导致自控能力减弱，从而采取某种错误的驾驶行为。因此，要探讨驾驶人在不同情绪状态下的汽车运动特征，根据驾驶人的心理差异对其进行分类很有必要。

本节驾驶人心理测试的目的是通过问卷调查确定实验驾驶人的驾驶倾向性与意志力类

型。驾驶倾向性是指驾驶人对客观现实交通状况的态度及其表现出的与之相适应的决策倾向和心理特征，分为保守型、普通型、激进型三类。驾驶倾向性确定方法参考文献[80]中提出的方法，并在此基础上加以改进（驾驶人的驾驶倾向性与性别、年龄、驾驶经验密切相关，因此本节将性别、年龄与驾驶经验作为确定驾驶倾向性的部分因素）。意志力是指通过与心态、控制力和策略等心理资源的双向互动，当面临挫折和挑战的时候能够坚持不懈地完成长远或高层次目标的心理状态。本节将意志力分为强、中、弱3个等级，意志力调查问卷根据北京师范大学心理测评系统修订量表改编而成。

2. 结果分析

对56名驾驶人进行心理问卷调查，驾驶倾向性测试结果如图3-30所示，其中，保守型驾驶人19名，普通型驾驶人21名，激进型驾驶人16名；意志力测试结果如图3-31所示，其中，意志力强的驾驶人20名，意志力中的驾驶人24名，意志力弱的驾驶人12名。

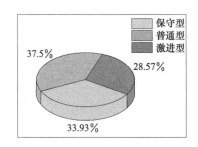

图3-30 驾驶人驾驶倾向性测试结果

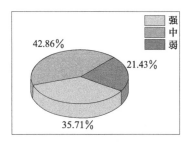

图3-31 驾驶人意志力测试结果

（1）信度

信度主要用于评价量表的精确性、一致性和稳定性，多以内部一致性来表示测验信度的高低，信度系数越高则表示测验的结果越可靠、一致与稳定。克朗巴哈α系数（coefficient alpha of L.J.Cronbach）是目前最常用的可靠性系数，其计算公式如下：

$$\alpha = \frac{k}{k-1}\left(1 - \frac{\sum_{1}^{k} \mathrm{VAR}(i)}{\mathrm{VAR}}\right) \quad (3-1)$$

式中，k 表示调查问卷中问题的总数；$\mathrm{VAR}(i)$ 表示第 i 个问题得分的表内方差；VAR 表示全部问题总得分的方差。

应用SPSS软件对问卷进行信度分析，得到驾驶倾向性测试问卷的 α 系数为0.895>0.8，意志力调查问卷的 α 系数为0.837>0.8，说明两个调查问卷均具有较高的同质性信度。

（2）效度

效度主要用于评价量表的准确性、正确性和有效性，即测定值与目标真实值的偏差大小。应用SPSS软件对问卷进行效度分析，统计单问题得分与问卷总分数的Person相关系数，结果见表3-5、表3-6。

表 3-5　驾驶倾向性测试问卷效度分析结果

题目序号	均值	标准差	相关系数	题目序号	均值	标准差	相关系数
1	1.39	0.493	0.712**	15	1.89	0.788	0.467**
2	1.21	0.563	0.397*	16	2.02	0.795	0.575**
3	3.87	0.883	0.518**	17	1.94	0.562	0.575**
4	2.12	0.718	0.640**	18	2.06	0.605	0.585**
5	2.05	0.716	0.451**	19	2.15	0.813	0.387*
6	2.08	0.758	0.657**	20	2.04	0.678	0.671**
7	2.03	0.715	0.581**	21	2.01	0.761	0.386*
8	1.96	0.523	0.440**	22	1.96	0.716	0.536**
9	1.86	0.767	0.132	23	1.93	0.719	0.647**
10	2.13	0.561	0.574**	24	1.87	0.671	0.614**
11	2.04	0.686	0.238	25	2.00	0.795	0.594**
12	1.78	0.551	0.256*	26	2.05	0.617	0.553**
13	1.81	0.769	0.413*	27	2.04	0.512	0.431*
14	2.02	0.793	0.754**	28	2.53	0.982	0.761**

注：上标 * 的相关系数说明对应项目在 0.05 的显著性水平下显著相关；上标 ** 的相关系数说明对应项目在 0.01 的显著性水平下显著相关。

表 3-6　意志力测试问卷效度分析结果

题目序号	均值	标准差	相关系数	题目序号	均值	标准差	相关系数
1	3.05	0.561	0.410*	11	1.86	0.569	0.561**
2	2.94	0.752	0.671**	12	3.08	0.742	0.623**
3	3.02	0.624	0.612**	13	3.12	0.431	0.745**
4	2.86	0.237	0.367	14	3.01	0.506	0.396*
5	2.93	0.534	0.592**	15	2.95	0.124	0.871**
6	3.12	0.715	0.549*	16	3.10	0.604	0.698**
7	2.87	0.621	0.231	17	3.15	0.915	0.487*
8	3.06	0.826	0.721**	18	2.98	0.421	0.654**
9	3.12	0.617	0.633**	19	3.17	0.376	0.712**
10	2.95	0.346	0.752**	20	3.04	0.615	0.593**

注：同表 3-5 表注。

可以看出，所有问题与总分数的相关系数均为正值，且 90% 的问题得分与总分数在 0.05 和 0.01 的显著水平下显著相关，说明两个问卷均具有较好的内容效度，可以据此展开测试。

3.2.2 生理特征信号采集及分析

1. 测试方法

情绪不同会导致驾驶人的一些生理量产生变化，影响人的感知、判断等，从而进一步影响驾驶人的行为表现，进而映射出不同的汽车运动特征，因此，驾驶人生理测试是进一步分析汽车运动特征的基础，本节主要对驾驶人的速度估计能力与复杂反应判断能力进行测量与分析。速度估计能力是指人对物体移动速度判断的能力，常选用速度估计时间作为评价指标。速度估计能力检测是通过对模拟物体运动的时间判断，来了解驾驶人在开车时对车速的正确估计能力，以及在开车时是否有急躁或迟缓反应的倾向。速度估计能力检测方法参考文献 [81] 所提方法。复杂反应判断能力指人对不同刺激做出选择性反应的能力，常选用选择反应时间和误反应次数作为评价指标。复杂反应判断能力测试主要检测驾驶人在复杂状况下的机敏性，以及在行车途中对交通场面相继发生的变化能否正确而迅速地进行处理的能力。复杂反应判断能力测试方法参考文献 [82] 所提方法。

2. 结果分析

（1）速度估计能力

驾驶人速度估计检测结果显示，检测样本中比较集中的速度估计数据段为 1.2～2.4s，此段数据占样本总体的 93.3%，检测样本总体均值为 1.74s，标准差为 0.35。驾驶人速度估计特性分布情况如图 3-32 所示，不同类型驾驶人在不同情绪下的平均速度估计时间如图 3-33 所示。

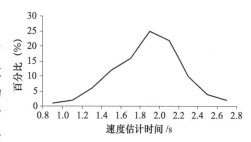

图 3-32 驾驶人速度估计特性分布情况

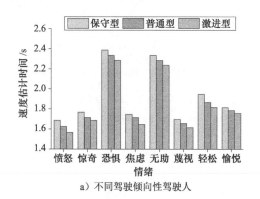

a）不同驾驶倾向性驾驶人

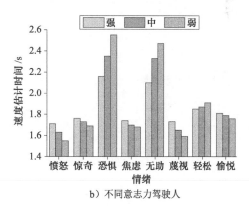

b）不同意志力驾驶人

图 3-33 不同类型驾驶人在不同情绪下的速度估计时间统计

由图 3-33 可以看出，驾驶人在不同情绪下的速度估计时间具有较大差异。整体来看，驾驶人的平均速度估计时间在不同情绪下由短到长依次为：愤怒（1.63s）＜蔑视（1.66s）＜焦虑（1.71s）＜惊奇（1.73s）＜愉悦（1.79s）＜轻松（1.88s）＜无助（2.29s）＜恐惧（2.34s）；可见，驾驶人在愤怒、蔑视、焦虑与惊奇情绪下速度估计时间相对较短，在无助与恐惧情绪下速度估计时间相对较长，均与实际时间具有较大差异，因此，速度估计能力较低；而在愉悦与轻松情绪下速度估计时间与实际时间的差值较小,因此,速度估计能力较高。同一情绪下,不同驾驶倾向性驾驶人的速度估计时间具有明显差异,保守型驾驶人的速度估计时间最长,普通型驾驶人次之,激进型驾驶人最短,但与实际时间的差值无明显差异,因此,不同驾驶倾向性驾驶人的速度估计能力无明显差异。而同一情绪下不同意志力驾驶人的速度估计时间无明显差异,但意志力强的驾驶人速度估计时间随情绪变化浮动较小,与实际时间差值小,意志力弱的驾驶人则浮动较大,与实际时间差值大,因此,意志力强的驾驶人的速度估计能力高于意志力弱的驾驶人。

(2)复杂反应判断能力

检测样本选择反应时间总体均值为 0.83s,标准差为 0.21;误反应次数均值为 2.86 次,标准差为 1.97。驾驶人选择反应时间和误反应次数分布情况如图 3-34 和图 3-35 所示,不同类型驾驶人在不同情绪下的平均反应时间与误反应次数如图 3-36 和图 3-37 所示。

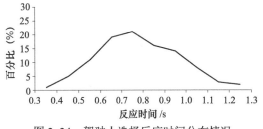

图 3-34　驾驶人选择反应时间分布情况　　　图 3-35　驾驶人误反应次数分布情况

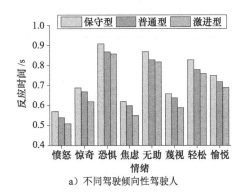 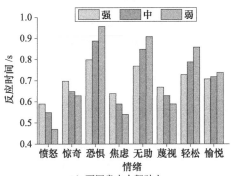

a)不同驾驶倾向性驾驶人　　　　　　　　　b)不同意志力驾驶人

图 3-36　不同类型驾驶人在不同情绪下的反应时间统计

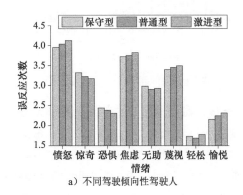 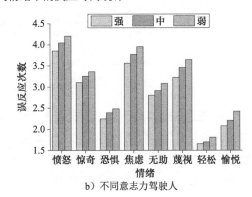

a)不同驾驶倾向性驾驶人　　　　　　　　　b)不同意志力驾驶人

图 3-37　不同类型驾驶人在不同情绪下的误反应次数统计

由图 3-36、图 3-37 可以看出，驾驶人在不同情绪下的反应时间与误反应次数均具有较大差异。整体来看，驾驶人的平均反应时间在不同情绪下由短到长依次为：愤怒（0.54s）＜焦虑（0.59s）＜蔑视（0.63s）＜惊奇（0.66s）＜愉悦（0.72s）＜轻松（0.79s）＜无助（0.84s）＜恐惧（0.88s）；误反应次数由多到少依次为：愤怒（4.03 次）＞焦虑（3.76 次）＞蔑视（3.44 次）＞惊奇（3.24 次）＞无助（2.93 次）＞恐惧（2.37 次）＞愉悦（2.23 次）＞轻松（1.72 次）。由此可见，驾驶人在愤怒、焦虑、蔑视、惊奇情绪下反应时间短，但误反应次数多，在无助与恐惧情绪下反应时间长且误反应次数也相对较多，因此，驾驶人的复杂反应判断能力相对较低；而在轻松与愉悦情绪下，驾驶人反应时间属于正常水平且误反应次数较少，复杂反应判断能力相对较高。同一情绪下，不同驾驶倾向性驾驶人的反应时间具有明显差异，保守型驾驶人的反应时间最长，普通型驾驶人次之，激进型驾驶人最短，而误反应次数无明显差异，因此，激进型驾驶人的复杂反应判断能力高于保守型驾驶人，在遇到复杂情形时，激进型驾驶人往往比保守型驾驶人具有更好的表现。同一情绪下不同意志力驾驶人的反应时间无明显差异，但意志力强的驾驶人反应时间随情绪变化浮动较小，意志力弱的驾驶人则浮动较大；而同一情绪下不同意志力驾驶人的误反应次数差异显著，意志力强的驾驶人误反应次数较意志力弱的驾驶人少，因此，意志力强的驾驶人的复杂反应判断能力高于意志力弱的驾驶人，在遇到复杂情形时，意志力强的驾驶人往往比意志力弱的驾驶人具有更好的表现。

3.3 汽车运动特征

　　汽车运动特征是表征驾驶人行驶过程中行为操作与驾驶倾向的重要参数，驾驶人处于不同情绪时生理特征具有差异性，进而导致所驾驶汽车的运动特征是不同的。本节以 T2 集群态势为例（其余 7 种集群态势下汽车运动特征见附录 G），运用单因素方差分析方法，探究不同类型驾驶人情绪变化对各运动特征参数影响的差异性。

3.3.1 研究方法

1. 单因素方差分析

　　方差分析是指通过对实验数据的分析，检验方差相同的多个（多于两个）正态总体的均值是否相等，并以此来判断各因素对实验指标的影响是否显著，其中单因素方差分析只考虑一个因素 A 对实验指标的影响。

　　设因素 A 有 r 个水平，记为 A_1，A_2，…，A_r。在水平 A_i 下观察 n_i 个样本单位，可获得实验指标的 n_i 个数据：x_{i1}，x_{i2}，x_{i3}，…，x_{in}（i =1，2，…，r）。第 A_i（i =1，2，…，r）水平之下各观察值可视为来自总体 X_i（i =1，2，…，r），且 X_i 服从正态分布，X_i 与 X_j（$i \neq j$）相互独立，即 $X_i \sim N(\mu_i, \sigma^2)$。$X_{i1}$，$X_{i2}$，$X_{i3}$，…，$X_{in}$ 表示从总体 X_i 中抽取的样本，x_{i1}，x_{i2}，x_{i3}，…，x_{in} 表示相应的观察值，对实验指标进行单因素方差分析的基本步骤如下：

1）建立检验假设

H_0：$\mu_1 = \mu_2 = \cdots = \mu_r$

H_1：各 μ_i 不等或不全相等

2）计算离差平方和

组内离差平方和 S_E^2 是每个观测数据与其组内平均值的离差平方和，是所有随机误差造成实验指标变化的总度量，计算公式为

$$S_E^2 = \sum_{i=1}^{r}\sum_{j=1}^{n_i}(x_{ij}-\overline{x}_i)^2, \quad (i=1,\cdots,r, j=1,\cdots,n) \qquad (3-2)$$

组间离差平方和 S_A^2 是组内样本均值 $\overline{x}_i$ 与总平均值 $\overline{x}$ 的离差加权平方和，是反映因子的不同水平造成实验指标变化的总度量，因此也称 S_A^2 为系统误差，计算公式为

$$S_A^2 = \sum_{i=1}^{r}n_i(\overline{x}_i-\overline{x})^2, \quad (i=1,\cdots,r) \qquad (3-3)$$

总离差平方和 S_T^2 是所有数据到总样本均值的距离平方和，是实验指标对中心位置的变化的总度量，计算公式为

$$S_T^2 = S_A^2 + S_E^2 = \sum_{i=1}^{R}\sum_{j=1}^{n_i}x_{ij}^2 - n\overline{x}^2, \quad (i=1,\cdots,r, j=1,\cdots,n) \qquad (3-4)$$

记 $\overline{S}_A^2$、$\overline{S}_E^2$ 为均方差：

$$\overline{S}_A^2 = S_A^2/(r-1) \qquad (3-5)$$

$$\overline{S}_E^2 = S_E^2/(n-r) \qquad (3-6)$$

式中，$r-1$ 与 $n-r$ 分别表示组间自由度与组内自由度。

3）计算检验统计量 F

组间离差平方和与组内离差平方和分别除以各自的自由度之后的比值将服从 F 分布：

$$F = \frac{\overline{S}_A^2}{\overline{S}_E^2} \sim F(r-1, n-r) \qquad (3-7)$$

在给定显著性 α 水平的情况下，查 F 分布表值有 $F_{1-a}(r-1,n-r)$，若统计量 F 超过这一临界点，则拒绝原假设，认为样本均值之间不完全相同（存在显著差异），否则不能够拒绝原假设 H_0。

2. 数据处理

按照第 2 章所述实验方法，开展实验获取相关数据。实验样本容量为 56，其中男性 34 名，女性 22 名；年龄分布在 18 ~ 50 岁之间，平均年龄 26.8 周岁；驾驶里程分布在 0.1 ~ 20 万 km 之间，平均驾驶里程为 1.2 万 km。利用动态人车环境信息采集系统获取驾驶人的生理、行为数据以及汽车行驶数据，实验可采集的汽车行驶数据见表 3-7。

表 3-7 实验可采集的汽车行驶数据

数据	目标车与周围车辆相对距离 /m						目标车与周围车辆相对速度 /(m/s)					
	左前车	左后车	前车	后车	右前车	右后车	左前车	左后车	前车	后车	右前车	右后车
符号	Δd_1	Δd_2	Δd_3	Δd_4	Δd_5	Δd_6	Δv_1	Δv_2	Δv_3	Δv_4	Δv_5	Δv_6
数据	目标车速度 /(km/h)		目标车加速度 /(m/s²)		期望车速 /(km/h)		加速频率 /(次 /min)		制动力 /N		插车间隙 /s	
符号	v		a		$\bar{v}$		f		F		t	

考虑到检测数据的代表性、可信性以及统计分析方面的要求等因素,依次对原始数据进行处理,剔除不完整的数据、非稳定数据、异常数据以及情绪诱发无效的数据等所涉及的共 52 组实验数据,最后确定出 396 组实验数据作为统计分析的最终数据集。

3.3.2 分析结果

对数据预处理得到的 396 组有效数据进行分析,选取实验过程中汽车集群态势为 T2 的视频片段以及所对应的实验数据,每种情绪分别选取 94 组,共得到 752 组数据片段。其中,对应驾驶人驾驶倾向性为保守型、普通型、激进型的数据分别为 256、280、216 组,对应驾驶人意志力为强、中、弱的数据分别为 240、312、200 组。对期望车速、加速频率、制动力度、目标车与前车车头时距、插车间隙、目标车加速度干扰等汽车运动特征参数进行分析,利用箱形图(箱形图注解如图 3-38 所示)更直观地展现各特征参数的变化规律;并利用单因素方差分析,检验不同情绪下各运动参数是否有显著差异。

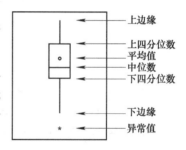

图 3-38 箱形图注解

1. 期望车速

驾驶人期望车速是指车辆行驶过程中在不受或基本不受其他车辆约束的条件下,驾驶人心目中希望达到的最高"安全"行驶车速。显然不同类型的驾驶人在不同的情绪状态下的期望车速各不相同,统计不同类型驾驶人在不同情绪下的期望车速,得到如图 3-39、图 3-40 所示期望车速箱形图。

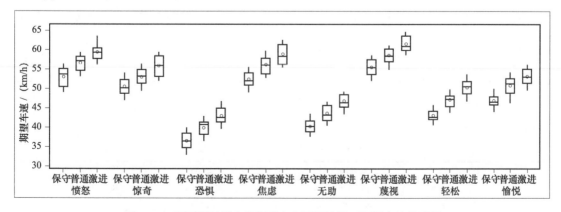

图 3-39 不同驾驶倾向性驾驶人在不同情绪下期望车速箱形图

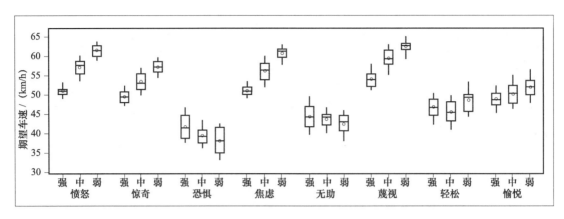

图 3-40　不同意志力驾驶人在不同情绪下期望车速箱形图

统计可得，驾驶人平均期望车速在不同情绪下由大到小依次为：蔑视（58.5km/h）＞愤怒（56.3km/h）＞焦虑（55.7km/h）＞惊奇（53.1km/h）＞愉悦（50.2km/h）＞轻松（46.7km/h）＞无助（43.5km/h）＞恐惧（39.7km/h）。可以看出，驾驶人在蔑视、愤怒、焦虑、惊奇、愉悦情绪下的期望车速普遍偏高，在无助与恐惧情绪下偏低。分析认为，驾驶人在蔑视情绪下易产生骄傲自满的心态，会过高地估计自己的能力，速度估计能力与复杂反应判断能力随之降低，因而不能正确认识和判断所处的交通环境，所以期望车速偏高；愤怒情绪下，驾驶人易产生发泄或报复心理，对行车过程中的最高"安全"行驶车速的估计有所偏差，因此期望车速偏高；焦虑情绪下，驾驶人易产生急躁或烦躁心理，想尽快摆脱当前行驶环境，因此具有较高的期望车速；惊奇情绪下，驾驶人对周围事物与环境存在好奇心理，因此其期望车速会适当提高；愉悦情绪下，驾驶人中枢神经处于兴奋状态，因此期望车速相对较高；在轻松情绪下，驾驶人对周围事物具有准确的判断能力，速度估计能力与复杂反应判断能力较强，因此其期望车速往往更接近于当前交通环境下的"安全"行驶速度；无助情绪下，驾驶人易产生逃避心理，对周围事件往往不能做出正确及时的反应，速度估计能力与复杂反应判断能力较低，反应较为迟钝，因此期望车速偏低；恐惧情绪下，驾驶人易采取保守策略，驾驶更为谨慎小心，故而期望车速较小。由图 3-39 可以看出，同一情绪下，不同驾驶倾向性驾驶人的期望车速具有明显差异，保守型驾驶人的期望车速最小，普通型驾驶人次之，激进型驾驶人最大。由图 3-40 可以看出，同一情绪下不同意志力驾驶人的期望车速无明显差异，但意志力强的驾驶人期望车速随情绪变化浮动较小，意志力弱的驾驶人则浮动较大。

为探究不同情绪对驾驶人期望车速影响的差异性，采用单因素方差分析进行整体检验，结果见表 3-8。可以看出，$p<0.05$，故在显著性水平 0.05 下拒绝原假设，因此，可认为不同情绪下期望车速有显著差异。进一步对 8 种情绪下的期望车速进行两两差异性比较，结果见附录 H（附表 H-1）。

表 3-8　期望车速单因素方差分析

参数		二次方和	df	均方	F	p
期望车速 /（km/h）	组间	29274.320	7	4182.046	390.748	0.00
	组内	7962.775	744	10.703		
	总数	37237.095	751			

由附表 H-1 可以看出，驾驶人在愤怒与焦虑（$p=0.234$）情绪下的期望车速未表现出显著差异，其余情绪下期望车速两两比较结果 p 均小于 0.05，说明 8 种情绪中，期望车速除了在愤怒与焦虑情绪下两者之间无明显差异，其他情绪之间均具有显著差异。

2. 加速频率

加速频率即单位时间内驾驶人踩加速踏板的次数，单位为次 /min。统计不同类型驾驶人在不同情绪下的加速频率，得到如图 3-41、图 3-42 所示的加速频率箱形图。

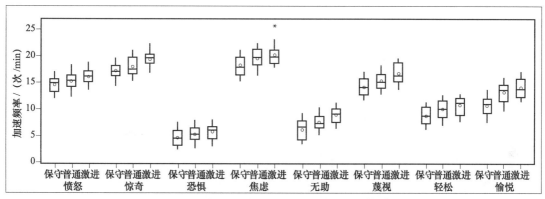

图 3-41　不同驾驶倾向性驾驶人在不同情绪下加速频率箱形图

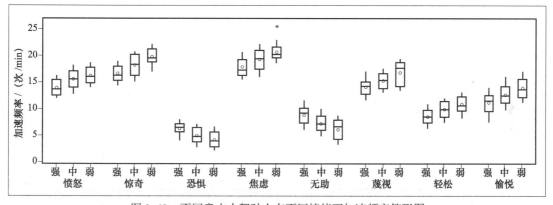

图 3-42　不同意志力驾驶人在不同情绪下加速频率箱形图

统计可得，驾驶人平均加速频率在不同情绪下由高到低依次为：焦虑（19.2 次 /min）>惊奇（18.1 次 /min）>蔑视（15.3 次 /min）>愤怒（15.2 次 /min）>愉悦（12.5 次 /min）>轻松（9.7 次 /min）>无助（7.4 次 /min）>恐惧（5.1 次 /min）。可以看出，驾驶人在轻松情绪下的加速频率符合驾驶一般规律，在焦虑、惊奇、蔑视、愤怒、愉悦情绪下的加速频率较高，在无助与恐惧情绪下较低。分析认为，焦虑情绪下，驾驶人产生烦躁或不安心理，通过频繁地踩踏板来宣泄这种情感，因此加速频率最高；惊奇情绪下，驾驶人倾向于追求新奇或新鲜事物，因此通过不停地加速来实现；蔑视、愤怒与愉悦情绪下，驾驶人神经中枢为兴奋状态，心理与行为表现更为激进，因此也具有较高的加速频率；无助情绪下，驾驶人神经中枢为压抑状态，反应较为迟钝，故而加速频率较小；恐惧情绪下，驾驶人倾向于选择保守策略驾驶，对待周围事物更为谨慎小心，因而加速频率最小。由图 3-41 可以看出，同一情绪下，不同驾驶倾向性驾驶人的加速频率具有较大差异，激进型驾驶人的加速频率最高，普通型驾驶人次之，保守型驾驶人最低。由图 3-42 可以看出，同一情绪下不同意志力驾驶人的加速频率无明显差异，但意志力强的驾驶人加速频率随情绪变化浮动较小，意志力弱的驾驶人则浮动较大。

为探究不同情绪对驾驶人加速频率影响的差异性，采用单因素方差分析进行整体检验，结果见表 3-9。可以看出，$p<0.05$，故在显著性水平 0.05 下拒绝原假设，因此，可认为不同情绪下加速频率有显著差异。进一步对 8 种情绪下的加速频率进行两两差异性比较，结果见附录 H（附表 H-2）。

表 3-9　加速频率单因素方差分析

参数		二次方和	df	均方	F	p
加速频率 / （次 /min）	组间	16790.889	7	2398.698	681.423	0.00
	组内	2618.976	744	3.520		
	总数	19409.865	751			

由附表 H-2 可以看出，驾驶人在愤怒与蔑视（$p=0.789$）情绪下的加速频率未表现出显著差异，其余情绪下加速频率两两比较结果 p 均小于 0.05，说明 8 种情绪中，加速频率除了在愤怒与蔑视情绪下两者之间无明显差异，其他情绪之间均具有显著差异。

3. 制动力度

制动力度即驾驶人踩制动踏板时的力度，可以用来表征驾驶人制动的轻重缓急，统计不同类型驾驶人在不同情绪下的制动力度，得到如图 3-43、图 3-44 所示的制动力度箱形图。

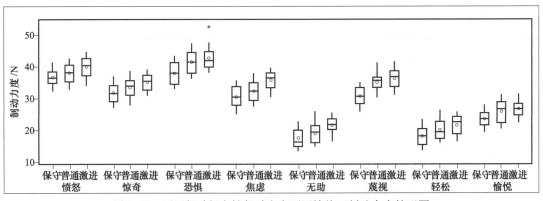

图 3-43　不同驾驶倾向性驾驶人在不同情绪下制动力度箱形图

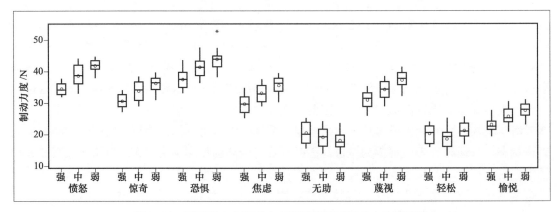

图 3-44　不同意志力驾驶人在不同情绪下制动力度箱形图

统计可得，驾驶人平均制动力度在不同情绪下由大到小依次为：恐惧（40.8N）＞愤怒（38.3N）＞蔑视（34.1N）＞惊奇（33.5N）＞焦虑（32.8N）＞愉悦（25.4N）＞轻松（19.9N）＞无助（19.3N）。可以看出，驾驶人在恐惧情绪下的制动力度最大，愤怒、蔑视、惊奇与焦虑情绪次之，愉悦与轻松情绪下较小，无助情绪下最小。分析认为，恐惧情绪下驾驶人精神处于极度紧张状态，当外界有干扰物时，驾驶人易采取紧急制动策略，因此制动力度最大；愤怒、蔑视、惊奇、焦虑情绪下驾驶人神经中枢为兴奋状态，心理与行为表现更为激进，因此也具有较大的制动力度；愉悦与轻松情绪下，驾驶人心理上无较大起伏，因此制动力度相对较小；无助情绪下，驾驶人神经中枢为压抑状态，反应较为迟钝，因而制动力度最小。由图3-43可以看出，同一情绪下，不同驾驶倾向性驾驶人的制动力度具有较大差异，激进型驾驶人的制动力度最大，普通型驾驶人次之，保守型驾驶人最小。由图3-44可以看出，同一情绪下不同意志力驾驶人的制动力度无明显差异，但意志力强的驾驶人制动力度随情绪变化浮动较小，意志力弱的驾驶人则浮动较大。

为探究不同情绪对驾驶人制动力度影响的差异性，采用单因素方差分析进行整体检验，结果见表3-10。可以看出，$p<0.05$，故在显著性水平0.05下拒绝原假设，因此，可认为不同情绪下制动力度有显著差异。进一步对8种情绪下的制动力度进行两两差异性比较，结果见附录H（附表H-3）。

表3-10 制动力度单因素方差分析

参数		二次方和	df	均方	F	p
制动力度/N	组间	43049.760	7	6149.966	522.049	0.00
	组内	8764.640	744	11.780		
	总数	51814.400	751			

由附表H-3可以看出，驾驶人在惊奇与焦虑（$p=0.175$）、惊奇与蔑视（$p=0.231$）、无助与轻松（$p=0.225$）情绪下制动力度未表现出显著的差异，其余情绪下制动力度两两比较结果p均小于0.05，说明8种情绪中，制动力度除了在惊奇与焦虑、惊奇与蔑视、无助与轻松两两之间无明显差异，其他情绪之间均具有显著差异。

4. 目标车与前车车头时距

目标车与前车车头时距是指前车与目标车连续通过某一断面的时间间隔，包含了车头间距与车速等多重信息，更能反映汽车的运动特征，因此选择目标车与前车车头时距作为汽车运动特征参数之一加以分析，其计算公式如下：

$$目标车与前车车头时距 = \frac{目标车与前车车头间距}{目标车速度}$$

计算并统计不同类型驾驶人在不同情绪下的目标车与前车车头时距，得到如图3-45、图3-46所示的目标车与前车车头时距箱形图。

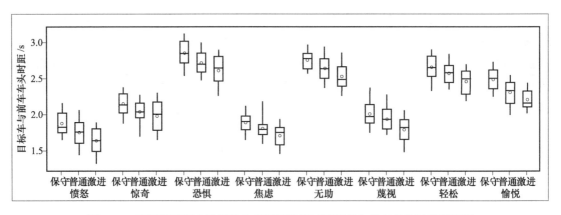

图 3-45　不同驾驶倾向性驾驶人在不同情绪下目标车与前车车头时距箱形图

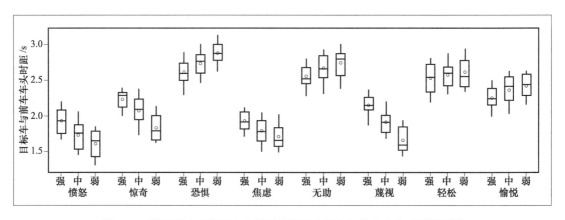

图 3-46　不同意志力驾驶人在不同情绪下目标车与前车车头时距箱形图

统计可得，目标车与前车平均车头时距在不同情绪下由大到小依次为：恐惧（2.73s）＞无助（2.65s）＞轻松（2.57s）＞愉悦（2.34s）＞惊奇（2.06s）＞蔑视（1.92s）＞焦虑（1.81s）＞愤怒（1.76s）。可以看出，驾驶人在轻松情绪下的目标车与前车车头时距符合一般规律，而在恐惧与无助情绪下目标车与前车车头时距较大，在愉悦、惊奇、蔑视、焦虑、愤怒情绪下目标车与前车车头时距较小。分析认为，恐惧情绪使驾驶人产生畏惧感与胆怯心理，从而驾驶过程更为谨慎与保守，因而目标车与前车车头时距较大；无助情绪下驾驶人对当前环境反应较为迟钝，因而目标车与前车车头时距相对较大；愉悦、惊奇、蔑视、焦虑、愤怒情绪更易使驾驶人亢奋与激进，因而目标车与前车车头时距较小。由图 3-45 可以看出，同一情绪下，不同驾驶倾向性驾驶人的目标车与前车车头时距具有明显差异，保守型驾驶人的目标车与前车车头时距最大，普通型驾驶人次之，激进型驾驶人最小。由图 3-46 可以看出，同一情绪下不同意志力驾驶人的目标车与前车车头时距无明显差异，但意志力强的驾驶人目标车与前车车头时距随情绪变化浮动较小，意志力弱的驾驶人则浮动较大。

为探究不同情绪对目标车与前车车头时距影响的差异性，采用单因素方差分析进行整体检验，结果见表 3-11。可以看出，$p<0.05$，故在显著性水平 0.05 下拒绝原假设，因此，可认为不同情绪下目标车与前车车头时距有显著差异。进一步对 8 种情绪下的目标车与前车

车头时距进行两两差异性比较，结果见附录 H（附表 H-4）。

表 3-11　目标车与前车车头时距单因素方差分析

参数		二次方和	df	均方	F	p
目标车与前车车头时距 /s	组间	101.199	7	14.457	426.109	0.00
	组内	25.242	744	0.034		
	总数	126.441	751			

由附表 H-4 可以看出，驾驶人在愤怒与焦虑（$p=0.088$）情绪下的目标车与前车车头时距未表现出显著的差异，其余情绪下目标车与前车车头时距两两比较结果 p 均小于 0.05，说明 8 种情绪中，目标车与前车车头时距除了在愤怒与焦虑情绪下两者之间无明显差异，其他情绪之间均具有显著差异。

5. 插车间隙

驾驶人进入或者穿越交通流必须判断潜在的冲突车辆与自己车辆之间的距离，并做出决策是否进入或者穿过，插车间隙就是驾驶人可以汇入或者通过连续车流的时间间隔。统计不同类型驾驶人在不同情绪下的插车间隙，得到如图 3-47、图 3-48 所示的插车间隙箱形图。

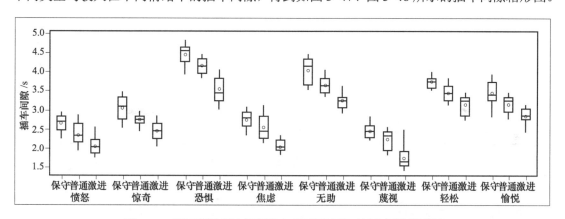

图 3-47　不同驾驶倾向性驾驶人在不同情绪下插车间隙箱形图

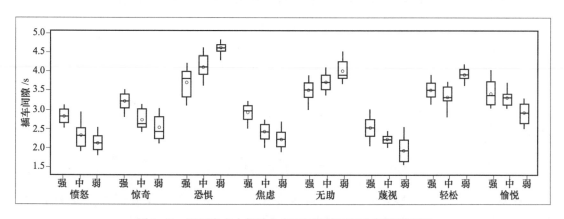

图 3-48　不同意志力驾驶人在不同情绪下插车间隙箱形图

统计可得，驾驶人平均插车间隙在不同情绪下由大到小依次为：恐惧（4.1s）＞无助（3.7s）＞轻松（3.5s）＞愉悦（3.2s）＞惊奇（2.8s）＞焦虑（2.5s）＞愤怒（2.4s）＞蔑视（2.2s）。可以看出，驾驶人在轻松与愉悦情绪下的插车间隙符合驾驶一般规律，而在恐惧与无助情绪下插车间隙较大，驾驶人的行为表现较为保守，分析认为，恐惧或无助情绪下，驾驶人的速度估计能力与复杂反应判断能力降低，对外界变化不能及时做出反应，因而插车间隙较大；在蔑视、愤怒、焦虑、惊奇情绪下插车间隙较小，驾驶人的行为表现更为激进，分析认为，蔑视、愤怒、焦虑、惊奇情绪使驾驶人高估了自己的速度估计能力与复杂反应判断能力，因而能及时对外界做出反应，甚至做出过激的反应，因而插车间隙较小。由图 3-47 可以看出，同一情绪下，不同驾驶倾向性驾驶人的插车间隙具有较大差异，保守型驾驶人的插车间隙最大，普通型驾驶人次之，激进型驾驶人最小。由图 3-48 可以看出，同一情绪下不同意志力驾驶人的插车间隙无明显差异，但意志力强的驾驶人插车间隙随情绪变化浮动较小，意志力弱的驾驶人则浮动较大。

为探究不同情绪对驾驶人插车间隙影响的差异性，采用单因素方差分析进行整体检验，结果见表 3-12。可以看出，$p<0.05$，故在显著性水平 0.05 下拒绝原假设，因此，可认为不同情绪下插车间隙有显著差异。进一步对 8 种情绪下的插车间隙进行两两差异性比较，结果见附录 H（附表 H-5）。

表 3-12 插车间隙单因素方差分析表

参数		二次方和	df	均方	F	p
插车间隙 /s	组间	307.599	7	43.943	319.316	0.00
	组内	102.386	744	0.138		
	总数	409.985	751			

由附表 H-5 可以看出，驾驶人在 8 种情绪下的插车间隙两两比较结果 p 均小于 0.05，说明 8 种情绪下的插车间隙两两之间均有显著差异。

6. 目标车加速度干扰

加速度干扰是对车辆速度摆动的描述，曾是乘车舒适性的定量评价指标，其计算公式为

$$\sigma = \left\{ \frac{1}{T} \int_0^T \left[a(t) - \bar{a} \right]^2 \mathrm{d}t \right\}^{\frac{1}{2}} \quad (3\text{-}8)$$

式中，σ 表示加速度干扰；T 表示总观测时间；$a(t)$ 表示 t 时刻的加速度；$\bar{a}$ 表示平均加速度，其计算公式为

$$\bar{a} = \frac{1}{T} \int_0^T a(t) \mathrm{d}t \quad (3\text{-}9)$$

计算并统计不同类型驾驶人在不同情绪下的目标车加速度干扰，得到如图 3-49、图 3-50 所示的目标车加速度干扰箱形图。

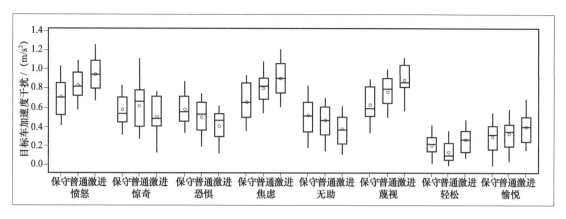

图 3-49　不同驾驶倾向性驾驶人在不同情绪下目标车加速度干扰箱形图

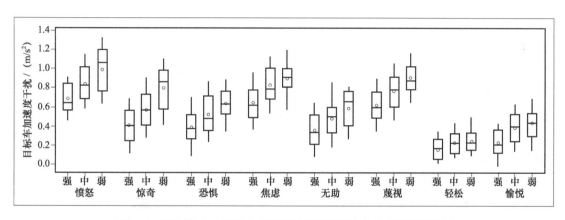

图 3-50　不同意志力驾驶人在不同情绪下目标车加速度干扰箱形图

统计可得，平均目标车加速度干扰在不同情绪下由大到小依次为：愤怒（0.83m/s²）＞焦虑（0.79m/s²）＞蔑视（0.76m/s²）＞惊奇（0.58m/s²）＞恐惧（0.51m/s²）＞无助（0.47m/s²）＞愉悦（0.35m/s²）＞轻松（0.21m/s²）。可以看出，驾驶人在轻松与愉悦情绪下的目标车加速度干扰较小，说明行车舒适性较好；而在愤怒、焦虑、蔑视、惊奇、恐惧、无助情绪下目标车加速度干扰有了不同程度的增大，说明在这些情绪下行车舒适性较差。由图 3-49 可以看出，同一情绪下，不同驾驶倾向性驾驶人的目标车加速度干扰无明显差异。由图 3-50 可以看出，同一情绪下，不同意志力驾驶人的目标车加速度干扰差异显著，意志力强的驾驶人目标车加速度干扰最小，普通型驾驶人次之，激进型驾驶人最大，说明意志力强的驾驶人受情绪干扰小于意志力弱的驾驶人，行车舒适性相对较好。

为探究不同情绪对目标车加速度干扰影响的差异性，采用单因素方差分析进行整体检验，结果见表 3-13。可以看出，$p<0.05$，故在显著性水平 0.05 下拒绝原假设，因此，可认为不同情绪下目标车加速度干扰有显著差异。进一步对 8 种情绪下的目标车加速度干扰进行两两差异性比较，结果见附录 H（附表 H-6）。

表 3-13　目标车加速度干扰单因素方差分析

参数		二次方和	df	均方	F	p
目标车加速度干扰/(m/s^2)	组间	32.265	7	4.609	153.327	0.00
	组内	22.366	744	0.030		
	总数	54.631	751			

由附表 H-6 可以看出，驾驶人在愤怒与焦虑（$p=0.117$）、恐惧与无助（$p=0.112$）、焦虑与蔑视（$p=0.223$）情绪下目标车加速度干扰未表现出显著的差异，其余情绪下目标车加速度干扰两两比较结果 p 均小于 0.05，说明 8 种情绪中，目标车加速度干扰除了在愤怒与焦虑、恐惧与无助、焦虑与蔑视两两之间无明显差异，其他情绪之间均具有显著差异。

上述结果表明，不同情绪下驾驶人的心理特征与汽车运动特征均具有显著差异。进一步分析可以发现，驾驶人在愤怒情绪下，期望车速、目标车加速度干扰较大，目标车与前车平均车头时距较小；在惊奇情绪下，加速频率相对较高；在恐惧情绪下，期望车速较小，加速频率较低，制动力度、目标车与前车平均车头时距、插车间隙较大；在焦虑情绪下，加速频率较高，目标车加速度干扰相对较大；在无助情绪下，期望车速、目标车与前车平均车头时距、插车间隙相对较小，加速频率相对较低，制动力度较小；在蔑视情绪下，期望车速较大，插车间隙较小；在轻松与愉悦情绪下，目标车加速度干扰较小，但愉悦情绪下的行为指标较轻松情绪下相对激进一些。分析认为，驾驶人在愤怒情绪下，易产生发泄或报复心理，对外界事物的估计有所偏差，更易采取冒险行为，行为表现往往更为激进；驾驶人在惊奇情绪下，对周围事物与环境存在好奇心理，有一种寻找多变、复杂和强烈感觉经验的特质，倾向于追求新奇或新鲜事物，更易采取相对激进的驾驶行为；驾驶人在恐惧情绪下，神经中枢处于高度紧张状态，对待周围事物更为谨慎小心，因此更倾向于选择谨慎、保守的策略驾驶；驾驶人在焦虑情绪下，产生急躁或不安心理，想尽快摆脱当前行驶环境，通过频繁的操作或激进的驾驶来宣泄这种情绪；驾驶人在无助情绪下，神经中枢处于压抑状态，情绪低落，反应略显迟钝，不能快速地对当前行驶环境做出恰当的反应，因此行为表现相对保守；驾驶人在蔑视情绪下，易产生骄傲自满的心态，会过高地估计自己的能力，不能正确认识和判断所处的交通环境，因而更易采取激进的驾驶策略；驾驶人在轻松情绪下，对外界的感知能力强，具有更好的行为表现，汽车的各运动特征较为稳定，行驶也更加平稳；驾驶人在愉悦情绪下，中枢神经系统处于兴奋状态，对外界的感知能力较强，整体上表现出一种积极的驾驶策略。此外，即使在同一种情绪下，驾驶人驾驶倾向性与意志力的不同也会造成汽车运动特征的不同，激进型驾驶人的汽车运动特征往往比保守型驾驶人更加剧烈，意志力强的驾驶人的汽车运动特征也比意志力弱的稍显稳定。由此可见，驾驶人在不同情绪下的汽车运动特征有所不同，且受驾驶人心理与生理的共同影响，本章的研究为进一步探索情绪对驾驶人行为内在作用机理的影响打下了基础。

第 4 章 单车道环境汽车驾驶人意图的情感指引机制及辨识方法

驾驶人行为由"情感"和"认知"协调控制。认知是人类智能的核心。情感对人类认知有重要影响,被现代西方情感学家视为"第一性动机"。情感是意图强有力的预测器,意图是情感影响的结果。驾驶行为研究不能忽视情感对驾驶意图的影响作用。本章以揭示意图的情感影响机制和提高驾驶意图辨识准确度为目的,以单车道跟驰场景为例,从驾驶情感在线识别、考虑情感影响的驾驶意图特性、驾驶意图差异性辨识三个方面深入研究汽车驾驶人意图的情感影响机制及辨识方法。

4.1 驾驶人情感动态特征提取及辨识

本节中,首先利用因子分析法提取典型驾驶情感主影响因素,并基于模糊综合评价和 PAD 情感模型构建情感识别模型;其次,使用高兴、愤怒、悲伤、恐惧 4 种情感状态下实车驾驶实验数据对模型进行标定;最后,综合运用实车实验、虚拟实验和仿真实验数据验证所建模型。

4.1.1 模型构建与数据采集

在 ITS、车联网技术快速发展的背景下,将情感智能植入先进的安全驾驶辅助系统、智能汽车成为亟待解决的课题。本节利用因子分析法提取典型驾驶情感主影响因素,并基于模糊综合评价和 PAD 情感模型构建情感识别模型,旨在实现驾驶人情感的实时动态、非侵入、低成本识别。

1. 模型构建

模糊综合评价法根据隶属度理论把定性评价转化为定量评价,即用模糊数学理论对受到多种因素制约的事物或对象做出一个总体的评价。PAD 模型将情感刻画为愉悦度(Pleasure,P)、激活度(Arousal,A)、优势度(Dominance,D)3 个维度分量。各维度取值范围为 $(-1,1)$,维度取值可代表具体情感。图 4-1 所示为 PAD 情感模型的三维状态空间及 4 种基本情感的空间分布。

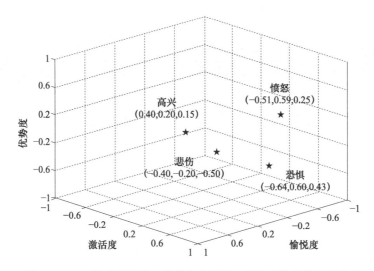

图 4-1　PAD 情感模型的三维状态空间及 4 种基本情感的空间分布

（1）因素集及评价集

驾驶情感激发因素及外在表现构成潜在的模糊因素集，从中筛选非接触测量数据，选取情感主影响因素作为评价指标，构成模糊评价因素集 $U=\{u_1,u_2,\cdots,u_n\}$。将 PAD 模型的三个维度分量作为模糊辨识模型的评价集 P、A、D。以愉悦度为例，将其划分为很低 (VP1)、低 (VP2)、居中 (VP3)、高 (VP4)、很高 (VP5)5 个等级，构成评价集 $P=\{P_1,P_2,\cdots,P_5\}$，相应取值分别为 [-1,-0.6]、[-0.6,-0.2]、[-0.2,0.2]、[0.2,0.6]、[0.6,1]。同理可得激活度评价集 $V=\{V_1,V_2,\cdots,V_5\}$ 和优势度评价集 $V_D=\{V_{D1},V_{D2},\cdots,V_{D5}\}$。

（2）评价因素权重分配

因素集中的各因素在综合评价中所起的作用不同，需要确定各因素的权重分配，即确定模糊权矢量 $\boldsymbol{\alpha}=(\alpha_1,\alpha_2,\cdots,\alpha_n)$。利用 AHP 进行模糊权矢量计算，具体参考文献 [83] 提出的算法。

（3）模糊综合评价

在确定因素集、评价集及等级模糊子集后，要确定每个单因素对各等级模糊子集的隶属度，进而得到模糊关系矩阵：

$$R=\begin{pmatrix} r_{11} & \cdots & r_{1j} & \cdots & r_{1m} \\ \vdots & & \vdots & & \vdots \\ r_{i1} & \cdots & r_{ij} & \cdots & r_{im} \\ \vdots & & \vdots & & \vdots \\ r_{n1} & \cdots & r_{nj} & \cdots & r_{nm} \end{pmatrix},\ i=1,2,\cdots,n,\ j=1,2,\cdots,m \quad (4\text{-}1)$$

式中，r_{ij} 表示某个评价对象的单因素 u_i 对评价集 j 等级的隶属度，$\sum_{j=1}^{m}r_{ij}=1$。

利用 $M(\bullet,\oplus)$ 模糊合成算子将模糊权矢量 x 与模糊关系矩阵 R 合成得到各评价对象的模糊评价结果 B。综合模糊评价模型为

$$B = \alpha R = (\alpha_1, \alpha_2, \cdots, \alpha_n) \begin{pmatrix} r_{11} & \cdots & r_{1j} & \cdots & r_{1m} \\ \vdots & & \vdots & & \vdots \\ r_{i1} & \cdots & r_{ij} & \cdots & r_{im} \\ \vdots & & \vdots & & \vdots \\ r_{n1} & \cdots & r_{nj} & \cdots & r_{nm} \end{pmatrix} = (b_1, b_2, \cdots, b_m) \quad (4\text{-}2)$$

$$b_j = \min\left(1, \sum_{i=1}^{n} a_i r_{ij}\right), \quad j = 1, 2, \cdots, m \quad (4\text{-}3)$$

利用上述方法可得评价对象对评价集各等级的隶属度。模糊综合评价的最终结果形式为

$$E = (V_{Pj}, V_{Aj}, V_{Dj}), \quad j = 1, 2, \cdots, m \quad (4\text{-}4)$$

式中，V_{Pj}、V_{Aj}、V_{Dj} 分别表示情感愉悦度、激活度、优势度的等级。

（4）模糊综合评价结果的解释

PAD 模型论域可视为边长为 2 的正方体。将评价集等级划分投影到模型三维空间中，即把模型论域平均分为 53 个边长为 0.4 的小正方体，定义每个小正方体为一个情感基元，其中心点为元心。每个情感基元代表一种情感状态，它是本节评价模型所能辨识的最小情感单位。高兴、愤怒、悲伤、恐惧是人类 4 种最基本的情感。在情感空间中，高兴、愤怒、悲伤、恐惧的坐标取值分别为 (0.40,0.20,0.15)、(−0.51,0.59,0.25)、(−0.40,0.20,0.50)、(−0.64,0.60,−0.43)。情感基元代表的情感状态由其元心坐标表示，元心与高兴、愤怒、悲伤、恐惧情感坐标的欧式距离代表其与 4 种基本情感的贴近程度，距离越大贴近度越低，反之越高。本节通过构造情感状态向量 $S=(S_h, S_a, S_g, S_f)$ 直观说明情感基元所代表的情感状态，其中 S_h、S_a、S_g、S_f 分别表示高兴、愤怒、悲伤、恐惧 4 种基本情感的唤醒程度，其取值范围在 [0,1] 之间，取值越大情感唤醒度越高，反之越低。以高兴情感为例，说明情感状态向量各分量的求解方法。设在整个论域范围内存在某情感基元，其元心 (x_1, y_1, z_1) 与高兴情感坐标的距离最大，记为 $d_{\max}$；论域内亦存在一情感基元，其元心 (x_2, y_2, z_2) 与高兴情感坐标的距离最小，记为 $d_{\min}$。则任意情感基元（其元心与高兴情感坐标的距离为 d_r）的 S_h 可由式（4-5）求得。

$$S_h = \frac{d_{\max} - d_r}{d_{\max} - d_{\min}} \quad (4\text{-}5)$$

同理可得 S_a、S_g、S_f，进而可得 $S=(S_h, S_a, S_g, S_f)$。情感状态向量 4 个分量中取值最大且大于 0.8，则称其代表的情感为主情感。本节情感辨识模型建模流程如图 4-2 所示。

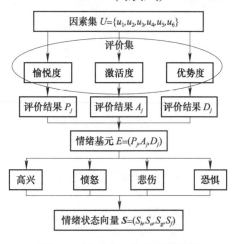

图 4-2　情感辨识模型建模流程

2. 数据采集

按照第 3 章所述的实验方法，组织 30 名驾驶人进行驾驶实验，每次实验分别激发高兴、愤怒、悲伤、恐惧 4 种情感，获得 4 组实验数据。实车驾驶实验共获得 480 组实验数据，其中有效数据 382 组；虚拟驾驶实验共获得 960 组实验数据，其中有效数据 799 组。限于篇幅，只列举部分实验数据（表 4-1、表 4-2）。从实车、虚拟驾驶数据中分别选取 300、500 组数据构成原始数据库，用于模型标定，剩余数据用于模型验证。

表 4-1 实验所得变量及符号

变量	符号	变量	符号	变量	符号
性别	s	转向盘转向力度 /N	S_N	制动力度 /N	N_b
年龄	A			制动频率 /（次/min）	f_b
驾龄	D_A	加速踏板平均深度	T_a	前车速度 /（km/h）	v_2
驾驶倾向性	T			前车加速度 /（m/s²）	a_2
期望车速 /（km/h）	v_e	制动踏板平均深度	T_b	目标车与前车相对速度 /（km/h）	v_r
期望间距 /m	d_e				
目标车速度 /（km/h）	v_1	加速力度 /N	N_a	目标车与前车相对距离 /m	d
目标车加速度 /（m/s²）	a_1	加速频率 /（次/min）	f_a		

实验数据包含驾驶人性别、驾驶倾向性、目标车速度等 19 个变量。在不损失数据信息的前提下，为减少变量数量、降低模型复杂度，将 v_1 与 d 处理为瞬时车间时距 $Hw=d/v_1$，将 v_1、v_e 处理成目标车速度与期望车速差的绝对值 $|v_1-v_e|$，将 d、d_e 处理成目标车与前车相对距离与期望车间距绝对值的差值 $|d-d_e|$，将 a_1、a_2 处理为加速度干扰 σ_1、σ_2。

表 4-2 部分实验数据

		s		A		D_A		v_e		d_e		T	
1 号驾驶人的变量		男		24		3		55		12		外倾型	
		Hw	σ_1	S_N	T_a	T_b	N_a	f_a	N_b	f_b	v_2	σ_2	v_r	$\|v_1-v_e\|$	$\|d-d_e\|$
情感	快乐	3.68	0.48	18.8	0.21	0.036	38.9	12	48.6	5	43.3	0.84	2.2	9.5	2.9
	愤怒	2.69	2.33	18.1	0.57	0.215	40.2	15	50.9	9	44.3	1.28	1.4	12.1	3.8
	悲伤	3.75	1.15	17.9	0.24	0.012	37.8	9	45.8	7	43.6	1.17	1.2	10.2	3.6
	恐惧	3.96	0.84	19.0	0.22	0.058	37.9	13	48.3	6	44.1	0.93	4.6	15.5	4.1
		s		A		D_A		v_e		d_e		T	
2 号驾驶人的变量		女		28		4.5		40		15		内倾型	
		Hw	σ_1	S_N	T_a	T_b	N_a	f_a	N_b	f_b	v_2	σ_2	v_r	$\|v_1-v_e\|$	$\|d-d_e\|$
情感	快乐	3.71	0.63	16.4	0.21	0.024	30.6	9	31.4	6	40.6	1.13	2.7	2.1	2.2
	愤怒	3.41	1.45	15.9	0.48	0.188	33.1	16	36.9	8	44.3	1.16	2.8	7.1	3.1
	悲伤	3.82	0.51	15.1	0.17	0.019	28.6	6	30.2	7	39.3	0.95	3.0	3.7	1.8
	恐惧	4.20	0.91	16.1	0.12	0.035	31.2	12	30.5	8	38.5	0.53	0.1	1.4	3.3

4.1.2 特征提取与模型标定

1. 特征提取

因子分析法用最少数公共因子线性函数与特殊因子之和来描述原来观测的每一分量，其方法原理、因子载荷统计意义的解释、方差最大正交旋转算法参考文献 [84] 提出的方法。

第4章 单车道环境汽车驾驶人意图的情感指引机制及辨识方法

本节在对实验数据整理分析的基础上构建因子分析模型,并进行统计分析。经分析发现,4种基本情感的特征向量所包含的变量大致相同,为便于研究,本节选取表征高兴、愤怒、悲伤、恐惧4种情感的公共特征向量。图4-3直观显示了各因子的信息含量。综合考虑各因子信息含量和碎石图弯折点情况,选取前6个公因子作为情感主要因素。

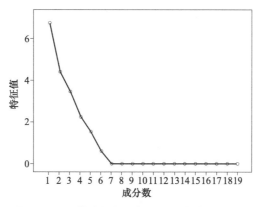

图4-3 不同情感状态下各因子信息含量碎石图

表4-3反映了利用具有Kaiser标准化正交旋转方法对因子载荷矩阵旋转的结果。由表4-3可知,在与4种情感相关的旋转成分矩阵中,H_w在主因子1上张开最大权重投影(97.4%);对于公因子2,T_a在因子空间中的权重最大(97.9%);对于公因子3,T在因子空间中具有最大权重(93.8%);S_N在最大程度上(94.2%)体现公因子4的信息;对于公因子5,N_b在因子空间中张开最大权重投影(86.2%);σ_1在最大程度上(93.7%)体现公因子6的信息。综上所述,H_w、T_a、T、S_N、N_b、σ_1共同组成驾驶人4种基本情感的特征组合(因素集)。

表4-3 旋转后的因子矩阵

变量	成分					
	1	2	3	4	5	6
s	0.478	−0.128	0.090	−0.053	−0.042	0.644
A	0.659	−0.237	0.017	0.430	−0.569	0.432
D_A	−0.568	−0.230	0.165	0.007	0.771	0.161
T	0.148	0.063	0.938	0.289	−0.080	0.060
H_w	0.974	0.142	−0.060	0.004	0.163	0.226
σ_1	0.900	−0.159	−0.232	−0.199	−0.013	0.937
S_N	0.097	0.327	0.145	0.942	0.240	−0.267
T_a	−0.092	0.979	0.011	−0.060	−0.168	−0.012
T_b	0.681	0.573	0.487	0.785	0.534	0.741
N_a	−0.326	0.302	0.619	0.238	0.442	0.408
N_b	0.961	−0.226	−0.140	−0.046	0.862	−0.052
f_a	0.318	0.802	0.596	0.457	0.574	0.527
f_b	0.100	−0.126	0.233	−0.887	0.126	−0.125
v_2	0.875	−0.162	0.382	0.116	−0.073	0.611
σ_2	0.050	0.060	−0.942	0.225	−0.201	0.126
v_r	−0.037	0.771	−0.133	−0.225	0.207	0.541
$|v_1-v_e|$	−0.015	0.959	0.116	−0.244	−0.076	−0.536
$|d-d_e|$	0.960	0.139	0.197	0.129	−0.046	−0.037

在高兴情感状态下，驾驶人生理和心理机能较佳，会选择安全、合理的车间时距，车辆运行较为稳定，T_a、σ_1 波动较小，制动、转向较为柔和；在愤怒情感状态下，驾驶人处于较为亢奋状态，具有较强的自我保护和释放压力的意识，行为表现较为激进，往往选择较小的车间时距；在悲伤情感状态下，驾驶人精力涣散、注意力不集中，车辆运行极不稳定，行为选择没有条理，制动、转向较为柔和，Hw、T_a、σ_1 波动较大；在恐惧情感状态下，驾驶人处于极度紧张状态，具有较强的自我保护意识，往往选择较大的车间时距，车辆运行极不稳定，T_a、σ_1 波动较大。

2. 模型标定

（1）权重分配

运用模糊层次分析法对因素集中 Hw、T_a、T、S_N、N_b、σ_1 的权重进行分配，结果为 $\alpha = (0.250, 0.217, 0.183, 0.150, 0.117, 0.083)$。

（2）隶属度的确定

根据不同驾驶倾向性驾驶人的情感特性，利用专家打分法确定其对 P、A、D 3 个评价集各等级的隶属度（表 4-4）。其中 In、Md、Ex 分别表示内倾、中倾、外倾型驾驶人。

表 4-4　驾驶倾向性类型的隶属度

倾向性	V_{P1}	V_{P2}	V_{P3}	V_{P4}	V_{P5}	V_{A1}	V_{A2}	V_{A3}	V_{A4}	V_{A5}	V_{D1}	V_{D2}	V_{D3}	V_{D4}	V_{D5}
In	0.11	0.13	0.21	0.28	0.27	0.08	0.12	0.21	0.30	0.29	0.22	0.28	0.18	0.17	0.15
Md	0.16	0.20	0.23	0.23	0.18	0.24	0.26	0.24	0.14	0.12	0.09	0.18	0.22	0.27	0.24
Ex	0.23	0.27	0.22	0.16	0.12	0.09	0.14	0.23	0.29	0.25	0.11	0.13	0.24	0.28	0.24

运用数理统计方法来确定 Hw、T_a、S_N、N_b 对 3 个评价集各等级的隶属度。在 800 组数据中，高兴、愤怒、悲伤、恐惧情感的数据分别为 255、197、170、178 组。分别从 4 种情感数据中随机选取 150 组、共 600 组数据，用于评价集各等级隶属关系的确定，剩余 182 组数据用于模型验证。根据情感愉悦度、激活度、优势度等级调查问卷数据的统计结果，在选取的 200 组数据中，3 个评价集各等级数据量分布见表 4-5。

表 4-5　3 个评价集各等级数据量分布

评价集	很低	低	居中	高	很高
P	63	105	177	156	99
A	69	123	186	144	78
D	75	114	162	159	150

以制动力度对愉悦度等级隶属度的确定为例，说明各因素对评价等级隶属度的确定方法。

1）确定类中心点

$$M_j = \sum_{e=1}^{q} x_{je} / q, \quad j = 1, 2, \cdots, 5 \tag{4-6}$$

式中，x_{je} 表示愉悦度 j 等级的踏板力数据；q 表示第 j 等级包含的数据量。

根据上述方法，求得愉悦度、激活度、优势度各等级的 Hw、T_a、S_N、N_b、σ_1 中心点数据见表 4-6。

表 4-6 评价集各等级所对应的评价指标中心点数据

变量	V_{P1}	V_{P2}	V_{P3}	V_{P4}	V_{P5}
Hw	4.31	3.83	3.20	2.88	2.26
T_a	0.56	0.47	0.33	0.21	0.18
S_N	20.45	18.96	17.24	16.38	15.29
N_b	51.31	45.68	40.01	36.68	30.12
σ_1	3.01	2.79	1.47	1.08	0.72
变量	V_{A1}	V_{A2}	V_{A3}	V_{A4}	V_{A5}
Hw	2.19	2.89	3.27	3.89	4.29
T_a	0.61	0.50	0.32	0.21	0.14
S_N	21.36	19.01	17.24	16.42	15.10
N_b	50.36	43.25	38.42	35.33	31.11
σ_1	0.57	0.99	1.31	1.96	2.48
变量	V_{D1}	V_{D2}	V_{D3}	V_{D4}	V_{D5}
Hw	4.38	3.71	3.15	2.67	2.19
T_a	0.13	0.35	0.44	0.51	0.68
S_N	15.36	16.85	18.04	20.05	23.41
N_b	53.05	49.36	40.21	36.31	32.71
σ_1	3.04	2.49	1.88	1.23	0.86

2）确定各等级隶属度

对任意踏板力数据 x，分别求其与各等级类中心点的距离：

$$d_j = |x - M_j|, \quad j = 1, 2, \cdots, 5 \quad (4\text{-}7)$$

x 对评价集各等级的隶属度与 d_j 的倒数成正比，对 d_j 的倒数进行归一化处理：

$$q_j = \frac{1/d_j}{\sum_{j=1}^{5}(1/d_j)}, \quad \sum_{j=1}^{5} q_j = 1 \quad (4\text{-}8)$$

q_j 即为踏板力数据 x 对愉悦度各等级的隶属度。

4.1.3 测试验证

生理信号情感识别是一种客观、准确的情感识别方法。本节利用 PsyLAB 人因工程系统提取驾驶人呼吸、脉搏、心电、皮电等信息，某数据样本如图 4-4 所示。参照文献 [85] 和文献 [86] 提出的生理信息情感识别方法，对实验获取数据进行处理，并将情感识别结果与本节模型的情感识别结果（所识别的主情感）进行对比，以此验证本节所提情感识别模型。

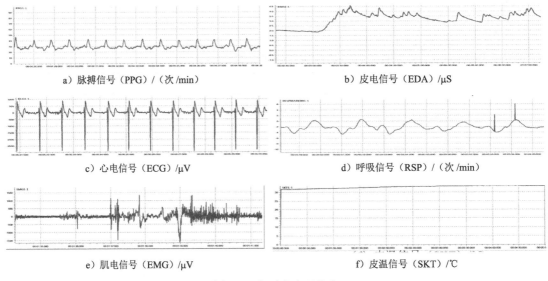

图 4-4 驾驶人生理信息

1. 实车实验验证

根据驾驶情感诱发及效果评定结果,可知本研究所用情感数据合理有效。以驾驶情感诱发实验所激发的目标情感为评判标准,验证本节所建驾驶情感识别模型的准确性。分别运用生理情感识别和模型识别方法对182组(高兴、愤怒、悲伤、恐惧四种情感数据分别为42、56、30、54组)实车驾驶数据进行处理,并将识别结果与情感诱发实验所激发的目标情感进行对比,得到两种情感识别方法的准确率。

图 4-5 所示为两种方法对4种基本情感识别准确率对比。结果表明,本节所提情感辨识模型对高兴、愤怒、悲伤、恐惧4种情感识别与传统的生理信息识别相比,两者辨识准确度同处于较高水平。

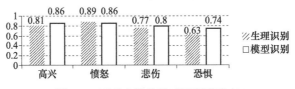

图 4-5 两种方法的情感识别准确率

图 4-6 所示为运用两种方法对同一对象进行情感识别时,辨识结果相同的对象数目所占的百分比。由图 4-6 可知,在对高兴、愤怒、悲伤、恐惧情感的识别上,两种方法识别结果的相同程度分别为 90%、95%、70%、75%。由此可以证明,本节所提情感辨识模型的可靠性较高。

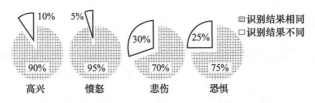

图 4-6 两种方法情感识别结果的相同程度

第 4 章 单车道环境汽车驾驶人意图的情感指引机制及辨识方法

2. 虚拟驾驶实验

分别运用生理情感识别和模型识别方法对 299 组（高兴、愤怒、悲伤、恐惧四种情感数据分别为 93、69、72、65 组）虚拟驾驶数据进行处理，并将识别结果与情感诱发实验所激发的目标情感进行对比，得到两种情感识别方法的准确率。

图 4-7 所示为两种方法对 4 种基本情感识别准确率对比。结果表明，情感辨识模型和生理信息情感识别方法对高兴、愤怒、悲伤、恐惧 4 种情感辨识准确度较高。

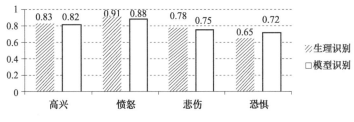

图 4-7　两种方法的情感识别准确率

图 4-8 所示为运用两种方法对同一对象进行情感识别时，辨识结果相同的对象数目所占的百分比。由图 4-8 可知，在对高兴、愤怒、悲伤、恐惧情感的识别上，两种方法识别结果的相同程度分别为 89%、93%、80%、77%。由此可以证明，本节所提情感辨识模型的可靠性较高。

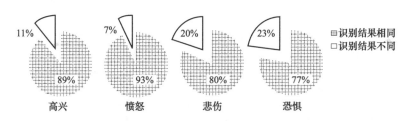

图 4-8　两种方法情感识别结果的相同程度

3. 仿真实验验证

针对 481 组用于模型验证的实车和虚拟实验数据样本，整理分析视频回放过程中被测者情感报告和调查量表数据，结合面部表情和行为动作分析结果，分别统计其驾驶期间高兴、愤怒、恐惧、悲伤 4 种情感的变化情况，综合考虑情感的时变特性和人类的记忆特征，采样频率为 2min/ 次，绘制情感变化曲线（实测值）。将实验样本特征数据输入驾驶人情感辨识模型，进行情感识别仿真实验，为了与情感实测数据保持一致，采样频率为 5s/ 次，根据模型实时辨识结果绘制驾驶人情感变化曲线（模拟值），得到仿真结果与实测值的对比情况。某仿真实验验证结果如图 4-9 所示。由仿真实验验证结果可知，本节所建模型的情感辨识结果与驾驶人情感实测值拟合度较高。

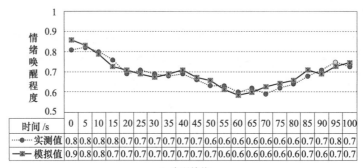

a）高兴情绪

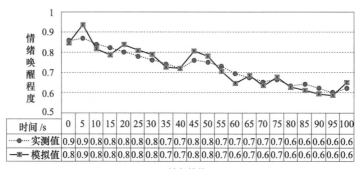

b）愤怒情绪

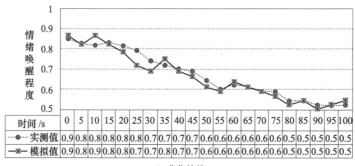

c）悲伤情绪

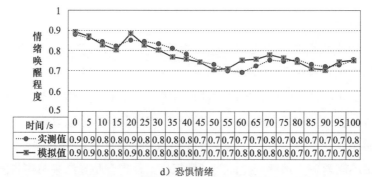

d）恐惧情绪

图 4-9　驾驶人情感模拟值与实测值对比

综合实车、模拟和仿真实验验证结果可知，本节所建汽车驾驶人情感辨识模型合理、有效，情感辨识准确率和可靠性较高。

对汽车驾驶人情感的正确认识，是准确辨识驾驶意图、实现车联网背景下车辆和谐交互的重要前提，是研发先进驾驶辅助系统和智能汽车的基本要求，也是交流理论微观研究的重要内容。高兴、愤怒、悲伤、恐惧被情感学家认为是人类最基本的 4 种情感，本节通过分析大量实验数据，提取了情感特征组合，并将模糊综合评价和 PAD 三维情感模型相结合，建立了驾驶人情感非接触在线识别模型，对汽车驾驶人高兴、愤怒、悲伤、恐惧 4 种基本情感的进行了准确在线识别。实车、虚拟、仿真实验验证结果表明，本节所提驾驶情感识别算法的准确性和可靠性均处于较高水平。

4.2 驾驶人意图的情感作用效应分析

情感调节人的认知和行为，所有目的性行为都是在情感影响下进行的。意图是人主观判断其未来可能采取行动的倾向，是最接近未来实际行为的心理变量。情感对人类行为的影响首先表现在对意图的影响上。本节通过分析不同驾驶情感状态下采集的人－车－环境多源动态数据，运用结构方程模型构建车辆跟驰状态驾驶意图的情感效应模型，深入研究不同情感对驾驶意图的影响作用。

4.2.1 模型构建与数据采集

1. 模型构建

结构方程模型是一种把因子分析和路径分析相结合的综合性统计分析方法，它能够研究多个变量的内部结构关系。结构方程模型可分为结构模型和测量模型两部分。测量模型描述潜变量与测量变量之间的关系。

$$Y = \Lambda_y \eta + \varepsilon \tag{4-9}$$

$$X = \Lambda_x \xi + e \tag{4-10}$$

式中，Y 为内生观测变量组成的向量；X 为外生观测变量组成的向量；η 为内生潜变量；ξ 为外生潜变量；Λ_Y 为内生观测变量在内生潜变量上的因子负荷矩阵，它表示内生潜变量 η 和其观测变量 Y 之间的关系；Λ_X 为外生观测变量在外生潜变量上的因子负荷矩阵，它表示外生潜变量 ξ 和其观测变量 X 之间的关系；ε 和 e 为测量方程的残差矩阵。

结构模型说明外生潜变量和内生潜变量之间的关系。

$$\eta = B\eta_a + \Gamma\xi + \zeta \tag{4-11}$$

式中，B 为结构系数矩阵，它表示结构模型中内生潜变量构成因素之间的互相影响；η_a 为其他内生潜变量；Γ 为结构系数矩阵，它表示结构模型中外生潜变量 ξ 对内生潜变量的影响；ζ 为结构模型的残差矩阵。

车辆行驶过程中，驾驶人利用自身感觉器官接收外界刺激，并通过认知系统对外界信息与当前自身驾驶需求进行评估,进而对下一时刻的行为进行决策。驾驶人情感易伴随交通环境的随机动态转变而同步演化,驾驶意图的产生及表现受到驾驶人特性、车辆因素、环境因素以及驾驶人情感状态等多方面影响。驾驶情感对意图的影响作用机理如图 4-10 所示。

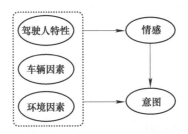

图 4-10 驾驶情感对意图的影响作用机理

意图是真实行为的指示器,驾驶人情感对驾驶意图的选择和表现形式影响显著。同一驾驶人驾驶同一车辆在相同交通情境中,不同情感会使驾驶人产生不同的驾驶意图。为描述驾驶系统各变量间的相互作用关系以及内隐的情感对驾驶意图的调节作用,设驾驶人情感状态、驾驶意图为内生潜变量,驾驶人特性、车辆因素、环境因素为外生潜变量,构建基于结构方程模型的驾驶意图情感效应模型(图 4-11)。

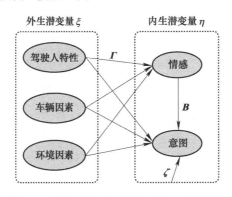

图 4-11 驾驶意图的情感效应结构方程模型

2. 数据采集

按照第 2 章所述实验方法,组织 62 名驾驶人进行驾驶实验,每次实验分别激发愤怒、惊奇、恐惧、焦虑、无助、蔑视、轻松、愉悦 8 种情感,获得 8 组实验数据。实验组织人员从驾驶视频文件中筛选情感激发有效片段,并从中统计情感 - 意图组合单元,每个数据单元对应一种情感 - 意图组合及相应的驾驶人特性、车辆、驾驶环境数据。实车、虚拟驾驶实验分别获得 3968、8024 个情感 - 意图组合单元,这些数据共同组成原始数据库。限于篇幅,本节只列举部分实验数据,详见表 4-7、表 4-8。需要指出的是加速度干扰是对车辆加速度摆动的描述,曾是乘车舒适性的定量评价指标,计算方法参考文献 [87] 提出的方法。

表 4-7 实验所得变量及符号

变量	符号	变量	符号	变量	符号
性别	G	操作反应时间 /s	O_t	目标车加速度 /（m/s²）	a_1
年龄 / 岁	A	驾驶倾向	D_s	目标车加速度干扰 /（m/s²）	σ_1
驾龄 / 年	D_A	加速频率 /（次 /min）	f_a	前车速度 /（km/h）	v_2
情感状态	Em	减速频率 /（次 /min）	f_b	前车加速度 /（m/s²）	a_2
意图	It	加速踏板平均深度	T_a	前车加速度干扰 /（m/s²）	σ_2
期望车速 /（km/h）	v_e	制动踏板平均深度	T_b	前后车间距 /m	d
期望间距 /m	d_e	目标车速度 /（km/h）	v_1	实验车辆性能	p_v

表 4-8 部分实验数据

编号	试验数据							
1	G: 男	A: 27	D_A: 4.9	p_v: 优	It: 加速跟驰	f_a: 14	f_b: 6	
	d_e: 16	Em: 愤怒（中）	D_s: 中倾型	O_t: 1.008	v_e: 55	σ_1: 2.36	σ_2: 1.96	
	v_1: 57.6	a_1: −0.132	v_2: 48.4	a_2: 0.122	d: 14.2	T_a: 0.59	T_b: 0.161	
2	G: 女	A: 28	D_A: 3.2	p_v: 中	It: 减速跟驰	f_a: 8	f_b: 9	
	d_e: 20	Em: 恐惧（弱）	D_s: 外倾型	O_t: 1.231	v_e: 45	σ_1: 1.45	σ_2: 1.37	
	v_1: 43.7	a_1: −0.289	v_2: 45.8	a_2: −0.158	d: 18.9	T_a: 0.24	T_b: 0.089	
3	G: 女	A: 32	D_A: 5.7	p_v: 中	It: 保持车速跟驰	f_a: 11	f_b: 8	
	d_e: 20	Em: 蔑视（中）	D_s: 中倾型	O_t: 1.189	v_e: 45	σ_1: 1.51	σ_2: 1.49	
	v_1: 46.5	a_1: 0.012	v_2: 48.2	a_2: −0.096	d: 18.1	T_a: 0.45	T_b: 0.102	
4	G: 男	A: 53	D_A: 16.8	p_v: 差	It: 加速跟驰	f_a: 12	f_b: 6	
	d_e: 18	Em: 愉悦（强）	D_s: 内倾型	O_t: 1.168	v_e: 50	σ_1: 0.86	σ_2: 1.23	
	v_1: 48.8	a_1: 0.287	v_2: 50.3	a_2: 0.086	d: 18.4	T_a: 0.27	T_b: 0.055	

4.2.2 统计分析与模型评估

1. 样本描述性统计

在实验获取的变量中，驾驶人性别、驾驶倾向、车辆性能、意图、情感状态为属性变量，其他变量为数量变量。为满足建模要求，本节将属性变量编码处理为虚拟变量，将数量变量编码处理为离散变量。实验变量的设置情况如表 4-9 所示。

表 4-9 相关变量设置情况

符号	属性	赋值	符号	属性	赋值	符号	属性	赋值	符号	属性	赋值
G_1	男	1	A_1	20–35	1	D_A^1	<5	1	D_s^1	激进	1
			A_2	35–50	2	D_A^2	5～10	2	D_s^2	普通	2
G_2	女	2	A_3	50–65	3	D_A^3	>10	3	D_s^3	保守	3
O_t^1	<1.05	1	It^1	加速跟驰	1	v_1^1	<40	1	d_1	<12	1
O_t^2	1.05～1.15	2	It^2	保持车速跟驰	2	v_1^2	40～50	2	d_2	12～18	2
O_t^3	>1.15	3	It^3	减速跟驰	3	v_1^3	>50	3	d_3	>18	3
v_2^1	<40	1	v_e^1	<40	1	d_e^1	<12	1	p_v^1	差	1
v_2^3	>50	3	v_e^3	>50	3	d_e^3	>18	3	p_v^3	优	3
a_1^1	<−1	1	a_2^1	<−1	1	f_a^1	0～5	1	f_b^1	0～5	1
a_1^2	−1～1	2	a_2^2	−1～1	2	f_a^2	5～10	2	f_b^2	5～10	2

(续)

符号	属性	赋值	符号	属性	赋值	符号	属性	赋值	符号	属性	赋值
a_1^3	>1	3	a_2^3	>1	3	f_a^3	10~15	3	f_b^3	10~15	3
σ_1^1	0~1.5	1	σ_2^1	0~1.5	1	T_a^1	0~0.33	1	T_b^1	0~0.33	1
σ_1^2	1.5~3	2	σ_2^2	1.5~3	2	T_a^2	0.33~0.66	2	T_b^2	0.33~0.66	2
σ_1^3	3~4.5	3	σ_2^3	3~4.5	3	T_a^3	0.66~1	3	T_b^3	0.66~1	3
Em_1^1	愤怒（弱）	1	Em_2^1	惊奇（弱）	1	Em_3^1	恐惧（弱）	1	Em_4^1	焦虑（弱）	1
Em_1^2	愤怒（中）	2	Em_2^2	惊奇（中）	2	Em_3^2	恐惧（中）	2	Em_4^2	焦虑（中）	2
Em_1^3	愤怒（强）	3	Em_2^3	惊奇（强）	3	Em_3^3	恐惧（强）	3	Em_4^3	焦虑（强）	3
Em_5^1	无助（弱）	1	Em_6^1	蔑视（弱）	1	Em_7^1	轻松（弱）	1	Em_8^1	愉悦（弱）	1
Em_5^2	无助（中）	2	Em_6^2	蔑视（中）	2	Em_7^2	轻松（中）	2	Em_8^2	愉悦（中）	2
Em_5^3	无助（强）	3	Em_6^3	蔑视（强）	3	Em_7^3	轻松（强）	3	Em_8^3	愉悦（强）	3

对实车驾驶和虚拟驾驶实验所得数据进行汇总分析，采用 SPSS 21.0 统计软件对驾驶意图总得分和各维度得分情况、各条目得分分布情况进行分析，结果分别见表 4-10 和表 4-11。

表 4-10 实车驾驶实验数据特征

变量	属性	样本量	变量	属性	样本量	变量	属性	样本量	变量	属性	样本量
G	G_1	33(53.2%)	A	A_1	24(38.7%)	D_A	D_A^1	28(45.2%)	D_S	D_S^1	15(24.2%)
	G_2	29(46.8%)		A_2	22(35.5%)		D_A^2	25(40.3%)		D_S^2	28(45.2%)
				A_3	16(25.8%)		D_A^3	9(14.5%)		D_S^3	19(30.6%)
O_t	O_t^1	9(14.1%)	v_e	v_e^1	16(25.2%)	d_e	d_e^1	8(12.2%)	v_1	v_1^1	967(24.4%)
	O_t^2	39(60.9%)		v_e^2	40(64.7%)		d_e^2	37(59.7%)		v_1^2	1938(48.8%)
	O_t^3	16(25.0%)		v_e^3	6(10.1%)		d_e^3	17(28.1%)		v_1^3	1063(26.8%)
d	d_1	749(18.9%)	v_2	v_2^1	866(21.8%)	p_v	p_v^1	0	It	It^1	633(16.0%)
	d_2	1835(46.2%)		v_2^2	1735(43.8%)		p_v^2	3968(100%)		It^2	1876(47.2%)
	d_3	1385(34.9%)		v_2^3	1366(34.4%)		p_v^3	0		It^3	1459(36.8%)
a_1	a_1^1	1123(28.3%)	a_2	a_2^1	1250(31.5%)	f_a	f_a^1	1052(26.5%)	f_b	f_b^1	1163(29.3%)
	a_1^2	1563(39.4%)		a_2^2	1405(35.4%)		f_a^2	1631(41.1%)		f_b^2	1619(40.8%)
	a_1^3	1282(32.3%)		a_2^3	1313(33.1%)		f_a^3	1285(32.4%)		f_b^3	1186(29.9%)
σ_1	σ_1^1	1246(31.4%)	σ_2	σ_2^1	1222(30.8%)	T_a	T_a^1	1139(28.7%)	T_b	T_b^1	1186(29.9%)
	σ_1^2	1496(37.7%)		σ_2^2	1536(38.7%)		T_a^2	1571(39.6%)		T_b^2	1599(40.3%)
	σ_1^3	1226(30.9%)		σ_2^3	1210(30.5%)		T_a^3	1258(31.7%)		T_b^3	1183(29.8%)
Em_1	Em_1^1	17(34.8%)	Em_2	Em_2^1	157(40.5%)	Em_3	Em_3^1	50(36.8%)	Em_4	Em_4^1	253(32.8%)
	Em_1^2	20(41.7%)		Em_2^2	134(34.7%)		Em_3^2	47(34.7%)		Em_4^2	277(36.0%)
	Em_1^3	11(23.5%)		Em_2^3	96(24.8%)		Em_3^3	39(28.5%)		Em_4^3	240(31.2%)
Em_5	Em_5^1	65(39.1%)	Em_6	Em_6^1	250(36.7%)	Em_7	Em_7^1	259(34.5%)	Em_8	Em_8^1	217(35.5%)
	Em_5^2	58(34.7%)		Em_6^2	224(34.3%)		Em_7^2	268(33.9%)		Em_8^2	224(37.3%)
	Em_5^3	44(26.2%)		Em_6^3	182(29.0%)		Em_7^3	191(31.6%)		Em_8^3	207(27.2%)

第 4 章 单车道环境汽车驾驶人意图的情感指引机制及辨识方法

表 4-11 虚拟驾驶实验数据特征

变量	属性	样本量	变量	属性	样本量	变量	属性	样本量	变量	属性	样本量
G	G_1	33(53.2%)	A	A_1	24(38.7%)	D_A	D_A^1	28(45.2%)	D_S	D_S^1	15(24.2%)
	G_2	29(46.8%)		A_2	22(35.5%)		D_A^2	25(40.3%)		D_S^2	28(45.2%)
				A_3	16(25.8%)		D_A^3	9(14.5%)		D_S^3	19(30.6%)
O_t	O_t^1	9(14.1%)	v_e	v_e^1	16(25.2%)	d_e	d_e^1	8(12.2%)	v_1	v_1^1	2295(28.6%)
	O_t^2	39(60.9%)		v_e^2	40(64.7%)		d_e^2	37(59.7%)		v_1^2	3621(45.1%)
	O_t^3	16(25.0%)		v_e^3	6(10.1%)		d_e^3	17(28.1%)		v_1^3	2108(26.3%)
d	d_1	1654(20.6%)	v_2	v_2^1	1208(15.1%)	p_v	p_v^1	2512(31.3%)	It	It^1	1563(19.5%)
	d_2	3613(45.0%)		v_2^2	3703(46.1%)		p_v^2	3056(38.1%)		It^2	3583(44.7%)
	d_3	2757(34.4%)		v_2^3	3113(38.8%)		p_v^3	2456(30.6%)		It^3	2879(35.8%)
a_1	a_1^1	665(13.8%)	a_2	a_2^1	1512(26.3%)	f_a	f_a^1	2237(27.9%)	f_b	f_b^1	2260(28.2%)
	a_1^2	1510(31.2%)		a_2^2	1620(28.2%)		f_a^2	2990(37.3%)		f_b^2	3072(38.3%)
	a_1^3	2657(55.0%)		a_2^3	2617(45.5%)		f_a^3	2797(34.8%)		f_b^3	2691(33.5%)
σ_1	σ_1^1	2553(31.8%)	σ_2	σ_2^1	2443(30.4%)	T_a	T_a^1	2595(32.3%)	T_b	T_b^1	2646(33.0%)
	σ_1^2	3121(38.9%)		σ_2^2	3307(41.3%)		T_a^2	3280(40.9%)		T_b^2	3172(39.5%)
	σ_1^3	2350(29.3%)		σ_2^3	2275(28.3%)		T_a^3	2149(26.8%)		T_b^3	2206(27.5%)
Em_1	Em_1^1	405(36.9%)	Em_2	Em_2^1	272(40.4%)	Em_3	Em_3^1	90(35.8%)	Em_4	Em_4^1	604(35.6%)
	Em_1^2	431(39.3%)		Em_2^2	229(34.2%)		Em_3^2	88(34.9%)		Em_4^2	587(34.6%)
	Em_1^3	260(23.8%)		Em_2^3	171(25.4%)		Em_3^3	74(29.3%)		Em_4^3	506(29.8%)
Em_5	Em_5^1	197(36.9%)	Em_6	Em_6^1	412(37.1%)	Em_7	Em_7^1	474(35.6%)	Em_8	Em_8^1	441(33.2%)
	Em_5^2	188(35.2%)		Em_6^2	373(33.6%)		Em_7^2	479(35.8%)		Em_8^2	455(34.3%)
	Em_5^3	149(27.9%)		Em_6^3	326(29.3%)		Em_7^3	381(28.6%)		Em_8^3	432(32.5%)

2. 模型标定

分别将愤怒（η_1^1）、惊奇（η_1^2）、恐惧（η_1^3）、焦虑（η_1^4）、无助（η_1^5）、蔑视（η_1^6）、轻松（η_1^7）、愉悦（η_1^8）8 种驾驶情感以及跟驰状态下加速跟驰（η_2）、保持车速跟驰（η_3）、减速跟驰（η_4）3 种驾驶意图作为内生潜变量，将驾驶人特性（ξ_1）、车辆因素（ξ_2）、环境因素（ξ_3）作为外生潜变量；选择驾驶人年龄、性别、驾龄、驾驶倾向、操作反应时间、期望车速、期望间距为驾驶人特性对应的外生指标，选择实验车辆性能作为车辆因素的外生指标，选择加速频率、减速频率、加速踏板平均深度、制动踏板平均深度、目标车速度、目标车加速度、目标车加速度干扰、前车速度、前车加速度、前车加速度干扰、前后车间距作为环境因素的外生指标构建基于结构方程模型的驾驶意图情感效应模型。运用 AMOS7.0 软件对结构方程模型进行识别，其中愤怒情感状态下的待检验意图效应模型运行结果如图 4-12 所示。

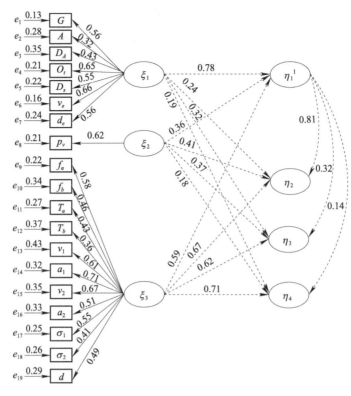

图 4-12　愤怒情感状态下的待检验意图效应模型运行结果

3. 模型评估

拟合度是检验结构方程模型与原始数据吻合程度的重要指标。本节采用卡方自由度比 (χ^2/df)、拟合优度指数 (GFI)、近似误差均方根 (RMSEA)、用模型自由度调整的拟合优度指数 (AGFI)、规范拟合指数 (NFI)、用自由度调整后的规范拟合指数 (IFI)、假设模型卡方值与理论预期中央卡方分布的离散程度 (CFI) 等指标来评价模型的拟合程度。χ^2/df 小于 1 表示模型拟合，χ^2/df 大于 3 表示模型适配度不佳，χ^2/df 取值介于 1~3 之间表明模型拟合度良好；CFI 的取值范围一般在 0~1 之间，可接受模型的 GFI 应该大于或等于 0.9；一般认为 RMSEA 小于 0.05 时模型完全拟合，小于 0.08 是模型拟合较好，小于 0.1 时模型中等拟合；AGFI 取值范围一般在 0~1 之间，取值大于或等于 0.9 时模型拟合良好；NFI、CFI、IFI 的取值范围一般也在 0~1 之间，当取值大于 0.9 时说明模型拟合较好。利用 AMOS7.0 软件对待检验模型进行参数拟合，其中愤怒情感模式下的驾驶意图效应结构方程模型参数拟合结果见表 4-12。

表 4-12　愤怒情感模式下的驾驶意图效应结构方程模型参数拟合结果

指标	χ^2/df	GFI	RMSEA	AGFI	NFI	IFI	CFI
结果	3.89	0.91	0.083	0.92	0.89	0.92	0.91

由参数拟合结果可知，愤怒情感模式下的驾驶意图效应结构方程模型的 χ^2/df、RMSEA、AGFI 指标均未达到期望标准，说明模型和观测数据拟合程度一般，需要进一步优化。

对模型进行反复修正,最终获得理想模型,模型的最终运行结果如图 4-13 所示,参数拟合结果见表 4-13。

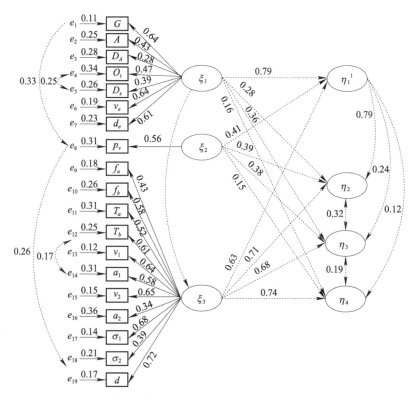

图 4-13　修正后愤怒情感状态下的意图效应模型运行结果

表 4-13　愤怒情感模式下的驾驶意图效应结构方程模型参数拟合结果

指标	χ^2/df	GFI	RMSEA	AGFI	NFI	IFI	CFI
结果	1.43	0.92	0.045	0.91	0.90	0.91	0.92

同理可得另外 7 种情感模式驾驶意图效应结构方程模型运行结果及参数拟合结果,限于篇幅本节不一一列出每种情感模式意图效应模型运行结果,只列出各模型的参数拟合结果,见表 4-14。

表 4-14　不同情感模式下的驾驶意图效应结构方程模型参数拟合结果

情感	χ^2/df	GFI	RMSEA	AGFI	NFI	IFI	CFI
惊奇	2.11	0.90	0.052	0.90	0.91	0.93	0.95
恐惧	1.38	0.92	0.042	0.91	0.94	0.90	0.93
焦虑	1.41	0.91	0.047	0.92	0.90	0.91	0.92
无助	2.20	0.91	0.055	0.91	0.93	0.91	0.90
蔑视	2.14	0.93	0.049	0.90	0.94	0.95	0.91
轻松	1.68	0.92	0.047	0.94	0.91	0.91	0.90
愉悦	1.49	0.94	0.048	0.91	0.95	0.93	0.92

由表 4-14 可知，惊奇、恐惧、焦虑、无助、蔑视、轻松、愉悦情感模式驾驶意图效应模型的各参数拟合结果均达到期望标准。

4. 结果讨论

本节重点探讨驾驶情感对汽车驾驶人意图的效应机制。为更直观地表达驾驶情感对意图的影响作用，从驾驶意图情感效应结构方程模型中单独列出情感与意图的路径图，并将路径系数标准化。8 种驾驶情感对意图的作用路径如图 4-14 所示，标准化路径系数及临界比率值见表 4-15。

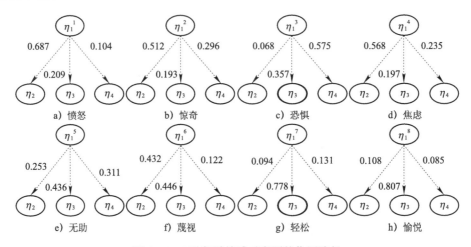

图 4-14　8 种驾驶情感对意图的作用路径

表 4-15　不同情感对驾驶意图的作用效应

情感	加速跟驰		保持车速跟驰		减速跟驰	
	路径系数	临界比率值	路径系数	临界比率值	路径系数	临界比率值
愤怒	0.678	18.30	0.209	3.25	0.104	1.34
惊奇	0.512	13.71	0.193	2.13	0.296	4.83
恐惧	0.068	1.01	0.357	5.57	0.575	8.57
焦虑	0.568	7.53	0.197	4.57	0.235	4.26
无助	0.253	5.81	0.436	8.35	0.311	5.89
蔑视	0.432	10.55	0.446	6.34	0.122	1.99
轻松	0.094	1.59	0.778	14.70	0.131	2.32
愉悦	0.108	2.88	0.807	17.12	0.085	1.83

注：临界比率值等于参数估计值与估计值标准误差的比值，相当于 t 检验值，如果此比值的绝对值大于 1.96，则参数估计值达到 0.05 显著性水平，临界比之绝对值大于 2.58，则参数估计值达到 0.01 显著性水平。

图 4-14 和表 4-15 直观显示了愤怒、惊奇、恐惧、焦虑、无助、蔑视、轻松、愉悦 8 种驾驶情感对加速、保持车速、减速跟驰 3 种驾驶意图的作用路径及效应。愤怒情感对加速、保持车速、减速跟驰的路径系数分别为 0.687、0.209、0.104，临界比率值分别为 18.30、3.25、1.34，表明愤怒情感与加速和保持车速跟驰显著正相关，与减速跟驰无显著正相关关系。惊奇情感对加速、保持车速、减速跟驰的路径系数分别为 0.512、0.193、0.296，临界比率值分别为 13.71、2.13、4.83，表明惊奇情感与加速和减速车速跟驰显著正相关，与保持

车速跟驰的显著正相关关系不明显。恐惧情感对加速、保持车速、减速跟驰的路径系数分别为 0.068、0.357、0.575，临界比率值分别为 1.01、5.57、8.57，表明恐惧情感与保持车速和减速车速跟驰显著正相关，与加速跟驰无显著正相关关系。焦虑情感对加速、保持车速、减速跟驰的路径系数分别为 0.568、0.197、0.235，临界比率值分别为 7.53、4.57、4.26，表明焦虑情感与加速、保持车速和减速车速跟驰显著正相关，且与加速跟驰的显著正相关关系更大。无助情感对加速、保持车速、减速跟驰的路径系数分别为 0.253、0.436、0.311，临界比率值分别为 5.81、8.35、5.89，表明无助情感与加速、保持车速和减速车速跟驰显著正相关，且与保持车速跟驰的显著正相关关系更大。蔑视情感对加速、保持车速、减速跟驰的路径系数分别为 0.432、0.446、0.122，临界比率值分别为 10.55、6.34、1.99，表明蔑视情感与加速和保持车速跟驰显著正相关，与减速车速跟驰的显著正相关关系不明显。轻松情感对加速、保持车速、减速跟驰的路径系数分别为 0.094、0.778、0.131，临界比率值分别为 1.59、14.70、2.32，表明轻松情感与保持车速跟驰显著正相关，与加速跟驰无显著正相关关系，与减速车速跟驰的显著正相关关系不明显。愉悦情感对加速、保持车速、减速跟驰的路径系数分别为 0.108、0.807、0.085，临界比率值分别为 2.88、17.12、1.83，表明愉悦情感与保持车速跟驰有明显的显著正相关关系，与减速跟驰无显著正相关关系，与加速跟驰也有正相关关系。综合以上分析可知，当处于愤怒、惊奇、焦虑、蔑视情感时，驾驶人更倾向于选择加速跟驰，愤怒情感对加速意图有显著的促进作用；当处于愉悦、轻松情感时，驾驶人选择保持车速跟驰的概率较高；当处于恐惧、无助情感时，驾驶人更加倾向于选择减速或保持车速跟驰。

研究结果表明，情感是汽车驾驶人行为决策的重要影响因素，不同情感状态下驾驶人意图的产生及表现存在明显差异。愤怒、蔑视情感使驾驶人倾向于追求高速行驶和对前车的近距离跟驰，行为决策表现更为激进；恐惧、无助情感使驾驶人倾向于选择更低的行车速度和与前车保持安全间距，行为决策表现更为保守；惊奇、焦虑情感状态下驾驶人更倾向于频繁加、减行车速度，期望尽快改变周围交通态势；轻松情感使驾驶人的行为决策保持在一个相对稳定、合理的状态；愉悦情感使驾驶人倾向于选择保持当前交通态势的行为。

4.3 情感影响的驾驶人意图涌现规律

情感是汽车驾驶人行为决策的重要影响因素，驾驶人不同情感状态的意图涌现特性存在显著差异。贝叶斯网络适用于表达和分析不确定性和概率性的事件，可以基于不完全、不精确或不确定的知识或信息中完成推理。本节通过构建驾驶人意图涌现的贝叶斯网络模型，运用贝叶斯推理分析和探讨不同情感模式下的驾驶人意图涌现规律。

4.3.1 模型构建与数据采集

1. 模型构建

贝叶斯网络以概率论为基础，研究多因素间的相互依赖关系，以图论形式表达随机变量间的因果关联。贝叶斯网络的结构形式是有向无环图，其节点代表随机变量，边代表变量间的条件依赖关系。贝叶斯网络可表示为 $\langle X, A, \Theta \rangle$。其中，$X$ 代表节点集，A 表示节点间的有向连接集，Θ 为网络的条件概率参数集合。贝叶斯网络用有向无环图 $G = \langle X, A \rangle$ 直观描述变量间的依赖和独立关系，用条件概率分布刻画变量对其父节点的依赖关系。一个 $\langle X, A, \Theta \rangle$ 唯一确定了变量集合 $X = \{X_1, \cdots, X_i, \cdots, X_n\}$ 上的一个联合概率分布

$$P(X_1, \cdots, X_i, \cdots X_n) = \prod_{i}^{n} P(X_i | \pi(X_i))$$

贝叶斯网络建模过程包括结构学习和参数学习。结构学习即在给定样本数据集合的前提下，找到最好匹配训练集的网络结构。参数学习即在给定网络拓扑结构和训练样本集的情况下，确定贝叶斯网络各节点处的条件概率分布。贝叶斯网络推理是在给定贝叶斯网络的情况下，计算查询节点发生概率的推理方法。

2. 数据采集

按照第3章所述实验方法，组织62名驾驶人进行驾驶实验，每次实验分别激发愤怒、惊奇、恐惧、焦虑、无助、蔑视、轻松、愉悦8种情感，获得8组实验数据。筛选情感激发有效片段，从中统计情感-意图组合单元，每个数据单元对应一种情感-意图组合及相应的行车数据。实车、虚拟驾驶实验分别获得3968、8024个有效情感-意图组合单元，这些数据共同组成原始测试数据库。限于篇幅，本节只列举部分实验数据，详见表4-16和表4-17。

表4-16 变量及符号

变量	符号	变量	符号	变量	符号
性别	G	期望车速/(km/h)	v_e	前车速度/(km/h)	v_2
年龄/岁	A	期望间距/m	d_e	前车加速度/(m/s^2)	a_2
情感状态	Em	目标车速度/(km/h)	v_1	前车加速度变化率/(m/s^3)	Δa_2
意图	It	目标车加速度/(m/s^2)	a_1		
驾驶倾向	T_d	目标车加速度变化率/(m/s^3)	Δa_1	目标车与前车相对距离/m	d
操作反应时间/s	O_t				

表4-17 部分实验数据

编号	实验数据								
1	G: 男	A: 34	Em: 焦虑	It: 保持车速跟驰	T_d: 中倾	O_t: 1.163	v_e: 50		
	d_e: 18	v_1: 44.13	a_1: 0.231	Δa_1: 0.031	v_2: 48.25	a_2: 0.124	Δa_2: 0.045	d: 17.64	
k	G: 女	A: 28	Em: 蔑视	It: 加速跟驰	T_d: 外倾	O_t: 1.004	v_e: 55		
	d_e: 20	v_1: 50.29	a_1: 0.115	Δa_1: -0.057	v_2: 49.67	a_2: 0.231	Δa_2: 0.032	d: 18.37	
$\vdots$				$\vdots$					
n	G: 男	A: 53	Em: 轻松	It: 减速跟驰	T_d: 内倾	O_t: 1.281	v_e: 45		
	d_e: 18	v_1: 46.82	a_1: -0.097	Δa_1: 0.019	v_2: 44.64	a_2: 0.178	Δa_2: -0.039	d: 20.32	

在表4-16、表4-17所示变量中，G、T_d、It、Em 为属性变量，其他变量为数量变量。为满足建模要求，本节将属性变量编码处理为虚拟变量，将数量变量编码处理为离散变量。在不损失数据信息的前提下，为减少变量数量、降低模型复杂度，将 v_1、v_e 处理成 $\Delta v = v_1 - v_e$，定义为期望车速偏量，将 d、d_e 处理成 $\Delta d = d - d_e$，定义为期望间距偏量。各变量设置见表4-18。

表 4-18 相关变量设置情况

符号	属性	赋值	符号	属性	赋值	符号	属性	赋值	符号	属性	赋值
G_1	男	1	A_1	20–35	1	T_d^1	激进	1	O_t^1	<1.05	1
			A_2	35–50	2	T_d^2	普通	2	O_t^2	1.05～1.15	2
G_2	女	2	A_3	50–65	3	T_d^3	保守	3	O_t^3	>1.15	3
It^1	加速跟驰	1	Δv_1	<-5	1	Δd_1	<-10	1	v_2^1	<40	1
It^2	保持车速跟驰	2	Δv_2	-5～5	2	Δd_2	-10～10	2	v_2^2	40～50	2
It^3	减速跟驰	3	Δv_3	>5	3	Δd_3	>10	3	v_2^3	>50	3
Em^1	愤怒	1	Em^3	恐惧	3	Em^5	无助	5	Em^7	轻松	7
Em^2	惊奇	2	Em^4	焦虑	4	Em^6	蔑视	6	Em^8	愉悦	8
a_1^1	<-1.5	1	Δa_1^1	<-1.5	1	a_2^1	<-1.5	1	Δa_2^1	<-1.5	1
a_1^2	-1.5～-0.5	2	Δa_1^2	-1.5～-0.5	2	a_2^2	-1.5～-0.5	2	Δa_2^2	-1.5～-0.5	2
a_1^3	-0.5～0.5	3	Δa_1^3	-0.5～0.5	3	a_2^3	-0.5～0.5	3	Δa_2^3	-0.5～0.5	3
a_1^4	0.5～1.5	4	Δa_1^4	0.5～1.5	4	a_2^4	0.5～1.5	4	Δa_2^4	0.5～1.5	4
a_1^5	>1.5	5	Δa_1^5	>1.5	5	a_2^5	>1.5	5	Δa_2^5	>1.5	5

4.3.2 模型训练与验证

1. 贝叶斯网络结构学习

K2 算法是贝叶斯网络结构学习的常用方法，其基于评分函数和爬山法搜索策略而建立。本节利用 K2 算法进行结构学习，算法流程参考文献 [88] 提出的方法。图 4-15、图 4-16 分别为初步和最终学习结果。

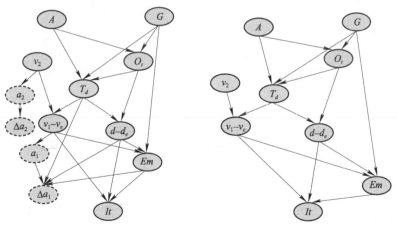

图 4-15 贝叶斯网络初步学习结果　　图 4-16 贝叶斯网络最终学习结果

贝叶斯网络学习结果直观显示了驾驶意图及其相关 8 个变量间的相互影响关系。驾驶意图的直接影响因素（父节点）为 Em、Δv 和 Δd，其他变量对驾驶意图产生间接影响。

2. 贝叶斯参数学习

本节利用贝叶斯估计法进行贝叶斯网络参数学习，各节点的先验分布取 Dirichlet 分布。限于篇幅，只列举驾驶意图的参数学习结果，详见表 4-19。

表 4-19 驾驶意图的参数学习结果

Em	Δv	Δd	It^1	It^2	It^3	Em	Δv	Δd	It^1	It^2	It^3	Em	Δv	Δd	It^1	It^2	It^3
1	1	1	0.763	0.103	0.134	3	3	1	0.037	0.716	0.248	6	2	1	0.214	0.406	0.380
1	1	2	0.846	0.065	0.089	3	3	2	0.054	0.315	0.631	6	2	2	0.315	0.407	0.278
1	1	3	0.964	0.010	0.026	3	3	3	0.002	0.672	0.325	6	2	3	0.525	0.311	0.164
1	2	1	0.698	0.124	0.178	4	1	1	0.323	0.110	0.567	6	3	1	0.165	0.428	0.407
1	2	2	0.793	0.110	0.097	4	1	2	0.409	0.204	0.388	6	3	2	0.313	0.406	0.281
1	2	3	0.871	0.052	0.076	4	1	3	0.757	0.075	0.168	6	3	3	0.558	0.325	0.117
1	3	1	0.665	0.114	0.221	4	2	1	0.450	0.122	0.428	7	1	1	0.111	0.726	0.163
1	3	2	0.712	0.093	0.195	4	2	2	0.461	0.226	0.313	7	1	2	0.194	0.719	0.087
1	3	3	0.841	0.036	0.122	4	2	3	0.528	0.212	0.261	7	1	3	0.303	0.651	0.046
2	1	1	0.424	0.260	0.316	4	3	1	0.225	0.211	0.564	7	2	1	0.742	0.218	0.040
2	1	2	0.518	0.208	0.274	4	3	2	0.355	0.223	0.422	7	2	2	0.044	0.219	0.736
2	1	3	0.642	0.118	0.240	4	3	3	0.564	0.228	0.208	7	2	3	0.158	0.725	0.117
2	2	1	0.363	0.256	0.381	5	1	1	0.092	0.468	0.440	7	3	1	0.359	0.525	0.116
2	2	2	0.440	0.267	0.293	5	1	2	0.185	0.565	0.249	7	3	2	0.043	0.218	0.739
2	3	1	0.396	0.170	0.434	5	2	1	0.244	0.519	0.237	8	1	1	0.032	0.764	0.204
2	3	2	0.479	0.212	0.309	5	2	2	0.301	0.300	0.398	8	1	2	0.057	0.874	0.069
2	3	3	0.558	0.175	0.267	5	2	3	0.455	0.323	0.222	8	1	3	0.154	0.823	0.023
3	1	1	0.058	0.075	0.867	5	3	1	0.067	0.629	0.304	8	2	1	0.763	0.227	0.009
3	1	2	0.105	0.380	0.515	5	3	2	0.164	0.527	0.309	8	2	2	0.068	0.429	0.503
3	1	3	0.198	0.621	0.181	5	3	3	0.408	0.404	0.188	8	2	3	0.045	0.819	0.136
3	2	1	0.043	0.118	0.838	6	1	1	0.322	0.410	0.268	8	3	1	0.341	0.418	0.241
3	2	2	0.085	0.536	0.379	6	1	2	0.465	0.528	0.107	8	3	2	0.043	0.218	0.739
3	2	3	0.159	0.754	0.087	6	1	3	0.629	0.312	0.058	8	3	3	0.102	0.601	0.297

3. 模型有效性验证

分别从实车、虚拟驾驶实验数据中随机选取 500 个情感 - 意图组合数据进行实车和虚

第 4 章 单车道环境汽车驾驶人意图的情感指引机制及辨识方法

拟实验数据验证。对选取的实车、虚拟驾驶实验数据进行统计分析，计算各变量的概率分布。将数据统计结果与通过贝叶斯网络模型所得的各节点概率进行比较，结果如图 4-17 和表 4-20 所示。

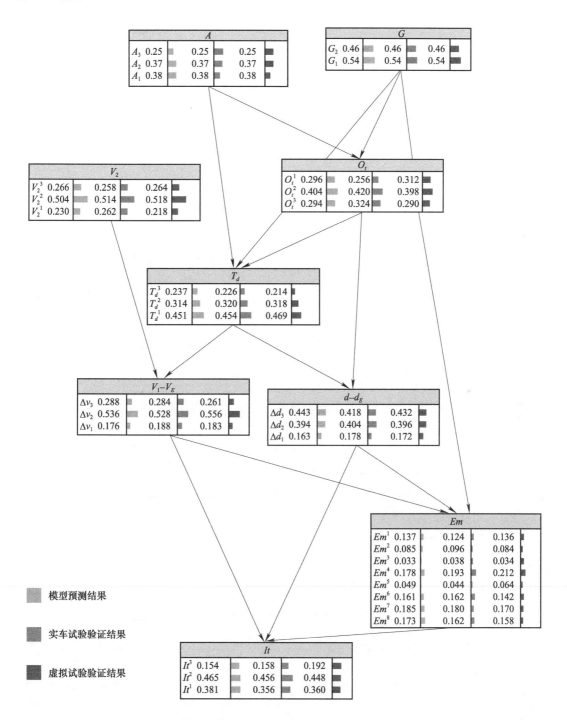

图 4-17 贝叶斯网络中各节点的概率分布（见彩插）

表 4-20　贝叶斯网络模型所得各节点概率与数据统计所得的节点概率比较结果

符号	实车验证 绝对误差	实车验证 相对误差	虚拟验证 绝对误差	虚拟验证 相对误差	符号	实车验证 绝对误差	实车验证 相对误差	虚拟验证 绝对误差	虚拟验证 相对误差
G_1	0	0%	0	0%	O_t^1	0.04	15.63%	0.016	5.13%
G_2	0	0%	0	0%	O_t^2	0.016	3.81%	0.006	1.51%
A_1	0	0%	0	0%	O_t^3	0.03	9.26%	0.004	1.38%
A_2	0	0%	0	0%	It^1	0.025	5.98%	0.011	2.55%
A_3	0	0%	0	0%	It^2	0.009	1.97%	0.006	1.31%
T_d^1	0.003	0.66%	0.018	3.84%	It^3	0.004	2.53%	0.014	8.33%
T_d^2	0.006	1.88%	0.004	1.26%	v_2^1	0.008	3.10%	0.002	0.76%
T_d^3	0.011	4.87%	0.023	10.75%	v_2^2	0.01	1.95%	0.014	2.70%
—	—	—	—	—	v_2^3	0.032	12.21%	0.012	5.50%

符号	实车验证 绝对误差	实车验证 相对误差	虚拟验证 绝对误差	虚拟验证 相对误差	符号	实车验证 绝对误差	实车验证 相对误差	虚拟验证 绝对误差	虚拟验证 相对误差
Δv_1	0.012	6.38%	0.007	3.83%	Δd_1	0.025	5.98%	0.011	2.55%
Δv_2	0.008	1.52%	0.02	3.60%	Δd_2	0.01	2.48%	0.002	0.51%
Δv_3	0.004	1.41%	0.027	10.34%	Δd_3	0.015	8.43%	0.009	5.23%
Em^1	0.013	10.48%	0.001	0.74%	Em^5	0.005	11.36%	0.015	23.44%
Em^2	0.011	11.46%	0.001	1.19%	Em^6	0.001	0.62%	0.019	13.38%
Em^3	0.005	13.16%	0.001	2.94%	Em^7	0.025	15.63%	0.015	8.82%
Em^4	0.015	7.77%	0.034	16.04%	Em^8	0.011	6.79%	0.015	9.49%

图 4-17 直观地表现了通过模型预测和实车、虚拟驾驶实验数据统计分析所得的各节点概率分布，表 4-20 列举了各节点概率模型预测与驾驶实验数据的比较结果。通过比较分析可知，Em^5 虚拟验证的相对误差最大，达到 23.44%；O_t^1、v_2^3、Em^2、Em^3、Em^5、Em^7 实车验证的相对误差较大分别为 15.63%、12.21%、11.46%、13.16%、11.36%、15.63%；T_d^3、Δv_3、Em^4 虚拟验证的相对误差较大，分别为 10.75%、10.34%、16.04%；其他变量不同属性概率的实车和虚拟验证相对误差均在 10% 以下。

在本节所建贝叶斯网络模型中，Em、Δv 和 Δd 为驾驶意图的 3 个父节点。本节通过比较父节点不同组合状态下驾驶意图模型预测值与实车、虚拟驾驶实验实测值来验证 BN 的有效性。限于篇幅，只列举部分检验结果数据，见表 4-21。

表 4-21　部分驾驶意图的模型检验结果

Em	Δv	Δd	It^1 实车验证 绝对误差	It^1 实车验证 相对误差	It^1 虚拟验证 绝对误差	It^1 虚拟验证 相对误差	It^2 实车验证 绝对误差	It^2 实车验证 相对误差	It^2 虚拟验证 绝对误差	It^2 虚拟验证 相对误差	It^3 实车验证 绝对误差	It^3 实车验证 相对误差	It^3 虚拟验证 绝对误差	It^3 虚拟验证 相对误差
1	1	1	0.036	5.0%	0.021	2.8%	0.011	9.9%	0.001	1.3%	0.025	15.8%	0.022	14.1%
1	1	2	0.033	4.0%	0.030	3.7%	0.021	24.2%	0.017	21.0%	0.012	11.9%	0.013	12.7%
1	1	3	0.046	5.1%	0.036	3.9%	0.004	25.8%	0.020	66.1%	0.043	62.0%	0.016	38.3%

（续）

Em	Δv	Δd	It^1 实车验证		It^1 虚拟验证		It^2 实车验证		It^2 虚拟验证		It^3 实车验证		It^3 虚拟验证	
			绝对误差	相对误差	绝对误差	相对误差	绝对误差	相对误差	绝对误差	相对误差	绝对误差	相对误差	绝对误差	相对误差
1	2	1	0.026	3.8%	0.023	3.4%	0.016	11.3%	0.003	2.3%	0.010	5.2%	0.026	12.6%
1	2	2	0.031	4.1%	0.031	4.0%	0.006	5.2%	0.012	10.1%	0.025	20.7%	0.018	15.7%
1	2	3	0.042	5.1%	0.026	3.0%	0.014	20.6%	0.002	4.5%	0.029	27.3%	0.028	26.9%
1	3	1	0.020	3.1%	0.014	2.2%	0.013	10.0%	0.014	11.2%	0.007	3.3%	0.000	0.1%
1	3	2	0.028	4.1%	0.024	3.5%	0.017	15.2%	0.002	2.3%	0.011	5.6%	0.022	10.0%
1	3	3	0.030	3.7%	0.018	2.2%	0.010	21.6%	0.001	1.9%	0.020	14.2%	0.019	13.2%
2	1	1	0.006	1.5%	0.008	1.9%	0.010	3.6%	0.010	3.6%	0.003	1.1%	0.002	0.6%
2	1	2	0.006	1.1%	0.010	2.0%	0.009	4.5%	0.009	4.0%	0.015	5.0%	0.001	0.5%
2	1	3	0.018	2.9%	0.032	5.2%	0.013	9.7%	0.019	13.9%	0.005	2.2%	0.013	5.1%
2	2	1	0.015	4.2%	0.000	0.1%	0.005	2.1%	0.003	1.0%	0.009	2.4%	0.002	0.6%
2	2	2	0.020	4.7%	0.016	3.7%	0.002	0.7%	0.011	4.1%	0.018	5.8%	0.004	1.5%
2	2	3	0.022	4.0%	0.005	0.9%	0.003	1.4%	0.006	2.8%	0.025	10.1%	0.001	0.4%
2	3	1	0.007	1.8%	0.008	2.0%	0.016	8.7%	0.001	0.7%	0.009	2.2%	0.007	1.5%
2	3	2	0.007	1.4%	0.018	4.0%	0.003	1.5%	0.006	2.7%	0.010	3.0%	0.012	3.8%
2	3	3	0.005	1.0%	0.021	4.0%	0.015	7.9%	0.007	4.5%	0.010	3.8%	0.029	9.7%
3	1	1	0.016	22.1%	0.022	27.3%	0.008	9.1%	0.004	5.1%	0.024	2.8%	0.018	2.1%
3	1	2	0.019	15.2%	0.013	10.8%	0.007	1.8%	0.002	0.6%	0.012	2.4%	0.010	2.0%
3	1	3	0.001	0.5%	0.005	2.8%	0.018	3.0%	0.023	3.8%	0.019	9.6%	0.028	13.4%
3	2	1	0.014	24.7%	0.015	25.7%	0.016	11.9%	0.002	1.6%	0.030	3.7%	0.013	1.6%
3	2	2	0.003	3.4%	0.000	0.3%	0.010	1.9%	0.006	1.1%	0.007	1.8%	0.006	1.6%
3	2	3	0.010	5.7%	0.008	4.6%	0.028	3.9%	0.024	3.3%	0.019	17.7%	0.016	15.6%
3	1	1	0.017	31.3%	0.020	34.8%	0.034	4.9%	0.023	3.3%	0.017	6.4%	0.004	1.4%
3	1	2	0.021	27.8%	0.019	25.8%	0.008	2.5%	0.009	3.1%	0.029	4.8%	0.010	1.5%
3	1	3	0.019	89.0%	0.010	81.2%	0.025	3.9%	0.017	2.5%	0.006	1.9%	0.007	2.0%
4	1	1	0.010	2.4%	0.018	4.3%	0.002	1.6%	0.019	14.7%	0.008	1.7%	0.001	0.3%
4	1	2	0.004	0.7%	0.022	4.3%	0.011	5.6%	0.015	7.7%	0.007	2.6%	0.007	2.2%
4	1	3	0.021	3.1%	0.016	2.3%	0.018	12.7%	0.005	4.0%	0.003	1.8%	0.021	11.0%
4	2	1	0.007	1.3%	0.017	3.5%	0.008	4.2%	0.003	2.0%	0.001	0.3%	0.020	5.8%
4	2	2	0.010	2.2%	0.013	3.0%	0.002	0.6%	0.007	2.2%	0.012	5.2%	0.006	2.7%
4	2	3	0.035	4.7%	0.022	2.9%	0.006	3.0%	0.009	4.6%	0.028	73.0%	0.032	75.0%
4	3	1	0.004	1.7%	0.013	5.5%	0.005	2.2%	0.004	2.1%	0.001	0.1%	0.009	1.6%
4	3	2	0.009	1.9%	0.007	1.5%	0.003	0.8%	0.003	0.8%	0.012	6.3%	0.010	5.4%
4	3	3	0.017	3.1%	0.010	1.7%	0.003	1.5%	0.013	5.4%	0.020	8.9%	0.003	1.6%

经计算可知，对于实车实验数据，加速、保持车速和减速跟驰 3 种驾驶意图模型预测的平均相对误差分别为 6.8%、5.0%、13.2%；对于虚拟实验数据，3 种驾驶意图模型预测的平均相对误差分别为 7.6%、4.7%、14.2%。综合以上两方面的模型检验结果可知，本节所建贝叶斯网络模型的预测误差保持在较低水平，模型的可靠性和准确性较高。

4.3.3 影响分析与后验概率

在驾驶意图涌现网络模型中，任一节点值的输入都会改变驾驶意图（决策变量）的概率分布。限于篇幅本节不一一讨论每个变量对驾驶意图涌现的影响，只重点探讨不同情感状态下期望车速偏量、期望间距偏量与驾驶意图的相互依赖关系。

1. 团树传播算法

团树传播算法是最常用的精确推理算法。根据团树传播算法的基本原理，构造贝叶斯网络结构的端正图，如图 4-18 所示；利用最大势搜索法确定的变量消元顺序为 $<v_2, A, T_d, O_t, G, \Delta v, It, \Delta d, Em>$；利用 BuildCT 算法构造驾驶人意图涌现贝叶斯网络结构的团树，如图 4-19 所示。

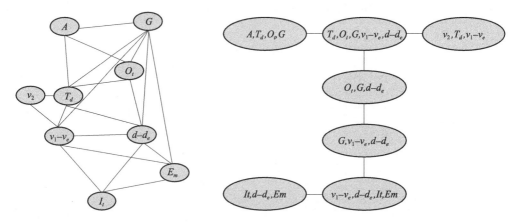

图 4-18　贝叶斯网络结构的端正图　　图 4-19　贝叶斯网络结构的团树

2. 驾驶人情感对驾驶意图的影响分析

不同情感驾驶人会选择不同行为方式向外界输出自身内心需求。设 Em 为证据变量、It 为查询变量，计算 $P(It|Em)$，推理不同驾驶情感影响下意图的涌现规律，结果如图 4-20 所示。

	愤怒	惊奇	恐惧	焦虑	无助	蔑视	轻松	愉悦
减速跟驰	0.13	0.2764	0.6013	0.2274	0.2319	0.1319	0.0745	0.0356
保持车速跟驰	0.0729	0.1988	0.3444	0.2276	0.5024	0.4234	0.765	0.8777
加速跟驰	0.7971	0.5248	0.0543	0.545	0.2657	0.4447	0.1605	0.0867

图 4-20　不同情感状态下驾驶意图的概率分布

由图 4-20 可知，愤怒、惊奇、焦虑情感驾驶人更倾向于选择加速跟驰；当处于愉悦、轻松情感时，驾驶人选择保持车速的概率较高；恐惧、无助情感时，驾驶人更倾向于选择减速或保持车速跟驰；处于蔑视情感时，驾驶人选择加速或保持车速跟驰的概率较大。

3. 不同情感状态期望车速偏量对驾驶意图的影响分析

Δv 直接影响驾驶人对交通态势的满意程度，从而决定未来的行为决策。设 Δv 为证据

变量、It 为查询变量，计算 $P(It|\Delta v)$，推理不同 Δv 影响下，It 的涌现规律，推理结果如图 4-21 所示。

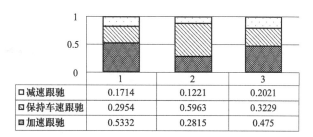

图 4-21　不同期望车速偏量情况下驾驶意图的概率分布

由图 4-21 可知，当 Δv 小于 −5km/h 时，驾驶人选择加速跟驰的概率达到最大值 0.5332。当 Δv 取值为 −5～5km/h 时，驾驶人更加倾向于保持车速跟驰。当 Δv 大于 5km/h 时，驾驶人选择减速的概率有所增加，达到 0.2021，但是选择加速的概率（0.475）仍保持较高水平。

设 Δv 和 Em 为证据变量、驾驶意图为查询变量，计算 $P(It|\Delta v, Em)$，推理驾驶人不同情感和期望车速偏量共同影响下，驾驶意图的涌现规律，推理结果如图 4-22 所示。

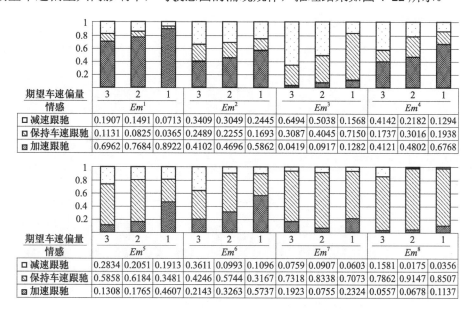

图 4-22　不同情感状态与期望车速偏量组合情况下驾驶意图的概率分布

由图 4-22 可知，愤怒情感驾驶人加速跟驰的概率始终保持在较高水平，甚至当行驶速度显著大于期望车速时，加速概率仍达到 0.6962，表明此时驾驶人在行为决策上有失理性；惊奇、焦虑情感驾驶人在不同 Δv 情况下选择加速和减速跟驰的概率较高，即使当 Δv 保持在 −5～5km/h 时，驾驶人选择保持车速的概率仍较小，表明此时驾驶人急于摆脱当前交通环境；恐惧、无助情感驾驶人在不同 Δv 情况下选择减速或保持车速跟驰的概率较高；蔑视情感驾驶人更倾向于在不同 Δv 情况下选择加速或保持车速跟驰；轻松、愉悦情感驾驶人在不同 Δv 情况下选择保持车速跟驰的概率保持在较高水平，表明驾驶人期望维持当前交通态势。

4. 不同情感状态期望间距偏量对驾驶意图的影响分析

在车辆跟驰状态下,Δd 直接影响驾驶人对当前交通态势的满意程度。设 Δd 为证据变量、It 为查询变量,计算 $P(It|\Delta d)$,推理不同 Δd 影响下,It 的涌现规律,推理结果如图 4-23 所示。

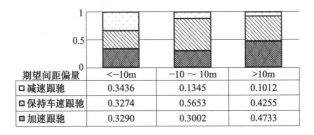

期望间距偏量	<-10m	-10~10m	>10m
减速跟驰	0.3436	0.1345	0.1012
保持车速跟驰	0.3274	0.5653	0.4255
加速跟驰	0.3290	0.3002	0.4733

图 4-23 不同期望间距偏量情况下驾驶意图的概率分布

由图 4-23 可知,当 Δd<-10m 时,驾驶人选择减速跟驰的概率达到最大值 0.3436;当 Δd 为 -10~10m 时,驾驶人更加倾向于保持车速跟驰;当 Δd>10m 时,驾驶人选择加速跟驰的概率达到最大值 0.4733。

设 Δd 和 Em 为证据变量、It 为查询变量,计算 $P(It|\Delta d,Em)$,推理学习 Em 和 Δd 共同影响下,It 的涌现规律,推理结果如图 4-24 所示。

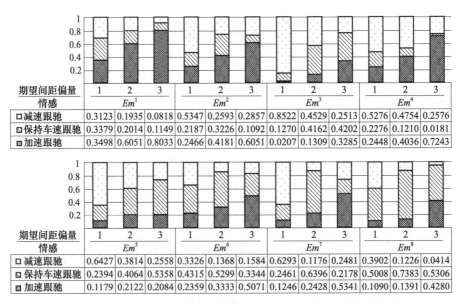

期望间距偏量	1	2	3	1	2	3	1	2	3	1	2	3
情感	Em^1			Em^2			Em^3			Em^4		
减速跟驰	0.3123	0.1935	0.0818	0.5347	0.2593	0.2857	0.8522	0.4529	0.2513	0.5276	0.4754	0.2576
保持车速跟驰	0.3379	0.2014	0.1149	0.2187	0.3226	0.1092	0.1270	0.4162	0.4202	0.2276	0.1210	0.0181
加速跟驰	0.3498	0.6051	0.8033	0.2466	0.4181	0.6051	0.0207	0.1309	0.3285	0.2448	0.4036	0.7243

期望间距偏量	1	2	3	1	2	3	1	2	3	1	2	3
情感	Em^5			Em^6			Em^7			Em^8		
减速跟驰	0.6427	0.3814	0.2558	0.3326	0.1368	0.1584	0.6293	0.1176	0.2481	0.3902	0.1226	0.0414
保持车速跟驰	0.2394	0.4064	0.5358	0.4315	0.5299	0.3344	0.2461	0.6396	0.2178	0.5008	0.7383	0.5306
加速跟驰	0.1179	0.2122	0.2084	0.2359	0.3333	0.5071	0.1246	0.2428	0.5341	0.1090	0.1391	0.4280

图 4-24 不同情感状态与期望间距偏量组合情况下驾驶意图的概率分布

由图 4-24 可知,愤怒情感驾驶人选择加速跟驰的概率均高于其他两种意图的概率。在惊奇、焦虑情感状态下,当 Δd<-10m 时,驾驶人减速的概率最大,分别为 0.5347 和 0.5276;当 Δd>10m 时,加速跟驰的概率最大,分别为 0.6051 和 0.7243;当 Δd 在 -10~10m 时,保持车速跟驰的概率都较小。在不同 Δd 情况下,恐惧、无助情感驾驶人减速和保持车速跟驰的概率都较高,表明驾驶人在这两种情感状态下行为较为谨慎。在不同 Δd 情况下,蔑视情感驾驶人保持车速和加速跟驰的概率较高。轻松情感状态驾驶人在 Δd 过小、

第4章 单车道环境汽车驾驶人意图的情感指引机制及辨识方法

适中、过大时,会分别倾向于选择减速、保持车速和加速跟驰,表明驾驶人此时的行为决策较为合理。在不同 Δd 情况下,愉悦情感状态驾驶人保持车速跟驰的概率均高于其他两种意图的概率。

5. 汽车驾驶人情感的后验概率

设 It 为证据变量、Em 为查询变量,计算 $P(Em|It)$,推理在已知 It 条件下,Em 的概率分布,推理结果如图4-25所示。

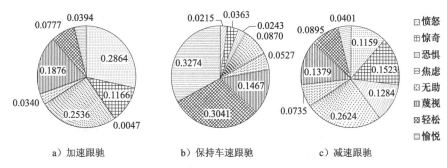

图4-25 已知驾驶意图条件下驾驶人情感状态的后验概率

由图4-25可知,驾驶人选择加速跟驰时,其处于愤怒、焦虑状态的概率较大,分别为0.2864和0.2536;处于蔑视、惊奇状态的概率较小,分别为0.1876和0.1166;处于其他情感状态的概率均小于0.1。当驾驶人保持车速时,其处于愉悦、轻松状态的概率较大,分别为0.3041、0.3274;处于蔑视状态的概率较小,为0.1467;处于其他情感状态的概率均小于0.1。当驾驶人减速时,其处于焦虑状态的概率为0.2624;处于蔑视、愤怒、惊奇和恐惧状态的概率较小,分别为0.1379、0.1159、0.1523和0.1284;处于其他情感状态的概率均小于0.1以下。

6. 期望车速偏量的后验概率

设 It 为证据变量、Δv 为查询变量,计算 $P(\Delta v|It)$,推理在已知 It 的条件下,Δv 的概率分布,推理结果如图4-26所示。

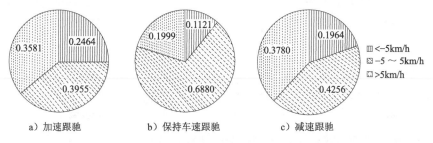

图4-26 已知驾驶意图条件下期望车速偏量的后验概率

由图4-26可知,当驾驶人选择加速跟驰时,$\Delta v<-5\mathrm{km/h}$、$-5\mathrm{km/h}<\Delta v<5\mathrm{km/h}$、$\Delta v>5\mathrm{km/h}$ 的概率分别为0.2464、0.3955、0.3581;当驾驶人保持车速跟驰时,Δv 取值为 $-5\sim5\mathrm{km/h}$ 的概率最大,达到0.6880;当驾驶人减速跟驰时,$\Delta v>5\mathrm{km/h}$ 的概率最大,达到0.4256。

设 It 和 Em 为证据变量、Δv 为查询变量，计算 $P(\Delta v|It,Em)$，推理在已知 Em 和 It 的条件下，Δv 的涌现规律，推理结果如图 4-27 所示。

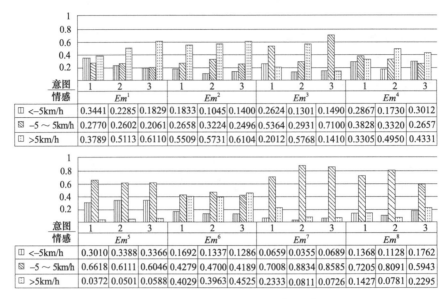

意图 情感	1	2	3	1	2	3	1	2	3	1	2	3
	Em^1			Em^2			Em^3			Em^4		
<−5km/h	0.3441	0.2285	0.1829	0.1833	0.1045	0.1400	0.2624	0.1301	0.1490	0.2867	0.1730	0.3012
−5～5km/h	0.2770	0.2602	0.2061	0.2658	0.3224	0.2496	0.5364	0.2931	0.7100	0.3828	0.3320	0.2657
>5km/h	0.3789	0.5113	0.6110	0.5509	0.5731	0.6104	0.2012	0.5768	0.1410	0.3305	0.4950	0.4331
意图 情感	1	2	3	1	2	3	1	2	3	1	2	3
	Em^5			Em^6			Em^7			Em^8		
<−5km/h	0.3010	0.3388	0.3366	0.1692	0.1337	0.1286	0.0659	0.0355	0.0689	0.1368	0.1128	0.1762
−5～5km/h	0.6618	0.6111	0.6046	0.4279	0.4700	0.4189	0.7008	0.8834	0.8585	0.7205	0.8091	0.5943
>5km/h	0.0372	0.0501	0.0588	0.4029	0.3963	0.4525	0.2333	0.0811	0.0726	0.1427	0.0781	0.2295

图 4-27 已知情感状态与驾驶意图情况下期望车速偏量的后验概率

由图 4-27 可知，在愤怒状态下，当驾驶人加速时，Δv<−5km/h 和 Δv>5km/h 的概率较高，分别为 0.3441 和 0.3789；当驾驶人保持车速或减速时，Δv>5km/h 的概率均较高，分别为 0.5113 和 0.6110。在惊奇、焦虑状态下，Δv>5km/h 的概率均较高。在恐惧状态下，当驾驶人加速或减速跟驰时，Δv 取值为 −5～5km/h 的概率最大，分别为 0.5364 和 0.7100；当驾驶人保持车速时，Δv>5km/h 的概率最大，达到 0.5768。在无助、蔑视、轻松、愉悦状态下，Δv 取值为 −5～5km/h 的概率均较高。

7. 期望间距偏量的后验概率

设 It 为证据变量、Δd 为查询变量，计算 $P(\Delta d|It)$，推理在已知 It 的条件下，Δd 的概率分布，推理结果如图 4-28 所示。

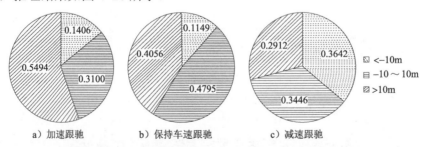

图 4-28 已知驾驶意图条件下期望间距偏量的后验概率

由图 4-28 可知，当驾驶人加速时，Δd>10m 的概率为 0.5494；当驾驶人保持车速时，Δd 取 −10～10m 的概率达到 0.4795；当驾驶人减速跟驰时，Δd<10m 的概率最大，为 0.3642。

设 It 和 Em 为证据变量、Δd 为查询变量，计算 $P(\Delta d|It,Em)$，推理学习在已知 Em 和 It 的条件下，Δd 的涌现规律，推理结果如图 4-29 所示。

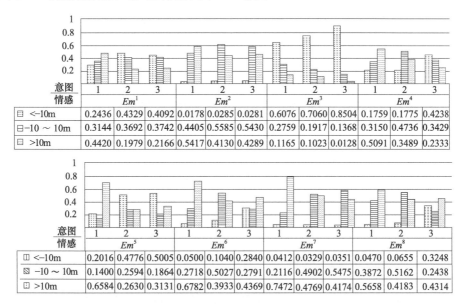

图 4-29　已知情感状态与驾驶意图情况下期望间距偏量的后验概率

由图 4-29 可知，在愤怒、焦虑状态下，当驾驶人加速、保持车速或减速跟驰时，Δd 的概率分布相对平均。在惊奇状态下，$\Delta d<-10m$ 的概率均较低。在恐惧状态下，$\Delta d<-10m$ 的概率均较高。在无助状态下，当驾驶人加速时，$\Delta d>10m$ 的概率最大，达到 0.6584；当驾驶人保持车速或减速跟驰时，$\Delta d<-10m$ 的概率最大，分别为 0.4776 和 0.5005。在蔑视状态下，当驾驶人选择加速或减速跟驰时，$\Delta d>10m$ 的概率最大，分别为 0.6782 和 0.4369；当驾驶人保持车速时，$-10m<\Delta d<10m$ 的概率最大，达到 0.5027。在轻松状态下，当驾驶人加速时，$\Delta d>10m$ 的概率最大，达到 0.7472；当驾驶人保持车速或减速时，$-10m<\Delta d<10m$ 和 $\Delta d>10m$ 的概率较大。在愉悦状态下，当驾驶人加速或保持车速时，$-10m<\Delta d<10m$ 和 $\Delta d>10m$ 的概率相对较大；当驾驶人选择减速跟驰时，$\Delta d>10m$ 的概率最大，为 0.4314。

本研究结果表明，愤怒、蔑视情感使驾驶人倾向于追求高速行驶和对前车的近距离跟驰，行为决策表现更为激进；恐惧、无助情感使驾驶人倾向于选择更低的行车速度和与前车保持安全间距，行为决策表现更为保守；惊奇、焦虑情感状态下驾驶人更倾向于频繁加、减行车速度，期望尽快改变周围交通态势；轻松情感使驾驶人的行为决策保持在一个相对稳定、合理的状态；愉悦情感使驾驶人倾向于选择保持当前交通态势的行为。另外，与期望车速偏量相比，不同期望间距偏量情况下意图涌现的情感特征更为显著。例如，当处于愤怒情感状态时，即使车辆行驶速度显著大于期望车速，驾驶人仍倾向于选择加速；而在不同期望间距偏量情况下，驾驶人选择加速意图的概率却能保持在合理水平。这是因为在实际驾车过程中，驾驶人对车间距变化的感受更加直接，当间距太小时驾驶人能很快感受到安全威胁，进而抑制其不良驾驶情感的发挥；而对速度变化的感知能力较弱，即使当车辆行驶速度超出安全范围时驾驶人也未必能及时察觉。

心理学家研究表明，情感是有机体行为的基本动机，对人类行为选择和行为方式影响显著。本节通过分析跟驰状态下人－车－环境多源动态数据，构建了驾驶人意图涌现的贝叶斯网络模型，运用贝叶斯推理深入分析和探讨了不同情感模式下的驾驶人意图涌现规律。研究结果揭示了愤怒、惊奇、恐惧、焦虑、无助、蔑视、轻松、愉悦 8 种典型驾驶情感状态引导下，汽车驾驶人的行为表现特性，为驾驶意图的差异性识别提供了理论基础。

4.4 情感演变激发的驾驶人意图转移规律

驾驶人情感伴随车辆行驶环境动态转变而同步演化，不同情感状态之间的转移概率不尽相同。本节通过设计、组织情感诱发实验和驾驶实验获取实车、虚拟环境下的驾驶人情感 - 意图演化数据，运用 HMM 推演驾驶情感－意图双重状态转移链，解析单车道跟驰场景中情感演变所激发的汽车驾驶人意图转移的规律。

4.4.1 模型构建与数据采集

1. 模型构建

HMM 描述了一个双重随机过程，由马尔可夫链发展而来。HMM 由可观察层和隐藏层组成。其中，可观察层代表需要进行识别的观察序列，描述状态与可观测值间的对应关系；隐藏层为马尔可夫随机过程，是一个有限状态机，状态转移带有转移概率，能够显示出状态转换的具体情况。

驾驶情感伴随环境的动态转变而同步演化，不同情感使驾驶人在相同交通情景中产生不同意图。利用隐藏层刻画情感演化，其转移过程具有马氏性；利用可观察层描述驾驶意图，意图的转移是一般随机过程。某时刻意图的输出观察值概率，只取决于当前时刻驾驶情感状态。HMM 参数五元组 $\lambda=(E, I, \pi, A, B)$ 的具体设置情况如下：

E——驾驶情感状态集合 $E=\{E_1, E_2, \cdots, E_p\}$，记 t 时刻马尔可夫链所处的状态为 x_t，$t=1, 2, \cdots, l-1$。

I——驾驶意图集合，$I=\{I_1, I_2, \cdots, I_q\}$，记 t 时刻驾驶意图的状态为 y_t，$t=1, 2, \cdots, l-1$。

π——初始驾驶人情感状态概率分布矩阵，$\pi=(\pi_1, \pi_2, \cdots, \pi_p)$，$\pi_i=P(x_1=E_i)$ 表示在时刻 $t=1$ 时，驾驶人情感处于状态 E_i 的概率，$i=1, 2, \cdots, p$。

A——驾驶情感状态转移概率矩阵，$A=(a_{ij})_{p \times p}$，$a_{ij}=P(x_{t+1}=E_j | x_t=E_i)$，$i, j=1, 2, \cdots, p$。$a_{ij}$ 表示从时刻 t 到 $t+1$，$t=1, 2, l-1$，状态 E_i 转移到 E_j 的概率。

B——给定情感状态下意图的概率分布矩阵，$b_j(f_t)=P(y_t=f_t | x_t=E_j)$，$j=1, 2, \cdots, p$，$t=1, 2, \cdots, l-1$。$b_j(f_t)$ 表示 t 时刻 E_j 状态输出相应驾驶意图 $y_t=f_t$ 的概率，f_t 是 $I=\{I_1, I_2, \cdots, I_q\}$ 中的某值。

假设驾驶人情感状态转移具有马氏性，且驾驶意图状态仅受当前时刻驾驶人情感状态的影响，不同时刻驾驶情感对驾驶意图的影响关系如图 4-30 所示。

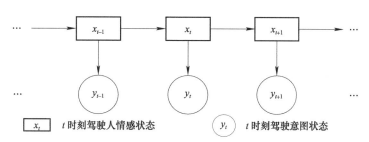

图 4-30 不同时刻驾驶情感对驾驶意图的影响关系

选取驾驶人情感状态序列 $X(l)=\{x_1,x_2,\cdots,x_l\}$ 和驾驶意图状态序列 $Y(l)=\{y_1,y_2,\cdots,y_l\}$。在选取的有限状态序列中，在状态 x_{l+1} 和 y_{l+1} 未知的情况下，序列最后观测值 x_l 和 y_l 的转移概率无法计算。因此，在下文状态转移概率计算中只考虑前 $l-1$ 个状态。设在驾驶人情感状态序列 $x_1,x_2,\cdots,x_{l-1}$ 中，状态为 E_i 的个数为 N_i，则状态 E_i 发生的概率为

$$a_i = \pi_i = \frac{N_i}{l-1} \quad i=1,2,\cdots,p \tag{4-12}$$

若上述 N_i 个数据中有 N_{ij} 个数据在下一时刻状态由 E_i 转移至 E_j，则有

$$a_{ij} = \frac{N_{ij}}{N_i} \quad i,j=1,2,\cdots,p \tag{4-13}$$

对于驾驶意图状态序列 $y_1,y_2,\cdots,y_{l-1}$，当 t 至 $t+1$ 时刻驾驶人情感状态由 E_i 转移到 E_{i+1} 的过程中，驾驶意图 I_m 在 t 时刻发生的概率 b_{ijm} 为

$$b_{ijm} = \frac{M_{ijm}}{N_{ij}} \quad m=1,2,\cdots,q \tag{4-14}$$

M_{ijm} 表示 t 至 $t+1$ 时刻驾驶情感由 E_i 转移到 E_{i+1} 过程中，意图 I_m 在 t 时刻发生的个数，N_{ij} 为驾驶情感从 E_i 转移到 E_j 的个数。在 M_{ijm} 个驾驶意图状态数据中，有 M_{ijmn} 个在下一时刻转移到 I_n，则在驾驶情感从 E_i 转移到 E_{i+1} 过程中，驾驶意图从 I_m 转移到 I_n 的概率 b_{ijmn} 为

$$b_{ijmn} = \frac{M_{ijmn}}{M_{ijm}} \quad m,n=1,2,\cdots,q \tag{4-15}$$

参数估计指从给定的观察序列样本中确定出产生这些序列的最优模型 $\lambda=(\pi,A,B)$，使得观察序列的概率 $P(I|\lambda)$ 最大。本节所用参数估计方法为基于极大似然估计的最大期望算法（Expectation-Maximization，EM），也称为 Baum-Welch 算法。

给定前向变量 $\alpha_t(i)$ 和后向变量 $\beta_t(i)$：

$$\alpha_t(i)=P(I_1,I_2,\cdots I_t,X_t=E_i|\lambda) \quad 1\leq t<l, \ i=1,2,\cdots,p, \ E_i\in E \tag{4-16}$$

前向变量 $\alpha_t(i)$ 表示到 t 时刻为止，生成观测序列为 $f_1,f_2,\cdots,f_t$，且 t 时刻驾驶人情感状态为 E_i 的概率。当 $t=1$ 时，对于某个 $1\leq i\leq p$，此时前向变量 $\alpha_1(i)$ 表示：初始时刻生成一个观测变量 f_1，驾驶人情感状态为 E_i 的概率，即 $\alpha_1(i)=\pi_i b_i(f_1)$。当 $1\leq t\leq l-1$ 时，对于某个 $1\leq j\leq p$，前向变量 $\alpha_{t+1}(j)$ 表示到 $t+1$ 时刻为止，生成观测序列为 $f_1,\cdots,f_t,f_{t+1}$，且 $t+1$ 时刻驾驶情感状态为 E_j 的概率。根据全概率公式，$\alpha_{t+1}(j)$ 等于 t 至 $t+1$ 时刻所有可能 $\alpha_t(i)$ 基

础上进一步转移到状态 E_j,并生成观测值 f_{t+1} 的概率,即 $\alpha_{t+1}(j)=\sum_{i=1}^{p}\alpha_t(i)a_{ij}b_j(f_{t+1})$,其中 $j=1,2,\cdots,p$。根据上述递归过程(图 4-31),可得最终 l 时刻生成观测序列为 $f_1,f_2,\cdots,f_l$,且 l 时刻驾驶人情感状态为 E_j 的概率 $\alpha_l(j)=\sum_{i=1}^{p}\alpha_{l-1}(i)a_{ij}b_j(f_l)$, $1\leqslant j\leqslant p$。

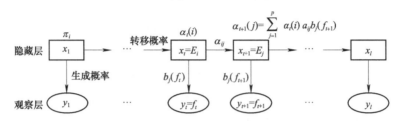

图 4-31　前向变量计算过程

$$\beta_t(i)=P(I_{t+1},I_{t+2},\cdots I_l,X_t=E_i|\lambda) \quad 1\leqslant t<l-1,\ i=1,2,\cdots,p,\ E_i\in E \quad (4-17)$$

后向变量 $\beta_t(i)$ 表示 t 时刻驾驶人情感状态为 E_i,从 $t+1$ 到 l 时刻生成观测序列为 f_{t+1}, $f_{t+2},\cdots,f_l$ 的概率。当 $t=l$ 时,对于某个 $1\leqslant i\leqslant p$,后向变量 $\beta_l(i)$ 表示时刻 l 驾驶人情感状态处于 E_i,观测值状态为 f_l 的概率,根据假设此时 $\beta_l(i)=1$。当 $1\leqslant t<l-1$ 时,对于某个 $1\leqslant i,j\leqslant p$,后向变量表示在 t 时刻驾驶人情感处于 E_i 情况下,从 $t+1$ 时刻开始生成观测序列为 $f_{t+1},f_{t+2},\cdots f_l$ 的概率。根据全概率公式,$\beta_t(j)$ 等于 t 至 $t+1$ 时刻驾驶人情感状态从 E_i 转移到 E_j,生成观测值 f_{t+1},并从 $t+2$ 时刻开始生成观测序列为 $f_{t+2},\cdots,f_l$ 的概率,即 $\beta_t(i)=\sum_{j=1}^{p}a_{ij}b_j(f_{t+1})\beta_{t+1}(j)$,其中 $i=1,2,\cdots,p$。根据上述递归过程(图 4-32),可得 $t=1$ 时刻驾驶人情感状态为 E_i,且从 $t=2$ 时刻生成观测序列为 $f_2,f_3,\cdots,f_l$ 的概率 $\beta_1(i)=\sum_{j=1}^{p}a_{ij}b_j(f_2)\beta_2(j)$,其中 $i=1,2,\cdots,p$。

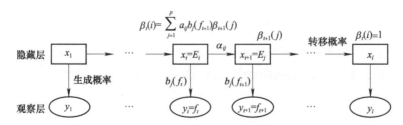

图 4-32　后向变量计算过程

将前向算法和后向算法相结合,便得到前-后向算法。前-后向算法即在整个观测序列上,$f_1,\cdots,f_t$ 运用前向算法递推,$f_{t+1},\cdots,f_l$ 运用后向算法递推(如图 4-33 所示),前-后向算法可将计算量降低到 p^2l 次。根据前-后向算法,对于 t 时刻来说:

$$P(f_1,\cdots,f_t,\cdots,f_l|\lambda)=\sum_{i=1}^{p}\alpha_t(i)\beta_t(i) \quad (4-18)$$

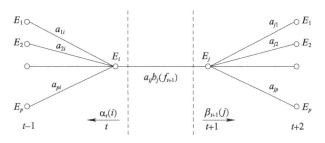

图 4-33 前-后向变量算法计算过程

EM 算法是交替进行"期望（E 过程）"和"极大似然估计（M 过程）"的迭代过程。对于给定的不完全数据和初始参数值，"E 过程"从条件期望中构造完全数据的似然函数值，"M 过程"则利用参数的充分估计量，重估概率模型的参数，使训练数据的对数似然最大。EM 算法的每次迭代过程必定单调增加训练数据的对数似然值，使其渐进收敛于一个局部最优值。

给定 HMM 和观察序列，设 $\xi_t(i,j)$ 为驾驶人情感在 t 时刻处于 E_i，在 $t+1$ 时刻为 E_j 的概率。

$$\begin{aligned}\xi_t(i,j) &= P(E_t = E_i, E_{t+1} = E_j \mid f_1, \cdots, f_t, f_{t+1}, \lambda) \\ &= \frac{P(E_t = E_i, E_{t+1} = E_j, f_1, \cdots, f_t, f_{t+1} \mid \lambda)}{P(f_1, \cdots, f_t \mid \lambda)} \\ &= \frac{\alpha_t(i) a_{ij} b_j(f_{t+1}) \beta_{t+1}(j)}{\sum_{i=1}^{p}\sum_{j=1}^{p} \alpha_t(i) a_{ij} b_j(f_{t+1}) \beta_{t+1}(j)}\end{aligned} \quad (4\text{-}19)$$

设 $\gamma_t(i)$ 为驾驶人情感在 t 时刻处于 E_i 的概率。

$$\gamma_t(i) = \sum_{j=1}^{p} \xi_t(i,j) \quad (4\text{-}20)$$

根据式（4-19）和式（4-20），可得 HMM 模型的参数优化公式。

$$\hat{\pi}_i = 驾驶人初始情感状态为 E_i 的概率 = \gamma_1(i) \quad (4\text{-}21)$$

$$\hat{a}_{ij} = \frac{E_i 转移到 E_j 的期望次数}{E_i 转移到另一状态（包含 E_i）的期望次数} = \frac{\sum_{t=1}^{l-1} \xi_t(i,j)}{\sum_{t=1}^{l-1} \gamma_t(i)} \quad (4\text{-}22)$$

$$\hat{b}_j(k) = \frac{情感状态 E_j 生成 f_k 的期望次数}{情感状态为 E_j 的期望次数} = \frac{\sum_{\substack{t=1 \\ y_t = f_k}}^{l} \gamma_t(j)}{\sum_{t=1}^{l} \gamma_t(j)} \quad (4\text{-}23)$$

设置 $\hat{\pi}_i$、$\hat{a}_{ij}$、$\hat{b}_j(k)$ 初始值，重复 EM 步骤，直至 $\hat{\pi}_i$、$\hat{a}_{ij}$、$\hat{b}_j(k)$ 收敛。

2. 数据采集

按照第 3 章所述实验方法分别进行实车和虚拟驾驶实验,实车实验共情感激发 500 次,其中有效激发 396 次;虚拟实验共情感激发 1000 次,其中有效激发 732 次。实车和虚拟驾驶实验数据共同构成模型参数训练数据库部分实验数据,见表 4-22。

表 4-22 部分情感激发驾驶实验数据

驾驶人编号及状态		情感激发					
		t_0	t_1	t_2	t_3	t_4	t_5
1	情感	E_1	E_1	E_6	E_4	E_1	E_4
	意图	I_2	I_1	I_1	I_2	I_1	I_2
2	情感	E_2	E_7	E_6	E_3	E_3	E_1
	意图	I_1	I_1	I_2	I_3	I_2	I_1
k	情感	E_4	E_1	E_4	E_2	E_5	E_4
	意图	I_3	I_1	I_2	I_3	I_2	I_1
$n-1$	情感	E_7	E_2	E_8	E_7	E_6	E_5
	意图	I_1	I_2	I_3	I_3	I_2	I_2
n	情感	E_3	E_5	E_3	E_1	E_6	E_7
	意图	I_2	I_3	I_3	I_2	I_1	I_1

自然驾驶实验共获得实车驾驶实验数据 162 组、虚拟驾驶实验数据 334 组,分别选取 100、200 组数据用于 HMM 模型参数估计和优化,其余数据用于模型验证,部分实验数据见表 4-23。

表 4-23 部分自然驾驶实验数据

驾驶人编号及状态		情感激发						
		t_1	t_2	⋯	t_r	⋯	t_{s-1}	t_s
1	情感	E_2	E_5	E_5	E_4	E_2	E_3	E_7
	意图	I_2	I_3	I_2	I_1	I_2	I_2	I_1
2	情感	E_7	E_7	E_6	E_8	E_2	E_1	E_5
	意图	I_2	I_1	I_2	I_3	I_1	I_2	I_1
k	情感	E_3	E_7	E_7	E_2	E_4	E_5	E_6
	意图	I_3	I_2	I_2	I_1	I_2	I_3	I_2
$n-1$	情感	E_4	E_3	E_1	E_6	E_6	E_7	E_5
	意图	I_1	I_3	I_2	I_2	I_1	I_1	I_2
n	情感	E_2	E_5	E_4	E_4	E_1	E_5	E_3
	意图	I_1	I_3	I_2	I_1	I_2	I_2	I_3

4.4.2 特征提取与模型标定

用驾驶实验数据对 HMM 参数进行估计和优化,最终获得驾驶情感初始概率分布 π_i={0.144,0.087,0.118,0.156,0.082,0.128,0.161,0.124}。不同情感驾驶意图生成概率矩阵 $\boldsymbol{P}_{im}$:

$$\boldsymbol{P}_{im} = \begin{bmatrix} 0.797 & 0.525 & 0.054 & 0.545 & 0.266 & 0.445 & 0.161 & 0.088 \\ 0.073 & 0.199 & 0.344 & 0.228 & 0.502 & 0.423 & 0.765 & 0.878 \\ 0.130 & 0.276 & 0.601 & 0.227 & 0.232 & 0.132 & 0.074 & 0.036 \end{bmatrix}$$

驾驶情感转移概率矩阵 a_{ij}：

$$a_{ij}=\begin{bmatrix} 0.234 & 0.075 & 0.137 & 0.371 & 0.039 & 0.142 & 0.001 & 0.001 \\ 0.108 & 0.117 & 0.142 & 0.166 & 0.134 & 0.152 & 0.046 & 0.135 \\ 0.248 & 0.089 & 0.233 & 0.174 & 0.214 & 0.001 & 0.040 & 0.001 \\ 0.294 & 0.063 & 0.087 & 0.139 & 0.237 & 0.104 & 0.075 & 0.001 \\ 0.147 & 0.101 & 0.114 & 0.365 & 0.103 & 0.126 & 0.043 & 0.001 \\ 0.182 & 0.057 & 0.049 & 0.107 & 0.085 & 0.154 & 0.254 & 0.112 \\ 0.049 & 0.129 & 0.069 & 0.087 & 0.100 & 0.216 & 0.115 & 0.244 \\ 0.097 & 0.121 & 0.012 & 0.088 & 0.012 & 0.188 & 0.317 & 0.165 \end{bmatrix}$$

驾驶情感状态从 E_i 转移到 E_{i+1} 过程中，驾驶意图状态从 I_m 转移到 I_n 的概率矩阵 b_{ijmn}：

$$b_{11mn}=\begin{bmatrix} 0.784 & 0.138 & 0.078 \\ 0.657 & 0.212 & 0.131 \\ 0.321 & 0.407 & 0.272 \end{bmatrix} b_{12mn}=\begin{bmatrix} 0.411 & 0.325 & 0.264 \\ 0.413 & 0.104 & 0.483 \\ 0.243 & 0.376 & 0.381 \end{bmatrix} b_{13mn}=\begin{bmatrix} 0.119 & 0.457 & 0.424 \\ 0.102 & 0.379 & 0.519 \\ 0.093 & 0.298 & 0.609 \end{bmatrix} b_{14mn}=\begin{bmatrix} 0.396 & 0.247 & 0.357 \\ 0.387 & 0.145 & 0.468 \\ 0.242 & 0.259 & 0.499 \end{bmatrix}$$

$$b_{15mn}=\begin{bmatrix} 0.274 & 0.421 & 0.305 \\ 0.103 & 0.524 & 0.373 \\ 0.054 & 0.349 & 0.597 \end{bmatrix} b_{16mn}=\begin{bmatrix} 0.389 & 0.458 & 0.153 \\ 0.318 & 0.513 & 0.169 \\ 0.494 & 0.358 & 0.148 \end{bmatrix} b_{17mn}=\begin{bmatrix} 0.654 & 0.297 & 0.049 \\ 0.521 & 0.413 & 0.066 \\ 0.386 & 0.415 & 0.199 \end{bmatrix} b_{18mn}=\begin{bmatrix} 0.277 & 0.574 & 0.149 \\ 0.375 & 0.349 & 0.276 \\ 0.216 & 0.479 & 0.305 \end{bmatrix}$$

$$b_{21mn}=\begin{bmatrix} 0.786 & 0.168 & 0.046 \\ 0.512 & 0.384 & 0.104 \\ 0.362 & 0.479 & 0.159 \end{bmatrix} b_{22mn}=\begin{bmatrix} 0.447 & 0.201 & 0.352 \\ 0.381 & 0.228 & 0.391 \\ 0.421 & 0.103 & 0.476 \end{bmatrix} b_{23mn}=\begin{bmatrix} 0.124 & 0.245 & 0.631 \\ 0.114 & 0.327 & 0.559 \\ 0.107 & 0.547 & 0.346 \end{bmatrix} b_{24mn}=\begin{bmatrix} 0.399 & 0.157 & 0.444 \\ 0.383 & 0.206 & 0.411 \\ 0.298 & 0.266 & 0.436 \end{bmatrix}$$

$$b_{25mn}=\begin{bmatrix} 0.214 & 0.349 & 0.437 \\ 0.156 & 0.411 & 0.433 \\ 0.111 & 0.448 & 0.441 \end{bmatrix} b_{26mn}=\begin{bmatrix} 0.347 & 0.359 & 0.294 \\ 0.285 & 0.458 & 0.257 \\ 0.196 & 0.511 & 0.293 \end{bmatrix} b_{27mn}=\begin{bmatrix} 0.214 & 0.588 & 0.198 \\ 0.236 & 0.598 & 0.166 \\ 0.182 & 0.674 & 0.144 \end{bmatrix} b_{28mn}=\begin{bmatrix} 0.322 & 0.487 & 0.191 \\ 0.247 & 0.667 & 0.086 \\ 0.153 & 0.634 & 0.213 \end{bmatrix}$$

$$b_{31mn}=\begin{bmatrix} 0.678 & 0.101 & 0.221 \\ 0.564 & 0.237 & 0.199 \\ 0.369 & 0.412 & 0.219 \end{bmatrix} b_{32mn}=\begin{bmatrix} 0.211 & 0.418 & 0.371 \\ 0.198 & 0.489 & 0.313 \\ 0.158 & 0.443 & 0.399 \end{bmatrix} b_{33mn}=\begin{bmatrix} 0.106 & 0.211 & 0.683 \\ 0.069 & 0.312 & 0.619 \\ 0.051 & 0.368 & 0.581 \end{bmatrix} b_{34mn}=\begin{bmatrix} 0.234 & 0.348 & 0.418 \\ 0.165 & 0.268 & 0.567 \\ 0.115 & 0.353 & 0.532 \end{bmatrix}$$

$$b_{35mn}=\begin{bmatrix} 0.104 & 0.341 & 0.555 \\ 0.087 & 0.411 & 0.502 \\ 0.021 & 0.467 & 0.512 \end{bmatrix} b_{36mn}=\begin{bmatrix} 0.258 & 0.479 & 0.263 \\ 0.302 & 0.499 & 0.199 \\ 0.136 & 0.598 & 0.266 \end{bmatrix} b_{37mn}=\begin{bmatrix} 0.127 & 0.651 & 0.222 \\ 0.098 & 0.701 & 0.201 \\ 0.036 & 0.715 & 0.249 \end{bmatrix} b_{38mn}=\begin{bmatrix} 0.148 & 0.649 & 0.203 \\ 0.117 & 0.687 & 0.196 \\ 0.063 & 0.718 & 0.219 \end{bmatrix}$$

$$b_{41mn}=\begin{bmatrix} 0.749 & 0.212 & 0.039 \\ 0.698 & 0.254 & 0.048 \\ 0.441 & 0.368 & 0.191 \end{bmatrix} b_{42mn}=\begin{bmatrix} 0.324 & 0.388 & 0.288 \\ 0.304 & 0.415 & 0.281 \\ 0.163 & 0.553 & 0.284 \end{bmatrix} b_{43mn}=\begin{bmatrix} 0.185 & 0.364 & 0.451 \\ 0.143 & 0.352 & 0.505 \\ 0.087 & 0.349 & 0.564 \end{bmatrix} b_{44mn}=\begin{bmatrix} 0.469 & 0.103 & 0.428 \\ 0.424 & 0.124 & 0.452 \\ 0.326 & 0.115 & 0.559 \end{bmatrix}$$

$$b_{45mn}=\begin{bmatrix} 0.201 & 0.498 & 0.301 \\ 0.165 & 0.318 & 0.517 \\ 0.104 & 0.371 & 0.525 \end{bmatrix} b_{46mn}=\begin{bmatrix} 0.198 & 0.405 & 0.397 \\ 0.187 & 0.426 & 0.387 \\ 0.122 & 0.503 & 0.375 \end{bmatrix} b_{47mn}=\begin{bmatrix} 0.147 & 0.269 & 0.584 \\ 0.106 & 0.511 & 0.383 \\ 0.086 & 0.368 & 0.546 \end{bmatrix} b_{48mn}=\begin{bmatrix} 0.112 & 0.399 & 0.489 \\ 0.082 & 0.587 & 0.331 \\ 0.032 & 0.559 & 0.409 \end{bmatrix}$$

$$b_{51mn}=\begin{bmatrix} 0.412 & 0.433 & 0.155 \\ 0.367 & 0.484 & 0.149 \\ 0.234 & 0.511 & 0.255 \end{bmatrix} b_{52mn}=\begin{bmatrix} 0.347 & 0.311 & 0.342 \\ 0.299 & 0.392 & 0.309 \\ 0.244 & 0.431 & 0.325 \end{bmatrix} b_{53mn}=\begin{bmatrix} 0.113 & 0.485 & 0.402 \\ 0.099 & 0.512 & 0.389 \\ 0.036 & 0.467 & 0.497 \end{bmatrix} b_{54mn}=\begin{bmatrix} 0.247 & 0.217 & 0.536 \\ 0.233 & 0.328 & 0.439 \\ 0.104 & 0.407 & 0.489 \end{bmatrix}$$

$$b_{55mn}=\begin{bmatrix} 0.103 & 0.412 & 0.485 \\ 0.098 & 0.488 & 0.414 \\ 0.067 & 0.361 & 0.572 \end{bmatrix} b_{56mn}=\begin{bmatrix} 0.214 & 0.383 & 0.403 \\ 0.196 & 0.427 & 0.377 \\ 0.165 & 0.444 & 0.391 \end{bmatrix} b_{57mn}=\begin{bmatrix} 0.247 & 0.634 & 0.119 \\ 0.187 & 0.695 & 0.118 \\ 0.087 & 0.621 & 0.292 \end{bmatrix} b_{58mn}=\begin{bmatrix} 0.159 & 0.697 & 0.144 \\ 0.146 & 0.741 & 0.113 \\ 0.064 & 0.589 & 0.347 \end{bmatrix}$$

$$b_{61mn}=\begin{bmatrix} 0.741 & 0.211 & 0.048 \\ 0.681 & 0.288 & 0.031 \\ 0.521 & 0.394 & 0.085 \end{bmatrix} b_{62mn}=\begin{bmatrix} 0.348 & 0.475 & 0.177 \\ 0.298 & 0.497 & 0.205 \\ 0.197 & 0.347 & 0.429 \end{bmatrix} b_{63mn}=\begin{bmatrix} 0.104 & 0.358 & 0.538 \\ 0.068 & 0.451 & 0.481 \\ 0.031 & 0.274 & 0.695 \end{bmatrix} b_{64mn}=\begin{bmatrix} 0.398 & 0.247 & 0.355 \\ 0.361 & 0.314 & 0.325 \\ 0.309 & 0.213 & 0.478 \end{bmatrix}$$

$$b_{65mn}=\begin{bmatrix} 0.124 & 0.414 & 0.462 \\ 0.118 & 0.501 & 0.381 \\ 0.067 & 0.431 & 0.502 \end{bmatrix} b_{66mn}=\begin{bmatrix} 0347 & 0.412 & 0.241 \\ 0.284 & 0.541 & 0.175 \\ 0.145 & 0.462 & 0.393 \end{bmatrix} b_{67mn}=\begin{bmatrix} 0.175 & 0.634 & 0.191 \\ 0.124 & 0.683 & 0.193 \\ 0.108 & 0.549 & 0.343 \end{bmatrix} b_{68mn}=\begin{bmatrix} 0.143 & 0.741 & 0.116 \\ 0.115 & 0.751 & 0.134 \\ 0.099 & 0.684 & 0.217 \end{bmatrix}$$

$$b_{71mn} = \begin{bmatrix} 0.497 & 0.425 & 0.078 \\ 0.324 & 0.597 & 0.079 \\ 0.245 & 0.331 & 0.424 \end{bmatrix} \quad b_{72mn} = \begin{bmatrix} 0.247 & 0.414 & 0.339 \\ 0.211 & 0.534 & 0.255 \\ 0.113 & 0.341 & 0.546 \end{bmatrix} \quad b_{73mn} = \begin{bmatrix} 0.147 & 0.314 & 0.539 \\ 0.101 & 0.387 & 0.512 \\ 0.012 & 0.217 & 0.771 \end{bmatrix} \quad b_{74mn} = \begin{bmatrix} 0.378 & 0.427 & 0.195 \\ 0.342 & 0.534 & 0.124 \\ 0.214 & 0.361 & 0.425 \end{bmatrix}$$

$$b_{75mn} = \begin{bmatrix} 0.178 & 0.427 & 0.395 \\ 0.137 & 0.434 & 0.429 \\ 0.104 & 0.397 & 0.499 \end{bmatrix} \quad b_{76mn} = \begin{bmatrix} 0.214 & 0.634 & 0.152 \\ 0.123 & 0.771 & 0.106 \\ 0.063 & 0.514 & 0.423 \end{bmatrix} \quad b_{77mn} = \begin{bmatrix} 0.314 & 0.589 & 0.097 \\ 0.293 & 0.671 & 0.036 \\ 0.127 & 0.592 & 0.281 \end{bmatrix} \quad b_{78mn} = \begin{bmatrix} 0.334 & 0.612 & 0.054 \\ 0.263 & 0.714 & 0.023 \\ 0.118 & 0.596 & 0.286 \end{bmatrix}$$

$$b_{81mn} = \begin{bmatrix} 0.634 & 0.298 & 0.068 \\ 0.518 & 0.379 & 0.103 \\ 0.367 & 0.414 & 0.219 \end{bmatrix} \quad b_{82mn} = \begin{bmatrix} 0.321 & 0.413 & 0.266 \\ 0.313 & 0.381 & 0.306 \\ 0.243 & 0.346 & 0.411 \end{bmatrix} \quad b_{83mn} = \begin{bmatrix} 0.156 & 0.375 & 0.469 \\ 0.121 & 0.411 & 0.468 \\ 0.093 & 0.289 & 0.618 \end{bmatrix} \quad b_{84mn} = \begin{bmatrix} 0.343 & 0.328 & 0.329 \\ 0.315 & 0.389 & 0.296 \\ 0.294 & 0.301 & 0.405 \end{bmatrix}$$

$$b_{85mn} = \begin{bmatrix} 0.142 & 0.486 & 0.372 \\ 0.134 & 0.513 & 0.353 \\ 0.087 & 0.412 & 0.501 \end{bmatrix} \quad b_{86mn} = \begin{bmatrix} 0.347 & 0.425 & 0.228 \\ 0.311 & 0.632 & 0.057 \\ 0.245 & 0.413 & 0.342 \end{bmatrix} \quad b_{87mn} = \begin{bmatrix} 0.249 & 0.667 & 0.084 \\ 0.201 & 0.698 & 0.101 \\ 0.156 & 0.447 & 0.397 \end{bmatrix} \quad b_{88mn} = \begin{bmatrix} 0.214 & 0.689 & 0.097 \\ 0.178 & 0.724 & 0.098 \\ 0.134 & 0.547 & 0.319 \end{bmatrix}$$

4.4.3 测试验证

1. 实车实验验证

驾驶人情感概率分布 π_i、不同情感状态驾驶意图的生成概率 P_{im} 及驾驶情感转移概率 a_{ij} 是本节 HMM 的最主要参数。其取值的准确性直接决定模型的有效性,并间接决定 b_{ijmn} 的确定。限于篇幅,本节只对 π_i、P_{im}、a_{ij} 进行验证。统计 62 组实车环境下自然驾驶数据中,8 种驾驶人情感的概率分布、不同情感状态下意图的概率分布以及不同驾驶情感状态之间的转移概率(表 4-24),并与本节 HMM 模型预测结果进行对比,对比结果分别如图 4-34、图 4-35 所示。

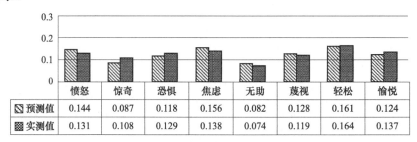

图 4-34 实车实验数据统计与模型预测的驾驶人情感概率分布

图 4-34 直观地表现了驾驶人情感状态概率分布的实车实验数据统计和模型预测结果,可知两种方法获得的驾驶人情感状态概率分布结果较为接近,模型预测结果准确度较高。

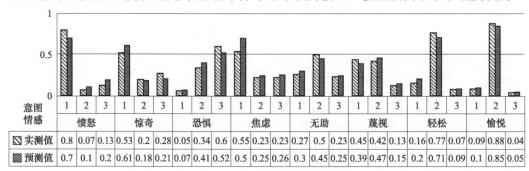

图 4-35 实车实验数据统计与模型预测的驾驶意图生成概率

图 4-35 列取了实车驾驶数据统计和模型预测的不同情感状态下驾驶意图生成概率,可知两种方法获得的不同情感状态下驾驶意图生成概率较为接近,模型预测结果准确度较高。

表 4-24 实车实验数据统计与模型预测的驾驶情感转移概率

情感	愤怒				惊奇				恐惧				焦虑			
	预测值	实测值	绝对误差	相对误差	预测值	实测值	绝对误差	相对误差	预测值	实测值	绝对误差	相对误差	预测值	实测值	绝对误差	相对误差
愤怒	0.234	0.263	0.029	12.38%	0.075	0.046	0.029	38.62%	0.137	0.129	0.008	5.62%	0.371	0.379	0.008	2.08%
惊奇	0.108	0.117	0.009	7.88%	0.117	0.147	0.030	26.05%	0.142	0.111	0.031	22.17%	0.166	0.197	0.031	18.96%
恐惧	0.248	0.290	0.042	16.75%	0.089	0.047	0.042	46.67%	0.233	0.199	0.034	14.40%	0.174	0.197	0.023	13.22%
焦虑	0.294	0.297	0.003	1.14%	0.063	0.060	0.003	5.31%	0.087	0.071	0.016	18.04%	0.139	0.143	0.004	2.88%
无助	0.147	0.149	0.002	1.70%	0.101	0.099	0.002	2.47%	0.114	0.072	0.042	36.51%	0.365	0.407	0.042	11.40%
蔑视	0.182	0.184	0.002	1.07%	0.057	0.055	0.002	3.40%	0.049	0.043	0.006	12.59%	0.107	0.112	0.005	4.67%
轻松	0.049	0.047	0.002	4.50%	0.129	0.131	0.002	1.711%	0.069	0.096	0.027	38.91%	0.087	0.060	0.027	30.86%
愉悦	0.097	0.100	0.003	2.83%	0.121	0.118	0.003	2.267%	0.012	0.008	0.004	35.63%	0.088	0.092	0.004	4.86%

情感	无助				蔑视				轻松				愉悦			
	预测值	实测值	绝对误差	相对误差	预测值	实测值	绝对误差	相对误差	预测值	实测值	绝对误差	相对误差	预测值	实测值	绝对误差	相对误差
愤怒	0.039	0.042	0.003	8.78%	0.142	0.139	0.003	2.45%	0.001	0.001	0.000	0.00%	0.001	0.001	0.000	0.00%
惊奇	0.134	0.104	0.030	22.59%	0.152	0.144	0.008	5.47%	0.046	0.050	0.004	8.33%	0.135	0.131	0.004	2.84%
恐惧	0.214	0.205	0.009	4.36%	0.001	0.001	0.000	0.00%	0.04	0.060	0.020	50.13%	0.001	0.001	0.000	0.00%
焦虑	0.237	0.239	0.002	0.86%	0.104	0.089	0.015	13.95%	0.075	0.099	0.024	32.00%	0.001	0.001	0.000	0.00%
无助	0.103	0.102	0.001	0.97%	0.126	0.114	0.012	9.22%	0.043	0.056	0.013	30.23%	0.001	0.001	0.000	21.89%
蔑视	0.085	0.069	0.016	18.82%	0.154	0.172	0.018	11.43%	0.254	0.249	0.005	2.00%	0.112	0.117	0.005	4.53%
轻松	0.1	0.112	0.012	12.00%	0.216	0.212	0.004	1.72%	0.115	0.087	0.028	24.10%	0.244	0.254	0.010	4.10%
愉悦	0.012	0.009	0.003	25.00%	0.188	0.193	0.005	2.41%	0.317	0.325	0.008	2.52%	0.165	0.155	0.010	6.06%

表 4-24 详细列举了实车驾驶实验数据统计与 HMM 模型预测的驾驶情感转移概率对比结果。结果显示,驾驶情感转移概率模型预测的准确度普遍较高,误差在可接受范围;个别情感转移概率预测相对误差较大,如恐惧至轻松情感转移概率的相对误差达到 50.13%,这是其本身概率较小,敏感度较高,相应情感转移在实际驾驶过程中较为罕见,可以忽略。

2. 虚拟实验验证

统计 134 组虚拟环境下自然驾驶实验数据中,驾驶人情感的概率分布、驾驶人不同情感状态下意图的概率分布以及驾驶人不同情感状态之间的转移概率(表 4-25),并与模型预测结果进行对比,对比结果分别如图 4-36、图 4-37 所示。

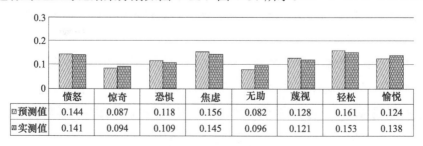

图 4-36 虚拟实验数据统计与模型预测的驾驶人情感概率分布

图 4-36 直观地表现了驾驶人情感状态概率分布的虚拟驾驶数据统计和模型预测结果，可知两种方法获得的驾驶人情感状态概率分布结果较为接近，模型预测结果准确度较高。

意图	1	2	3	1	2	3	1	2	3	1	2	3	1	2	3	1	2	3	1	2	3	1	2	3
情感	愤怒			惊奇			恐惧			焦虑			无助			蔑视			轻松			愉悦		
实测值	0.8	0.07	0.13	0.53	0.2	0.28	0.05	0.34	0.6	0.55	0.23	0.23	0.27	0.5	0.23	0.45	0.42	0.13	0.16	0.77	0.07	0.09	0.88	0.04
预测值	0.73	0.1	0.17	0.59	0.18	0.23	0.05	0.4	0.56	0.51	0.21	0.27	0.3	0.47	0.24	0.42	0.42	0.16	0.2	0.74	0.07	0.1	0.85	0.05

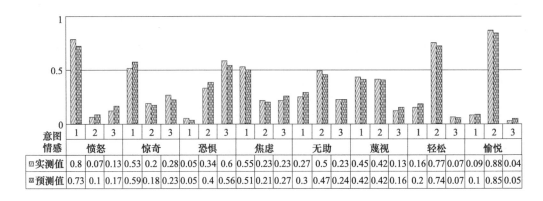

图 4-37　虚拟实验数据统计与模型预测的驾驶意图生成概率

图 4-37 列取了虚拟驾驶数据统计和模型预测的不同情感状态下驾驶意图生成概率，可知两种方法获得的不同情感状态下驾驶意图生成概率较为接近，模型预测结果准确度较高。

表 4-25 详细列举了虚拟驾驶实验数据统计与模型预测的驾驶情感转移概率对比结果。结果显示，驾驶情感转移概率模型预测的准确度普遍较高，误差在可接受范围；与实车驾驶实验数据统计结果类似，个别情感转移概率预测相对误差较大，这也是因为其本身概率较小，相应情感转移在实际驾驶过程中较为罕见，因此可以忽略。

综合考虑实车和虚拟实验验证结果，可以得出本节建立的驾驶人情感 - 意图双重状态转移链具有较高的准确度和可靠性。

本节运用 HMM 构造跟驰状态汽车驾驶人情感 - 意图双重状态转移链，对情感演化所激发的驾驶人意图转移机制进行了深入研究。研究结果表明：不同情感状态下驾驶意图的生成规律存在显著差异，如愤怒情感状态下驾驶人更加倾向于选择加速跟驰，恐惧情感状态下驾驶人更加倾向于选择减速跟驰，轻松和愉悦情感状态下驾驶人更加倾向于保持车速跟驰；驾驶人情感伴随车辆行驶环境随机动态转变而同步演化，不同情感状态之间的转移概率不尽相同，如愤怒、无助转移至焦虑的概率较大，愉悦、蔑视转移至轻松的概率相对较高，恐惧情感更易向愤怒情感演化；驾驶人情感的动态演化会对驾驶人意图的产生和行为决策产生时变影响，如由某种其他情感向愤怒情感转移时，驾驶人选择加速跟驰的概率将会显著增加，行为表现将更加激进。HMM 具有结构简明、推理清晰的特点，在语音识别等领域的应用中表现出卓越性能。HMM 用于刻画车辆行驶过程中驾驶情感和意图的双重随机动态演化过程，具有良好的适应性和优越性。

表 4-25 虚拟实验数据统计与模型预测的驾驶情感转移概率

情感	愤怒				惊奇				恐惧				焦虑			
	预测值	实测值	绝对误差	相对误差	预测值	实测值	绝对误差	相对误差	预测值	实测值	绝对误差	相对误差	预测值	实测值	绝对误差	相对误差
愤怒	0.234	0.234	0.000	0.02%	0.075	0.075	0.000	0.05%	0.137	0.096	0.041	29.90%	0.371	0.412	0.041	11.04%
惊奇	0.108	0.091	0.017	15.58%	0.117	0.134	0.017	14.38%	0.142	0.136	0.006	4.25%	0.166	0.172	0.006	3.63%
恐惧	0.248	0.245	0.003	1.15%	0.089	0.092	0.003	3.21%	0.233	0.239	0.006	2.51%	0.174	0.165	0.009	5.17%
焦虑	0.294	0.271	0.023	7.86%	0.063	0.086	0.023	36.68%	0.087	0.074	0.013	15.48%	0.139	0.149	0.010	7.19%
无助	0.147	0.160	0.013	8.89%	0.101	0.088	0.013	12.94%	0.114	0.081	0.033	28.78%	0.365	0.398	0.033	8.99%
蔑视	0.182	0.164	0.018	9.71%	0.057	0.075	0.018	31.02%	0.049	0.068	0.019	38.78%	0.107	0.092	0.015	14.38%
轻松	0.049	0.064	0.015	30.61%	0.129	0.144	0.015	11.38%	0.069	0.080	0.011	16.33%	0.087	0.071	0.016	18.39%
愉悦	0.097	0.111	0.014	14.63%	0.121	0.114	0.007	5.79%	0.012	0.011	0.001	8.33%	0.088	0.084	0.004	4.02%
情感	无助				蔑视				轻松				愉悦			
	预测值	实测值	绝对误差	相对误差	预测值	实测值	绝对误差	相对误差	预测值	实测值	绝对误差	相对误差	预测值	实测值	绝对误差	相对误差
愤怒	0.039	0.051	0.012	30.77%	0.142	0.100	0.042	29.69%	0.001	0.001	0.000	0.00%	0.001	0.001	0.000	0.00%
惊奇	0.134	0.128	0.006	4.43%	0.152	0.169	0.017	11.18%	0.046	0.038	0.008	17.27%	0.135	0.132	0.003	2.22%
恐惧	0.214	0.221	0.007	3.17%	0.001	0.001	0.000	0.00%	0.04	0.036	0.004	9.83%	0.001	0.001	0.000	0.00%
焦虑	0.237	0.237	0.000	0.11%	0.104	0.099	0.005	4.56%	0.075	0.083	0.008	10.66%	0.001	0.001	0.000	0.00%
无助	0.103	0.084	0.019	18.86%	0.126	0.138	0.012	9.52%	0.043	0.050	0.007	16.28%	0.001	0.001	0.000	0.00%
蔑视	0.085	0.085	0.000	0.15%	0.154	0.142	0.012	7.79%	0.254	0.251	0.003	1.18%	0.112	0.123	0.011	10.00%
轻松	0.1	0.101	0.001	0.60%	0.216	0.211	0.005	2.19%	0.115	0.101	0.014	12.61%	0.244	0.258	0.014	5.94%
愉悦	0.012	0.016	0.004	33.33%	0.188	0.182	0.006	3.28%	0.317	0.319	0.002	0.66%	0.165	0.163	0.002	1.26%

4.5 适应情感多模式划分的驾驶人意图特征提取及辨识

现有驾驶意图辨识模型在某种程度上体现了驾驶人的人类智能，但由于缺失与驾驶情感有关的重要特征，不能反映真实驾驶人行为决策的实际效能。鉴于此，本节运用粗糙集理论和 BP 神经网络构建不同情感模式下的驾驶意图特征提取及辨识模型，研究不同情感模式下驾驶意图的准确识别方法。

4.5.1 模型构建与数据采集

1. 基于粗糙集理论的驾驶意图特征提取

粗糙集理论是关于不精确、不相容、不完备数据处理的数学理论，该理论对归纳机器学习的最大贡献在于属性的独立约简，通过属性降维处理在很大程度上减轻"维数灾难"带来的影响，促进高维数据的分类，是一种有效的特征提取算法。驾驶意图特征提取实质上是一个属性约简问题。根据粗糙集理论，信息系统 S 可以表示为有序四元组 $S = \{U, A, V, f\}$，其中 $U = \{x_1, x_2, \cdots, x_n\}$ 为全体样本集合；A 为有限个属性集

合，A 可进一步划分为两个互相独立的子集，即 $A = C \cup D$，$C \cap D \neq \varnothing$，$C$ 为条件属性集，D 为决策属性集。V 是属性值域；f 是 V 和 A 的关系集。设 R 是 U 上的等价关系，记为：$Ind(R) = \{(x,y) \in U^2 | \forall r \in A, f(x,r) = f(y,r)\}$，称 $U / Ind(R)$ 为 U 的划分。$R_{-}(X) = \{x \in U : Ind(R) \subseteq X\}$ 为 X 的下近似集，$R^{-}(X) = \{x \in U : Ind(R) \cap X \neq \varnothing\}$ 为 X 的上近似集。$Pos_R(X) = R_{-}(X)$ 为 X 的 R 正域，$Neg_R(X) = U - R_{-}(X)$ 为 X 的 R 负域，如果存在属性 $r \subseteq R$，满足 $Ind(R) = Ind(R) - \{r\}$，则 r 是 R 中可被约简的属性；如果 $P = Ind(R) - \{r\}$ 是独立的，则 P 是 R 的一个约简，记为 $\text{Re}d(P)$。

对于驾驶意图识别而言，人-车-环境信息系统知识库中不同知识（属性）作用不同，有些知识可能是冗余的，属性约简就是在保持知识库分类能力不变的条件下，删除不相关或不重要的属性。利用粗糙集理论的驾驶意图特征提取算法为：①确定条件属性集 $C = \{r_1, r_2, \cdots, r_n\}$ 和决策属性集 $D = \{y_1, y_2, \cdots, y_m\}$；②计算 D 的 C 正域 $PosC(D)$；③从 C 剔除冗余属性 r，$\tilde{C} = C - \{r\}$；④计算 D 的 $\tilde{C}$ 正域 $Pos\tilde{C}(D)$；⑤若 $Pos\tilde{C}(D) = PosC(D)$，则去除 r，反之保留 r；⑥按照上述步骤遍历所有属性，输出条件属性集对决策属性集的一个相对约简。知识相对约简结果不是唯一的，所有约简集合的交集成为 C 的 D 核，记为 $Core_D(C) = \cap \text{Re}d(P)$。$Core_D(C)$ 包含的所有属性可构成驾驶意图特征向量。

2. 基于 BP 神经网络的驾驶意图辨识模型

BP 神经网络是一种按误差逆传播算法训练的多层前馈网络，它的学习规则是使用梯度下降法，通过反向传播来不断调整网络的权值和阈值，使网络的误差平方和最小。BP 神经网络能学习和存储大量的输入-输出模式映射关系，在系统辨识领域应用广泛。神经网络的基本组成单元是神经元，如图 4-38 所示，$(x_1, x_2, \ldots, x_n)$ 是神经元输入信号，$(w_1, w_2, \ldots, w_n)$ 为各输入信号值与神经元间的权重。神经元接纳外来输入信号，并与各权值相乘累计求和，即 $\sum_{j=1}^{n} w_j x_j$；将求得的加权值和与网络层间阈值 θ 相减，再传递结果给 $f(u)$，最后输出。其中，$f(u)$ 是传递函数，一般为 sigmoid 函数：$f(u) = \dfrac{1}{1 + e^{-u}}$。因此，将多个外部输入处理得到相应输出便是神经元的作用。

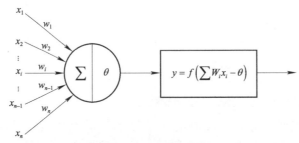

图 4-38 神经元模型

神经网络是一个并行和分布式的信息处理网络结构，它一般由许多个神经元组成，每个神经元只有一个输出，它可以连接到很多其他的神经元，每个神经元输入有多个连接通路，每个连接通路对应于一个连接权系数。图 4-39 所示为 BP 神经网络结构模型，图中 W_{ij}、W_{jk}

分别为输入层与隐藏层、隐藏层与输出层之间的连接加权系数。

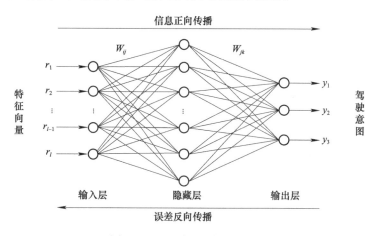

图 4-39　BP 神经网络结构模型

BP 神经网络通过学习不断地调整权值和阈值,直到总误差函数满足精度要求,学习结束,分类器形成。图 4-40 所示为 BP 神经网络算法流程。

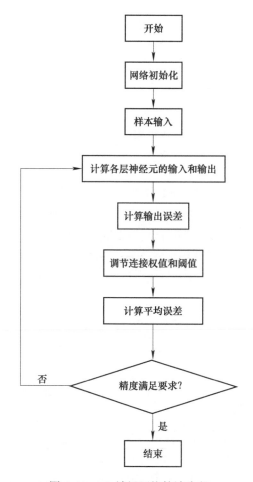

图 4-40　BP 神经网络算法流程

本节所选用的 BP 神经网络是标准的 3 层神经网络，输入层是通过粗糙集理论确定的不同情感模式下的驾驶意图特征向量，输出层是跟驰状态的三种驾驶意图；隐藏层节点数根据经验公式 $n' = \sqrt{n_l + m} + \alpha$ 和 $n' = \log_2 n_l$（其中 n_l、m 为输入、输出神经元数目，α 为 $1 \sim 10$ 之间的常数）以及网络学习情况确定。采用 S 型函数 $f(x) = \dfrac{1}{1+e^{-\theta x}}$ 为网络神经元的激励函数，其中参数 θ 越大，收敛速度慢；θ 越小收敛速度快，但容易产生振荡。由于系统是非线性的，初始权值对于学习是否达到局部最小，是否能够收敛以及训练时间的长短关系很大。一般希望经过初始加权后的每个神经元的输出值都接近于零，这样可以保证每个神经元的权值都能够在 S 型激活函数变化最大之处进行调解。网络的初始权值设置在 [0,0.1] 之间，初始阈值设置在 [0,0.2] 之间。

3. 驾驶意图识别过程

应用粗糙集理论提取不同情感模式驾驶意图的特征向量，并将其输入基于 BP 神经网络构建的驾驶意图辨识模型，实现不同驾驶情感模式下驾驶人意图的识别，如图 4-41 所示。

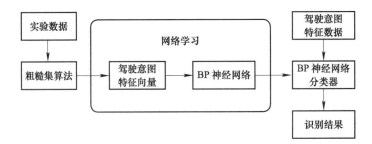

图 4-41　基于粗糙集理论和 BP 神经网络的驾驶意图识别框架图

4. 数据采集

按照第 3 章所述实验方法，组织 62 名驾驶人进行驾驶实验，每次实验分别激发愤怒、惊奇、恐惧、焦虑、无助、蔑视、轻松、愉悦 8 种情感，获得 8 组实验数据。筛选情感激发有效片段，从中统计情感 - 意图组合单元，每个数据单元对应一种情感 - 意图组合及相应的行车数据。实车、虚拟驾驶实验分别获得 3968、8024 个有效情感 - 意图组合单元，这些数据共同组成原始测试数据库。限于篇幅本节只列举部分实验数据，详见表 4-26 和表 4-27。

表 4-26　实验获取变量及符号

变量	符号	变量	符号	变量	符号
性别	G	期望间距 /m	d_e	目标车加速度 / (m/s²)	a_1
年龄 / 岁	A	转向盘转向力度 /N	S_N	前车速度 / (km/h)	v_2
驾龄 / 年	D_A	加速踏板平均深度	T_a	前车加速度 / (m/s²)	a_2
驾驶倾向	T	制动踏板平均深度	T_b	目标车加速度变化率 / (m/s³)	Δa_1
情感状态	Em	加速力度 /N	N_a	前车加速度变化率 / (m/s³)	Δa_2
意图	It	制动力度 /N	N_b	相对速度 / (km/h)	v_r
操作反应时间 /s	O_t	制动频率 /（次 /min）	f_b	相对加速度 / (m/s²)	a_r
期望车速 / (km/h)	v_e	目标车速度 / (km/h)	v_1	前后车间距 /m	d

表 4-27 部分实验数据

编号	实验数据									
1	G: 男	A: 27	D_A: 4.9	T: 外倾型	Em: 愤怒	It: 加速跟驰	O_t: 1.008	v_e: 55		
	d_e: 16	S_N: 16.5	T_a: 0.32	T_b: 0.037	N_a: 50.4	N_b: 51.8	f_b: 5	v_1: 57.6		
	a_1: −0.132	v_2: 48.4	a_2: 0.122	Δa_1: −0.045	Δa_2: 0.011	v_r: 9.2	a_r: −0.254	d: 14.2		
2	G: 女	A: 28	D_A: 3.2	T: 内倾型	Em: 恐惧	It: 减速跟驰	O_t: 1.231	v_e: 45		
	d_e: 20	S_N: 19.7	T_a: 0.14	T_b: 0.088	N_a: 42.4	N_b: 45.8	f_b: 8	v_1: 43.7		
	a_1: −0.289	v_2: 45.8	a_2: −0.158	Δa_1: −0.032	Δa_2: −0.013	v_r: −2.1	a_r: 0.131	d: 18.9		
⋮										
i	G: 女	A: 32	D_A: 5.7	T: 外倾性	Em: 蔑视	It: 保持车速跟驰	O_t: 1.189	v_e: 45		
	d_e: 20	S_N: 18.4	T_a: 0.18	T_b: 0.021	N_a: 40.1	N_b: 41.4	f_b: 4	v_1: 46.5		
	a_1: 0.012	v_2: 48.2	a_2: −0.096	Δa_1: 0.009	Δa_2: 0.083	v_r: −1.7	a_r: 0.107	d: 18.1		
⋮										
$n-1$	G: 男	A: 53	D_A: 16.8	T: 中倾型	Em: 愉悦	It: 加速跟驰	O_t: 1.168	v_e: 50		
	d_e: 18	S_N: 17.4	T_a: 0.025	T_b: 0.011	N_a: 45.2	N_b: 46.5	f_b: 4	v_1: 48.8		
	a_1: 0.287	v_2: 50.3	a_2: 0.086	Δa_1: 0.024	Δa_2: 0.053	v_r: −1.5	a_r: 0.021	d: 18.4		
n	G: 男	A: 34	D_A: 6.3	T: 中倾型	Em: 焦虑	It: 保持车速跟驰	O_t: 1.014	v_e: 55		
	d_e: 16	S_N: 16.3	T_a: 0.34	T_b: 0.065	N_a: 49.2	N_b: 50.5	f_b: 9	v_1: 49.7		
	a_1: 0.013	v_2: 43.8	a_2: −0.25	Δa_1: −0.039	Δa_2: −0.047	v_r: 5.9	a_r: 0.263	d: 14.6		

表 4-28 列举了实车和虚拟驾驶实验数据所包含的 8 种情感数据样本量。

表 4-28 实验原始数据库的情感模式分布情况

	愤怒	惊奇	恐惧	焦虑	总计
实车驾驶实验数据	639	353	686	575	3968
	无助	蔑视	轻松	愉悦	
	294	310	492	619	
	愤怒	惊奇	恐惧	焦虑	总计
虚拟驾驶实验数据	1252	746	1388	1340	8024
	无助	蔑视	轻松	愉悦	
	626	578	1067	1027	

4.5.2 特征提取与模型标定

1. 特征提取

在实验获取的变量中，驾驶人性别、驾驶倾向性、意图、情感状态为属性变量，其他变量为数量变量。为满足建模要求，本节将属性变量编码处理为虚拟变量，利用最小信息熵方法将数量变量编码处理为离散变量。经典粗糙集特征提取算法直观、易于理解，但该类算法是一个组合爆炸问题，属性搜索时间、空间代价较高，本节驾驶意图的属性约简运算采用启发式贪心算法。针对每一类情感-意图数据利用特征提取算法进行处理，最终获得 8 种驾驶情感模式下的汽车驾驶人意图特征向量（表 4-29）。

表 4-29　不同情感模式下的驾驶意图特征提取结果

情感模式	驾驶意图特征向量	情感模式	驾驶意图特征向量
愤怒	$R_1=\{G,a_1,d_e,v_1,d\}$	无助	$R_5=\{G,D_A,d,a_1,v_1,v_2\}$
惊奇	$R_2=\{D_A,T,v_1,v_r,a_r,d\}$	蔑视	$R_6=\{T,a_r,v_1,v_e,d,d_e\}$
恐惧	$R_3=\{G,A,d,v_e,f_b,v_1\}$	轻松	$R_7=\{G,D_A,a_1,v_e,d_e,v_1,d\}$
焦虑	$R_4=\{T,v_1,S_N,f_b,v_r,O_t\}$	愉悦	$R_8=\{A,O_t,a_1,v_e,d_e,v_1,v_2,d\}$

驾驶情感对驾驶人认知、决策等过程具有重要的调节作用，这种作用表现在对其行为选择和表现的影响上。在愤怒情感状态下，驾驶人处于较为亢奋状态，具有较强的自我保护和释放压力的意识，行为表现较为激进，往往选择较小车间距离和较高车速，加速度波动较大。惊奇是一种简短且极易向其他情感转化的情感。在惊奇情感状态下，驾驶人意识往往会出现短暂的游离，注意力不能集中，行为选择没有条理，在车辆跟驰过程中对前车和自身车辆的相对运动状态的认知容易产生偏差。在恐惧情感状态下，驾驶人趋向于选择更加安全的车间距离以及更慢的行车速度，但还会保持尽快摆脱当前交通态势的欲望。在焦虑情感状态下，驾驶人的行为表现较为激进，且车辆运行极不稳定，车辆运行速度、加速度、前后车间距会在一定范围内持续波动。在无助情感状态下，驾驶人往往不能很好地将车辆行驶速度、车间距离控制在安全合理的范围内，行为表现畏首畏尾，对交通态势把控能力较弱，且易受外界环境影响。在蔑视情感状态下，驾驶人处于一种充满优越感、自我感觉良好的心理状态，行为表现具有很强的自我意识。轻松和愉悦是两种积极情感，在这两种情感状态下，驾驶人往往会选择安全、合理的车间距离和行车速度，车辆运行较为稳定，加速度波动较小。但是相对于轻松情感，愉悦的兴奋度较高，在愉悦情感状态下，驾驶人行为表现相对激进。另外，性别、年龄、驾龄和驾驶倾向等对不同情感下的驾驶人行为方式也存在显著影响。就性别而言，同一情感对男性和女性驾驶人会产生不同的影响效果。就年龄和驾龄而言，驾驶人随着年龄和驾龄的增加，对情感的把控能力会增强。不同驾驶倾向的驾驶人在不同情感作用下的行为表现也存在显著差异，如外倾性驾驶人即使在轻松、愉悦等积极情感状态下的行为表现依然比较激进，而内倾型驾驶人在愤怒情感状态下的行为表现相对于外倾性驾驶人会相对柔和。

2. 模型标定

根据不同情感模式汽车驾驶人意图特征提取结果，将驾驶意图特征向量作为输入层、相应驾驶意图类型作为输出，进行 BP 神经网络学习。通过学习 BP 神经网络不断调整权值和阈值，直到总误差函数满足精度要求，达到预期效果，最终形成不同情感模式下的汽车驾驶人意图辨识模型。针对 8 种情感 - 意图数据，分别从实车、虚拟驾驶数据中随机抽取 80% 的样本量构成 BP 神经网络学习数据库，其中愤怒、惊奇、恐惧、焦虑、无助、蔑视、轻松、愉悦情感数据抽取样本量分别为 1512、879、1659、1532、736、710、1559、1317。在网络训练参数方面，误差门限取为 $1×10^{-3}$，学习率取为 0.5，当与目标向量的误差达到误差门限时，网络学习完成。利用 MATLAB 软件进行 BP 神经网络学习，经过学习网络误差均收敛于门限值，图 4-42 列举了 8 种情感模式下 BP 神经网络学习的误差曲线。

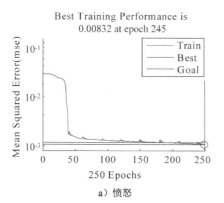

a)愤怒

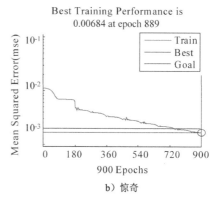

b)惊奇

c)恐惧

d)焦虑

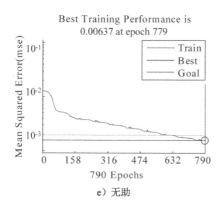

e)无助

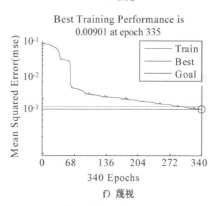

f)蔑视

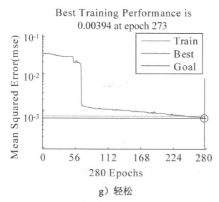

g)轻松

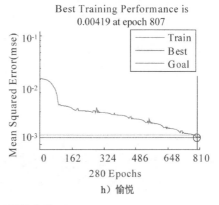

h)愉悦

图 4-42　BP 神经网络学习误差曲线

结合隐含层节点数经验公式与 BP 网络学习情况，最终确定愤怒、惊奇、恐惧、焦虑、无助、蔑视、轻松、愉悦情感对应的网络隐含层节点数分别为 12、13、11、12、13、12、10、12。

4.5.3 测试验证

1. 实车实验验证

从实车驾驶实验数据中抽取 BP 网络学习数据后，剩余 8 种情感-意图数据分别构成驾驶意图辨识模型实车实验测试数据库。不同情感模式实车测试样本数据分布如图 4-43 所示。

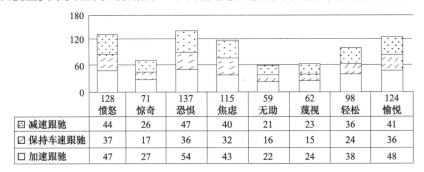

图 4-43　不同情感模式实车测试样本数据分布

将不同情感模式实车测试样本分别输入相应的 BP 神经网络模型，对模型进行实车验证。图 4-44 列举了通过实车测试样本数据获取的不同情感模式驾驶意图辨识准确率。

由图 4-44 可知，在愤怒情感模式下，模型的意图辨识准确率在 90% 以上；在恐惧、焦虑、蔑视、轻松、愉悦情感模式下，模型的意图辨识准确率保持在 85% 以上；在惊奇、无助情感模式下，模型的意图辨识准确率大于 75%。由此表明，本节所建驾驶意图辨识模型的准确度较高。在不考虑驾驶情感的情况下，运用粗糙集理论及 BP 神经网络分类器算法构建不考虑情感的驾驶意图特征提取及辨识模型。从 3968 组实车实验数据中随机抽取 3174 组数据进行模型学习，剩余数据进行模型验证。验证结果表明，该模型对加速跟驰、保持车速跟驰、减速跟驰三种意图的辨识准确率分别为 77.14%、73.21%、69.58%，而考虑情感的意图辨识模型对三种驾驶意图的辨识准确度的平均值分别为 86.69%、86.77%、85.66%，由此表明本节所建适应驾驶情感多模式划分的驾驶意图辨识模型合理有效。

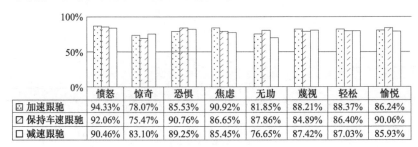

图 4-44　实车测试样本驾驶意图辨识准确率

2. 虚拟实验验证

从虚拟驾驶实验数据中抽取 BP 网络学习数据后,剩余 8 种情感 - 意图数据分别构成驾驶意图辨识模型虚拟实验测试数据库。不同情感模式虚拟测试样本数据分布如图 4-45 所示。

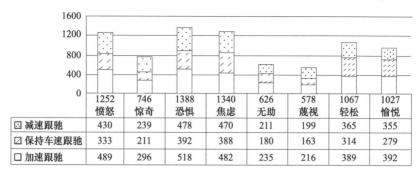

图 4-45　不同情感模式虚拟测试样本数据分布

将不同情感模式虚拟测试样本分别输入相应的 BP 神经网络模型,对模型进行模拟验证。图 4-46 直观地显示了通过虚拟测试样本数据获取的不同情感模式驾驶意图辨识准确率。

由图 4-46 可知,在愤怒、焦虑情感模式下,模型的意图辨识准确率在 90% 以上;在恐惧、轻松、愉悦情感模式下,模型的意图辨识准确率保持在 85% 以上;在惊奇、蔑视、无助情感模式下,模型的意图辨识准确率大于 75%。由此表明,本节所建驾驶意图辨识模型的准确度较高。在不考虑驾驶情感的情况下,构建不考虑情感的驾驶意图特征提取及辨识模型。从 8024 组虚拟实验数据中随机抽取 6419 组数据进行模型学习,剩余数据进行模型验证。验证结果表明,该模型对加速跟驰、保持车速跟驰、减速跟驰三种意图的辨识准确率分别为 80.33%、76.58%、77.36%,而考虑情感的意图辨识模型对三种驾驶意图的辨识准确度的平均值分别为 87.98%、86.95%、87.44%,由此表明本节所建考虑驾驶情感的意图辨识模型更合理有效。

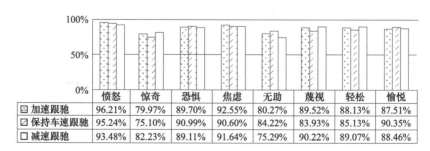

图 4-46　虚拟测试样本驾驶意图辨识准确率

3. 仿真实验验证

运用基于投影寻踪回归的车辆跟驰模拟系统进行仿真实验。以某目标车行驶情况为例,验证包括目标车速度、加速度和目标车与前车的车间距,结果如图 4-47 ~ 图 4-49 所示。其中,模拟 1 为未动态考量驾驶人情感的模型仿真结果,模拟 2 为考虑驾驶人情感时变规律并实时用于仿真过程的模型仿真结果。

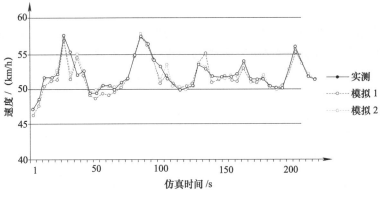

图 4-47 目标车速度的模型仿真结果（见彩插）

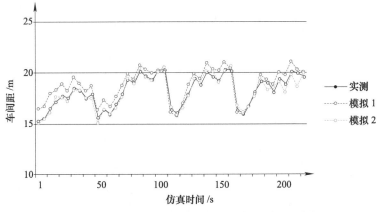

图 4-48 目标车与前车间距的模型仿真结果（见彩插）

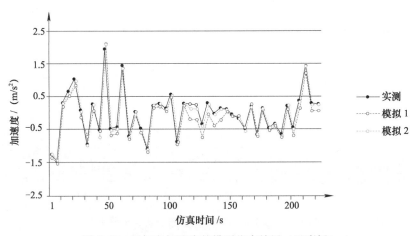

图 4-49 目标车加速度的模型仿真结果（见彩插）

仿真验证结果表明，考虑汽车驾驶人情感特性的仿真模型能够更精确地模拟驾驶人行为，适用度更高。仿真结果间接证明了本节驾驶意图辨识模型的有效性。

充分认识情感在驾驶人行为决策链中的影响作用，对于驾驶行为研究具有重要意义。本节在正确认识不同情感模式驾驶人行为差异性的基础上，运用粗糙集理论和 BP 神经网络分类器，针对 8 种情感模式分别构建驾驶意图特征提取及辨识模型，并通过实车、模拟和仿真实验验证了模型的准确性和可靠性。粗糙集理论是处理不精确、不一致、不完整等不完备信息的有效工具，具有不需要先验知识、适用性强等诸多优点；BP 网络能学习和存储大量的输入 - 输出模式映射关系，而无需事前揭示描述这种映射关系的数学方程。本节运用粗糙集理论和 BP 神经网络模型构建驾驶意图特征提取及辨识模型，并取得较好的辨识结果。研究结果表明，不同情感模式下的驾驶意图识别存在一定差异，这种差异主要表现在意图特征向量的复杂度及识别准确度上。例如，在愤怒情感模式下，驾驶意图特征向量为 5 个维度，意图识别准确度可保持在 90% 以上；在无助情感模式下，驾驶意图特征向量为 6 个维度，而意图识别准确度却很难达到 90%。造成上述差异的主要原因是不同情感模式下驾驶人行为表现的差异性，实现对汽车驾驶人意图准确、高效识别，必须充分认识上述差异，摒弃情感和意图相互孤立的研究思路。

本章基于模糊综合评价方法和 PAD 情感模型建立了汽车驾驶人情感动态特征提取及辨识模型，实现了汽车驾驶人情感动态特征提取及辨识；并基于结构方程模型构建驾驶意图的情感效应模型，深入分析不同情感对驾驶意图的影响作用；其次，基于贝叶斯网络模型构建不同情感状态驾驶意图的涌现模型，运用贝叶斯推理详细论述情感影响的驾驶意图涌现规律；再次，在充分认识人类情感时变特性的基础上，研究汽车驾驶人内在微观心理特性（情感、意图）的演进机制，运用 HMM 构建驾驶情感 - 意图双重状态转移链，深入分析情感演变所激发的驾驶意图转移规律；最后，考虑时变情感对驾驶意图的影响作用，运用粗糙集理论、BP 神经网络分类器，针对 8 种情感模式分别构建驾驶意图特征提取及辨识模型。研究不同情感模式下驾驶意图的准确识别方法。本篇综合使用实车实验、虚拟实验和仿真实验方法对所建模型进行了验证。验证结果表明本篇所建模型合理、有效。

第 5 章 双车道环境汽车驾驶人意图的情感指引机制及辨识方法

本章以"双车道环境中汽车驾驶人意图的情感指引机制"为核心问题,并依据第 2 章和第 3 章的研究内容,采集驾驶人情感 - 意图相关数据。基于此,研究双车道环境汽车驾驶人意图的情感指引机制及辨识方法。首先,从情感 - 意图作用机理出发,采用免疫算法得到驾驶人在不同情感状态下意图的概率分布,并对汽车驾驶人意图的情感触发效应进行深入分析;其次,利用神经网络,构建不同情感状态驾驶人意图涌现规律分析模型,深入探讨不同情感状态下驾驶意图的涌现规律;然后,运用 HMM 推演驾驶人情感 - 意图双重状态转移链,解析双车道环境中情感演变所激发的意图转移规律;最后,基于 SVM 理论,建立汽车驾驶人意图辨识模型,实现驾驶意图的准确辨识。

5.1 驾驶人意图的情感触发效应分析

正确认识汽车驾驶人情感-意图作用的微观机理,是实现驾驶意图准确辨识的重要前提。本节从情感 - 意图作用机理出发,采用免疫算法得到驾驶人在不同情感状态下意图的概率分布,并对汽车驾驶人意图的情感触发效应进行深入分析。

5.1.1 基于免疫算法的情感触发效应分析模型

基于信息熵的免疫遗传算法利用了免疫算法免疫记忆、自我调节和多样性保持的优点,并用信息熵表示抗体之间的亲和度和浓度,通过促进或抑制抗体的产生,反映其自我调节功能。算法流程图如图 5-1 所示。

设抗体数量为 n，且每个抗体上基因数量为 m（图5-2）。用 S 表示每一个基因位上的字符集的大小（本节选用二进制编码，其字符集为 $\{0,1\}$，$S=2$；用 $H_j(\eta)$ 表示第 j 个基因的信息熵，其中 η 为比较基参数，$\eta=2,3,\cdots,n$。$H_j(\eta)$ 可由式（5-1）得出：

$$H_j(\eta)=-\sum_{i=1}^{S}p_{ij}\log p_{ij} \qquad (5\text{-}1)$$

式中，p_{ij} 为字符集中第 i 个字符出现在 j 个基因位上的概率，$p_{ij}=\dfrac{\text{基因位}j\text{上出现第}i\text{个字符的总个数}}{\eta}$，$(i=1,2)$。

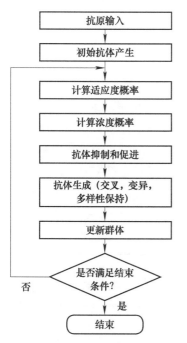

图5-1 基于信息熵的免疫算法流程

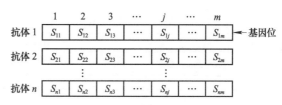

图5-2 抗体的字符集编码

抗体多样性的平均信息熵 $H(\eta)$ 为

$$H(\eta)=\frac{1}{m}\sum_{j=1}^{m}H_j(\eta) \qquad (5\text{-}2)$$

本节取 $\eta=2$，抗体 u 和 v 的亲合度为

$$A_{uv}=\frac{1}{1+H(2)} \qquad (5\text{-}3)$$

抗体 j 的浓度为

$$d_i=\frac{\text{与抗体}i\text{亲和度大于}\lambda\text{的抗体数}}{n} \qquad (5\text{-}4)$$

式中，λ 表示亲合度常数，取 $0.95\leqslant\lambda<1$。

抗体 i 的选择概率 p_i 为

$$p_i = \alpha p_{fi} + (1-\alpha) p_{di} \quad (5-5)$$

式中，α 是常数调节因子；p_{fi} 为适应度概率，$p_{fi} = \dfrac{f_i}{\sum\limits_{i=1}^{n} f_i}$，$f_i$ 为抗体适应度，即抗原与抗体的匹配程度；p_{di} 为浓度抑制概率，$p_{di} = \mathrm{e}^{d_i}$。

因此抗体 i 的选择概率 p_i 为

$$p_i = \alpha \dfrac{f_i}{\sum\limits_{i=1}^{n} f_i} + (1-\alpha) \times \mathrm{e}^{-d_i} \quad (5-6)$$

通过对双车道环境中的车辆行驶状态分析，将驾驶意图分为保持车速直行（I1）、加速直行（I2）、减速直行（I3）、保持车速换道（I4）、加速换道（I5）、减速换道（I6）、停车（I7）7 种类型，采用 3.3 节选取的愤怒（Em_1）、惊奇（Em_2）、恐惧（Em_3）、焦虑（Em_4）、无助（Em_5）、蔑视（Em_6）、轻松（Em_7）、愉悦（Em_8）8 种驾驶情感用于本节研究。将驾驶人情感视为抗原，驾驶意图视为抗体，基于免疫算法建立汽车驾驶人意图的情感触发效应分析模型（图 5-3）。通过对驾驶人特性、车辆、环境等因素分析，实验过程的视频回放，驾驶人询问等方法对驾驶人意图进行综合评价，并对双车道环境中每种驾驶意图在不同情感状态下的适应度进行打分，适应度越大，分值越高，结合上述计算方法最终获得驾驶人在某情感状态下不同意图出现的概率。

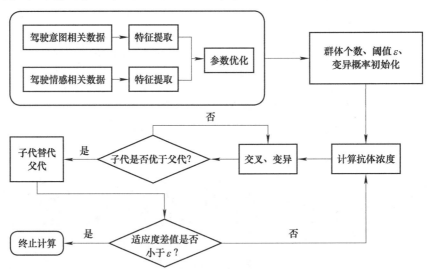

图 5-3 基于免疫算法的汽车驾驶人意图的情感触发效应分析模型

5.1.2 数据处理与参数标定

1. 数据处理

按照第 3 章的方法组织实车和虚拟驾驶实验，并统计不同汽车集群态势下 8 种情感与 7

种驾驶意图的情感-意图组合单元，每个数据单元对应一种情感-意图组合及相应的驾驶人特性、车辆、驾驶环境数据。实车、虚拟驾驶实验在每种车辆编组下分别获得9384、77261个情感-意图有效组合单元，这些数据共同组成原始数据库。部分实验数据见表5-1和表5-2。

表5-1 实验变量及符号

变量	符号	变量	符号	变量	符号
性别	G	操作反应时间/ms	O_t	目标车加速度/(m/s²)	a
年龄/岁	A	目标车加速频率/(次/min)	f_a	目标车加速度干扰/(m/s²)	σ
驾驶里程/km	D_A	目标车减速频率/(次/min)	f_b	目标车与道路中心线的距离/m	d_1
情感状态	Em	目标车换道频率/(次/min)	f_c	干扰车i的速度/(km/h)	v_i
意图	It	加速踏板平均深度	T_a	干扰车i的加速度/(m/s²)	a_i
意志	E	制动踏板平均深度	T_b	目标车与干扰车i的相对距离/m	$d_{c\text{-}i}$
驾驶倾向	D_s	目标车速度/(km/h)	v	可插车间隙	Δd
期望车速/(km/h)	v_e	转向盘平均转角/(°)	w		
目标车与干扰车i的期望间距/m	$d_{e\text{-}i}$	转向盘平均转向力度/N	f_m		

注：干扰车为兴趣感应区域内直接影响目标车行驶的车辆，i为干扰车的编号，$i=1,2,\cdots,8$。

表5-2 部分实验数据

编号	实验数据										
1	G: 男	A: 26	D_A: 11520	Em: 愉悦	It: 保持车速直行	E: 强	D_s: 普通型	v_e: 40	O_t: 1268	f_a: 13	f_b: 5
	f_c: 3	T_a: 0.24	T_b: 0.089	w: 35.9	f_m: 20.8	v: 35.63	a: 0.31	σ: 2.31	d_1: 4.52	$d_{c\text{-}1}$: 13.3	$d_{c\text{-}2}$: 15
	$d_{c\text{-}3}$: 5	$d_{c\text{-}4}$: 16	v_1: 40.21	v_2: 36.54	v_3: 35.44	v_4: 32.11	a_1: 0.10	a_2: 0.11	a_3: 0	a_4: −0.13	$d_{e\text{-}1}$: 13
	$d_{e\text{-}2}$: 8	$d_{e\text{-}3}$: 6	$d_{e\text{-}4}$: 8	Δd: 5	$v_e - v$: 4.37	$d_{e\text{-}1} - d_{c\text{-}1}$: −0.3	$d_{e\text{-}2} - d_{c\text{-}2}$: −7	$d_{e\text{-}3} - d_{c\text{-}3}$: 1	$d_{e\text{-}4} - d_{c\text{-}4}$: −8		
2	G: 女	A: 28	D_A: 18165	Em: 恐惧	It: 减速直行	E: 中	D_s: 普通型	v_e: 30	O_t: 1151	f_a: 8	f_b: 9
	f_c: 2	T_a: 0.48	T_b: 0.158	w: 29.1	f_m: 17.6	v: 36.74	a: −1.58	σ: 1.59	d_1: 5.13	$d_{c\text{-}1}$: 15.2	$d_{c\text{-}2}$: 16.3
	$d_{c\text{-}3}$: 7.1	$d_{c\text{-}4}$: 10.2	v_1: 40.32	v_2: 36.43	v_3: 32.14	v_4: 35.11	a_1: 1.13	a_2: 1.32	a_3: 0.12	a_4: −1.25	$d_{e\text{-}1}$: 18
	$d_{e\text{-}2}$: 20	$d_{e\text{-}3}$: 10	$d_{e\text{-}4}$: 20	T: T_{16}	Δd: 3	$v_e - v$: −6.74	$d_{e\text{-}1} - d_{c\text{-}1}$: 2.8	$d_{e\text{-}2} - d_{c\text{-}2}$: 3.7	$d_{e\text{-}3} - d_{c\text{-}3}$: 2.9	$d_{e\text{-}4} - d_{c\text{-}4}$: 9.8	
n	G: 女	A: 35	D_A: 31570	Em: 轻松	It: 保持车速直行	E: 强	D_s: 保守型	v_e: 35	O_t: 1110	f_a: 12	f_b: 6
	f_c: 4	T_a: 0.59	T_b: 0.161	w: −35.1	f_m: 20.1	v: 31.05	a: 1.33	σ: 1.67	d_1: 4.33	$d_{c\text{-}1}$: 15.6	$d_{c\text{-}2}$: 18.7
	$d_{c\text{-}3}$: 8.2	$d_{c\text{-}4}$: 15.6	v_1: 38.31	v_2: 36.43	v_3: 32.65	v_4: 35.24	a_1: 2.05	a_2: 1.05	a_3: 0.15	a_4: 0.21	$d_{e\text{-}1}$: 15
	$d_{e\text{-}2}$: 20	$d_{e\text{-}3}$: 10	$d_{e\text{-}4}$: 20	T: T_{16}	Δd: 6	$v_e - v$: 3.95	$d_{e\text{-}1} - d_{c\text{-}1}$: −0.6	$d_{e\text{-}2} - d_{c\text{-}2}$: 1.3	$d_{e\text{-}3} - d_{c\text{-}3}$: 1.8	$d_{e\text{-}4} - d_{c\text{-}4}$: 4.4	

在上述变量中，G、A、D_A、It、E、Em为属性变量，其他变量为数量变量。为便于研究，本节将上述变量进行如下处理，见表5-3。

面向类脑智能汽车的驾驶人情感计算与意图辨识

表 5–3 相关变量设置情况

符号	属性	赋值	符号	属性	赋值	符号	属性	赋值	符号	属性	赋值
G_1	男	1	A_1	20～35	1	D_A^1	<10000	1	D_S^1	激进	1
			A_2	35～50	2				D_S^2	普通	2
G_2	女	2	A_3	50～65	3	D_A^2	≥10000	2	D_S^3	保守	3
E_1	强	1	$It1$	保持车速直行	1	$It4$	保持车速换道	4	$It6$	减速换道	6
E_2	中	2	$It2$	加速直行	2						
E_3	弱	3	$It3$	减速直行	3	$It5$	加速换道	5	$It7$	停车	7
v_e^1	<40	1	d_{e-1}^1	<12	1	d_{e-2}^1	<10	1	d_{e-3}^1	<5	1
v_e^2	40～50	2	d_{e-1}^2	12～18	2	d_{e-2}^2	10～20	2	d_{e-3}^2	5～15	2
v_e^3	>50	3	d_{e-1}^3	>18	3	d_{e-2}^3	>20	3	d_{e-3}^3	>15	3
d_{e-4}^1	<12	1	d_{e-5}^1	<12	1	d_{e-6}^1	<10	1	d_{e-7}^1	<5	1
d_{e-4}^2	12～18	2	d_{e-5}^2	12～18	2	d_{e-6}^2	10～20	2	d_{e-7}^2	5～15	2
d_{e-4}^3	>18	3	d_{e-5}^3	>18	3	d_{e-6}^3	>20	3	d_{e-7}^3	>15	3
d_{e-8}^1	<12	1	O_t^1	<1.05	1	f_a^1	0～5	1	f_b^1	0～5	1
d_{e-8}^2	12～18	2	O_t^2	1.05～1.15	2	f_a^2	5～10	2	f_b^2	5～10	2
d_{e-8}^3	>18	3	O_t^3	>1.15	3	f_a^3	10～15	3	f_b^3	10～15	3
f_d^1	0～5	1	T_a^1	0～0.33	1	T_b^1	0～0.33	1	v^1	<40	1
f_d^2	5～10	2	T_a^2	0.33～0.66	2	T_b^2	0.33～0.66	2	v^2	40～50	2
f_d^3	10～15	3	T_a^3	0.66～1	3	T_b^3	0.66～1	3	v^3	>50	3
w^1	<20	1	f_m^1	<10	1	a^1	<-1	1	σ^1	0～1.5	1
w^2	20～40	2	f_m^2	10～20	2	a^2	-1～1	2	σ^2	1.5～3	2
w^3	>60	3	f_m^3	>20	3	a^3	>1	3	σ^3	3～4.5	3
d_1^1	<1	1	v_i^1	<40	1	a_i^1	<-1	1	d_{c-1}^1	<12	1
d_1^2	1～3.5	2	v_i^2	40～50	2	a_i^2	-1～1	2	d_{c-1}^2	12～18	2
d_1^3	>3.5	3	v_i^3	>50	3	a_i^3	>1	3	d_{c-1}^3	>18	3
d_{c-2}^1	<10	1	d_{c-3}^1	<5	1	d_{c-4}^1	<12	1	d_{c-5}^1	<12	1
d_{c-2}^2	10～20	2	d_{c-3}^2	5～15	2	d_{c-4}^2	12～18	2	d_{c-5}^2	12～18	2
d_{c-2}^3	>20	3	d_{c-3}^3	>15	3	d_{c-4}^3	>18	3	d_{c-5}^3	>18	3
d_{c-6}^1	<10	1	d_{c-7}^1	<5	1	d_{c-8}^1	<12	1	Em_1^1	愤怒（弱）	1
d_{c-6}^2	10～20	2	d_{c-7}^2	5～15	2	d_{c-8}^2	12～18	2	Em_1^2	愤怒（中）（中）	2
d_{c-6}^3	>20	3	d_{c-7}^3	>15	3	d_{c-8}^3	>18	3	Em_1^3	愤怒（强）	3
Em_2^1	惊奇（弱）	1	Em_3^1	恐惧（弱）	1	Em_4^1	焦虑（弱）	1	Em_5^1	无助（弱）	1
Em_2^2	惊奇（中）	2	Em_3^2	恐惧（中）	2	Em_4^2	焦虑（中）	2	Em_5^2	无助（中）	2
Em_2^3	惊奇（强）	3	Em_3^3	恐惧（强）	3	Em_4^3	焦虑（强）	3	Em_5^3	无助（强）	3
Δd^1	<5	1	Em_8^1	愉悦（弱）	1	Em_6^1	蔑视（弱）	1	Em_7^1	轻松（弱）	1
Δd^2	5～15	2	Em_8^2	愉悦（中）	2	Em_6^2	蔑视（中）	2	Em_7^2	轻松（中）	2
Δd^3	>15	3	Em_8^3	愉悦（强）	3	Em_6^3	蔑视（强）	3	Em_7^3	轻松（强）	3
d_{c-6}^1	<10	1	d_{c-7}^1	<5	1	d_{c-8}^1	<12	1	Em_1^1	愤怒（弱）	1

（续）

符号	属性	赋值	符号	属性	赋值	符号	属性	赋值	符号	属性	赋值
$d_{c-6}^{\ 2}$	10 ～ 20	2	$d_{c-7}^{\ 2}$	5 ～ 15	2	$d_{c-8}^{\ 2}$	12 ～ 18	2	$Em_1^{\ 2}$	愤怒（中）	2
$d_{c-6}^{\ 3}$	>20	3	d_{c-7}	>15	3	$d_{c-8}^{\ 3}$	>18	3	$Em_1^{\ 3}$	愤怒（强）	3
$Em_2^{\ 1}$	惊奇（弱）	1	$Em_3^{\ 1}$	恐惧（弱）	1	$Em_4^{\ 1}$	焦虑（弱）	1	$Em_5^{\ 1}$	无助（弱）	1
$Em_2^{\ 2}$	惊奇（中）	2	$Em_3^{\ 2}$	恐惧（中）	2	$Em_4^{\ 2}$	焦虑（中）	2	$Em_5^{\ 2}$	无助（中）	2
$Em_2^{\ 3}$	惊奇（强）	3	$Em_3^{\ 3}$	恐惧（强）	3	$Em_4^{\ 3}$	焦虑（强）	3	$Em_5^{\ 3}$	无助（强）	3
Δd^1	<5	1	$Em_8^{\ 1}$	愉悦（弱）	1	$Em_6^{\ 1}$	蔑视（弱）	1	$Em_7^{\ 1}$	轻松（弱）	1
Δd^2	5 ～ 15	2	$Em_8^{\ 2}$	愉悦（中）	2	$Em_6^{\ 2}$	蔑视（中）	2	$Em_7^{\ 2}$	轻松（中）	2
Δd^3	>15	3	$Em_8^{\ 3}$	愉悦（强）	3	$Em_6^{\ 3}$	蔑视（强）	3	$Em_7^{\ 3}$	轻松（强）	3

2. 参数标定

从上述数据库中选取 64000 组有效数据，亲合度常数 λ=0.95，调节因子 α=0.5，阈值 $\varepsilon=0.03$，在 Matlab7.8 环境下运行，本节仅列出辆编组 T1 中驾驶人在愤怒情感状态下不同意图出现概率和迭代过程，如图 5-4 和图 5-5 所示。

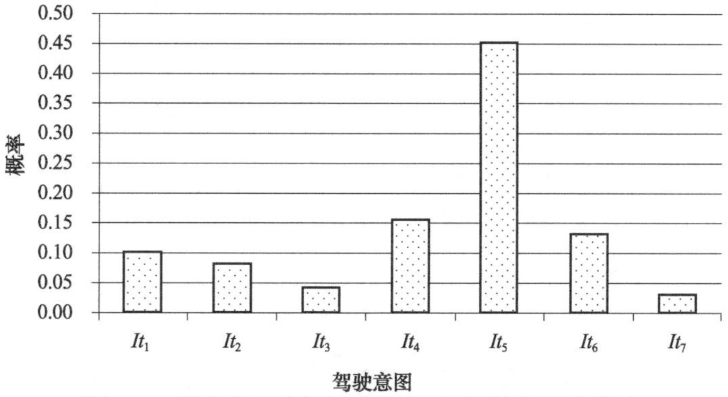

图 5-4　驾驶人在愤怒情感状态下不同意图出现概率

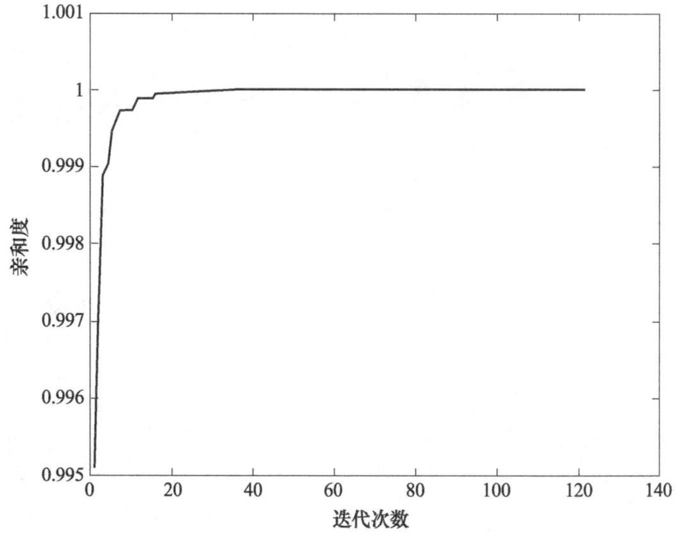

图 5-5　驾驶人在愤怒情感状态下意图出现迭代过程

5.1.3 模型评估与结果分析

1. 模型评估

从实验组数据中随机挑选 32000 组有效数据输入上述算法中,以算法输出概率最高的驾驶意图作为最终情感触发结果,并与视频回放及对驾驶人询问结果相对比,结果如图 5-6 所示。

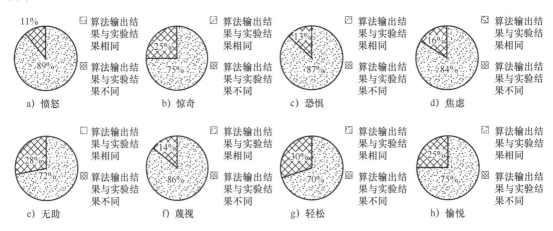

图 5-6 算法输出结果与实验结果对比图

由图 5-6 可知,将愤怒、惊奇、恐惧、焦虑、无助、蔑视、轻松、愉悦情感下驾驶人意图输出结果与实验结果相比,相同程度分别为 89%、75%、87%、84%、72%、86%、70%、75%。由此可以证明,本节所用算法可靠性较高。

2. 结果分析

为了更直观地表达不同车辆编组中驾驶情感对意图的影响作用,本节以柱状图的形式展示不同车辆编组中不同情感状态驾驶意图的概率分布,如图 5-7 所示。

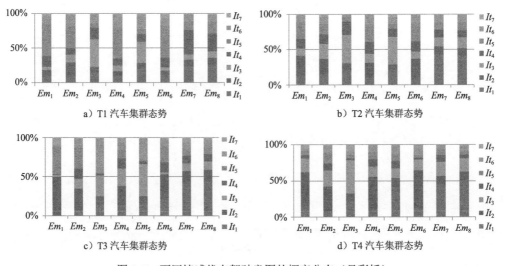

图 5-7 不同情感状态驾驶意图的概率分布(见彩插)

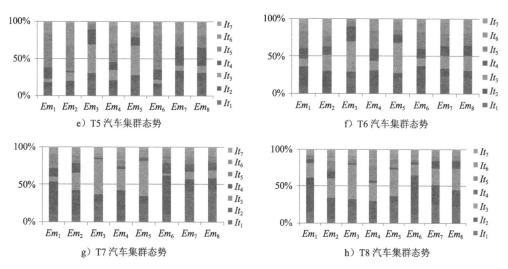

图 5-7 不同情感状态驾驶意图的概率分布（见彩插）（续）

通过上述分析可知，相同汽车集群态势下，驾驶人在不同情感状态下会产生不同的驾驶意图；不同车辆编组环境中，驾驶人在同一情感状态下也会产生不同意图。总体来看，在双车道环境中，驾驶人在愤怒情感状态下通常期望车速较大，与周围车的期望间距较小，在行车过程中的平均车速较高，行为决策表现更为激进，易加速或加速换道行驶。例如，在车辆编组 T1 中，加速换道意图的概率高达 0.453，即使这样的行为决策会显著增加行车安全风险，但驾驶人依然选择加速换道行驶。惊奇情感状态可增强驾驶人对未知事物探索的激情，驱使其尝试新鲜事物。因此，在此情感状态下的驾驶人容易频繁地加、减行车速度，并且换道频率较高，行驶状态不稳定。例如在车辆编组 T5 中，加速换道和减速换道意图的概率分别为 0.343、0.301。恐惧情感状态下的驾驶人，由于心理的恐慌而变得畏首畏尾，不敢冒进，行为决策表现更为保守。因此，在此情感状态下其期望车速较小，与周围车的期望间距较大，换道频率较小，倾向于选择更低的行车速度和与周围车保持安全间距。例如，在车辆编组 T8 中，减速直行意图的概率分别 0.462，虽然在此行驶环境中，目标车周围的车辆较少，安全风险相对较小，但是驾驶人仍然偏向于低速行驶。驾驶人在焦虑情感状态下，行驶过程中更容易频繁加减速、换道行驶，期望尽快改变周围交通态势。驾驶人在无助情感状态下，易产生孤独、没有依靠的感觉，因而在车辆行驶过程中期望车速和与周围车的期望间距较大，更倾向于选择较低的行车速度并与周围车保持安全间距。例如在车辆编组 T7 中，驾驶人意图通过降低速度与前车保持安全距离，其减速直行意图的概率为 0.408。蔑视情感状态下驾驶人具有自我优越感，即使在相对危险的环境中其行驶速度及换道频率也较大，易追求高速行驶。例如在车辆编组 T5 中其加速直行的概率高达 0.412。轻松、愉悦情感状态下的驾驶人，由于其心态平和，行驶过程中比较放松，因此即使在周围车辆较多的环境中其决策保持在一个相对稳定、合理的状态。例如在车辆编组 T7 中，驾驶人在轻松、愉悦情感状态下保持车速直行的概率均较高，其值分别为 0.41、0.432。

本节基于免疫算法建立汽车驾驶人意图的情感触发效应分析模型，对汽车驾驶人意图的情感作用效应进行深入研究。研究结果表明，相同汽车集群态势下，驾驶人在不同情感状态下会产生不同的驾驶意图；不同车辆编组环境中，驾驶人在同一情感状态下也会产生不同意图。

5.2 不同情感影响下驾驶人意图涌现规律

本节通过构建基于不同情感状态驾驶人意图涌现规律分析的神经网络模型，探讨情感对驾驶意图的影响作用及不同情感模式下驾驶人意图的涌现规律，并通过实验数据验证了模型的准确性。

5.2.1 基于前向神经网络的意图涌现规律辨识模型

神经网络由多个神经元组成。对于一个基本的神经元模型，设其输入为 $x_i(i=1,2,\cdots,n)$，输出为 y，则

$$y = f\left(\sum_{i=1}^{n} \omega_i x_i - \theta_i\right)$$

式中，ω_i 为本神经元与上一神经元的连接权值；θ_i 为阈值。

神经网络中各层间连接权值的调整方法称为学习算法。

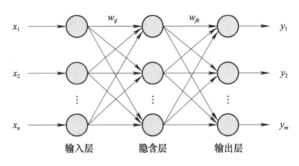

图 5-8　三层前向神经网络

图 5-8 为三层前向神经网络的结构图，包括输入层、隐含层和输出层三部分，其中 w_{ij}、w_{jk} 分别为输入层与隐含层、隐层与输出层之间的连接权值。本节将 sigmoid 函数作为神经元的变换函数，其表达式为

$$f(u) = \frac{1}{1+e^{-u}} \tag{5-7}$$

本节采用 B-P 算法对上述神经网络模型进行学习，并将实验数据作为训练样本，每一个训练样本包括输入样本和期望输出样本。通过网络学习之后，如果神经网络中的实际输出与期望输出相同，则训练结束；否则，修正连接权值继续进行训练，直到神经网络的实际输出和期望输出值相同为止。

选取恐惧、无助、轻松、愉悦、惊奇、焦虑、蔑视、愤怒 8 种驾驶情感用于本节研究。根据对双车道环境下车辆行驶状态分析结果,将驾驶意图分为保持车速直行(I1)、加速直行(I2)、减速直行(I3)、保持车速换道(I4)、加速换道(I5)、减速换道(I6)、停车(I7)7 种类型。本节将驾驶情感、汽车集群态势作为神经网络的输入参数,输出值为某驾驶意图在不同情感状态下出现的概率。根据第 3 章中的方法,驾驶情感用愉悦度、激活度以及优势度表示;汽车集群态势由目标车所在车道和相邻车道对目标车的作用力表示。利用 B-P 算法对三层前向神经网络模型进行学习,学习过程中驾驶意图概率的期望输出值通过对实验数据统计分析得到,学习过程如图 5-9 所示。

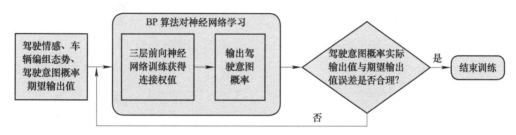

图 5-9 基于神经网络的驾驶意图分析模型

5.2.2 模型训练与结果分析

1. 模型训练

从每种驾驶意图所对应的数据中选取 2000 组有效数据,对神经网络进行学习。学习的目标误差为 10^{-10},循环次数为 1000 次。通过神经网络学习,7 种驾驶意图学习过程的误差曲线如图 5-10 所示。其中,横坐标为学习过程中的循环次数,纵坐标为学习过程中的误差值。误差值为每次循环过程中驾驶意图概率实际输出值与期望输出值的方差值之和。

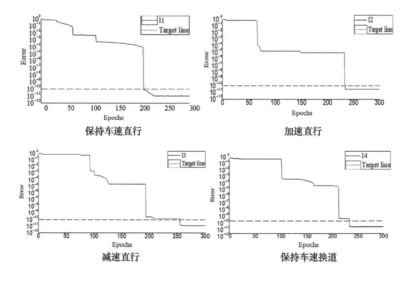

图 5-10 学习过程误差曲线

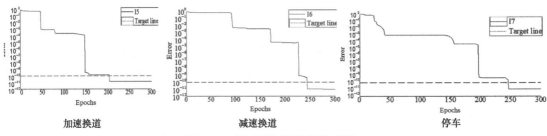

图 5-10　学习过程误差曲线（续）

从实验数据中抽取神经网络学习的数据，其余数据构成测试样本。从测试样本中选取 7000 组有效数据（在每种驾驶意图所对应的数据中选取 1000 组有效数据）对模型进行测试，并将每种驾驶意图的算法输出结果与实验结果进行对比，如图 5-11 所示。

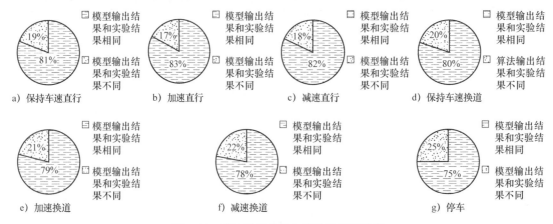

图 5-11　算法输出结果与实验结果对比图

图 5-12 所示为测试过程中神经网络误差曲线，测试目标误差为 10^{-10}，测试终止时实际误差为 1.14781×10^{-11}。

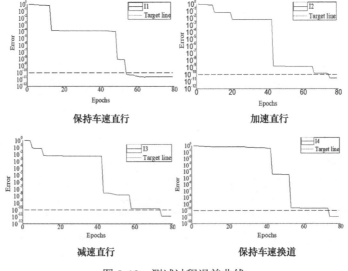

图 5-12　测试过程误差曲线

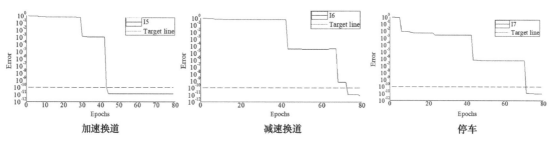

图 5-12 测试过程误差曲线（续）

通过比较图 5-10 和图 5-12 可看出，学习过程中需要至少 200 次循环才可达到期望的精度，而测试过程中到达期望精度时循环次数少于 80 次。综上所述，本节所建立的驾驶人意图涌现规律分析模型误差较小，可获得较为准确的结果。

2. 结果分析

本节以折线图（如图 5-13 所示，横坐标 1～8 分别表示恐惧、无助、轻松、愉悦、惊奇、焦虑、蔑视、愤怒情感，纵坐标表示驾驶意图产生概率）的形式表现驾驶意图在不同情感状态下的概率，从而更直观地表达不同情感影响的驾驶意图涌现规律。

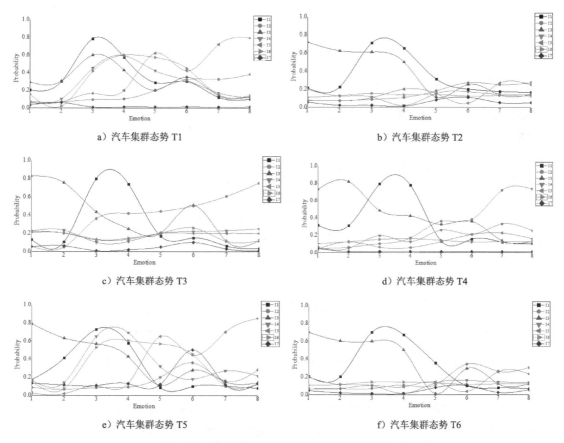

图 5-13 驾驶意图在不同情感状态下的概率分布

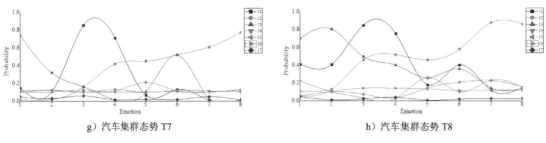

g）汽车集群态势 T7　　　　　　　　　h）汽车集群态势 T8

图 5-13　驾驶意图在不同情感状态下的概率分布（续）

通过上述方法对不同汽车集群态势下驾驶人意图的涌现规律研究可知，相同汽车集群态势环境中，驾驶意图在不同情感状态下的概率存在明显差异；不同车辆编组环境中，驾驶意图在相同情感下的概率也存在明显差异。例如在汽车集群态势 T1 中，驾驶人愤怒情感状态下加速换道意图产生的概率为 0.795，而在恐惧情感状态下加速换道意图产生的概率仅有 0.057。愤怒状态下的驾驶人在汽车集群态势 T2 中加速换道意图产生的概率为 0.247，明显小于同一情感状态驾驶人在汽车集群态势 T1 中加速换道意图产生的概率。总体来看，在双车道环境中，驾驶人在恐惧、无助情感状态下车速较小，与周围车的间距较大，倾向于选择更低的行车速度和与周围车保持安全间距，行为决策表现较为保守。驾驶人在轻松、愉悦的情感状态下，心态较为平和，行驶过程中比较放松，因此即使在周围车辆较多的环境中，其决策也保持在一个相对稳定、合理的状态。驾驶人在惊奇、焦虑情感状态下，易频繁加、减行车速度，换道频率较高，行驶状态不稳定。驾驶人在蔑视情感状态下易使人产生优越感，即使在相对危险的环境中其行驶速度及换道频率也较大，易追求高速行驶。驾驶人在愤怒情感状态下的行为决策较为激进，期望车速较大，与周围车的期望间距较小，在行车过程中的平均车速较高，易加速直行或加速换道行驶。

5.3　情感演变激发的驾驶人意图转移规律

驾驶人的情感易随驾驶环境的动态转变而发生演化，而驾驶人意图同样随情感及环境的实时变化而发生转移。本节建立基于情感演化的驾驶意图转移模型，揭示情感演变情况下驾驶意图的转移机制。

5.3.1　基于情感演化的驾驶意图转移模型

1. 模型构建

通过对双车道环境下车辆行驶状态分析，将驾驶意图分为保持车速直行（I_1）、加速直行（I_2）、减速直行（I_3）、保持车速换道（I_4）、加速换道（I_5）、减速换道（I_6）和停车（I_7）7 种类型，选取愤怒（Em_1）、惊奇（Em_2）、恐惧（Em_3）、焦虑（Em_4）、无助（Em_5）、蔑视（Em_6）、轻松（Em_7）和愉悦（Em_8）8 种驾驶情感用于本节研究。HMM 是一个双重随机过程，包括马尔可夫链和一般随机过程两部分。在本节所建立的模型中，马尔可夫链表示驾驶人情感的演化过程，并且驾驶人情感在某时刻的状态只和上一时刻有直接的关系；一般随机过程表示驾驶意图输出观察值的统计特征，驾驶意图在某时刻的输出观察值概率根据当前时刻情感状态来计算。

一个 HMM 可以用五元组 $\lambda = (Em, I, \pi, A, B)$ 来表示，各参数描述如下：

1）Em 为驾驶人情感状态集合，$Em = \{Em_1, Em_2, \cdots, Em_8\}$，马尔可夫链在 t 时刻的状态记为 x_t。

2）I 为一组可能的驾驶意图状态集合，$I = \{I_1, I_2, \cdots, I_7\}$，记 t 时刻驾驶意图状态为 y_t。

3）π 为初始驾驶情感概率分布矩阵，$\pi = \{\pi_1, \pi_2, \cdots, \pi_8\}$，$\pi_i = P(x_1 = Em_i)$，$i = 1, 2, \cdots, 8$，即 $t = 1$ 时，处于驾驶情感为 Em_i 的概率。

4）A 为情感状态转移概率矩阵，$A = (a_{ij})_{8 \times 8}$，$a_{ij} = P(x_{t+1} = Em_j | x_t = Em_i)$，$i, j = 1, 2, \cdots, 8$。$a_{ij}$ 为从 t 时刻状态 Em_i 转移到 $t+1$ 时刻状态 Em_j 的概率。

5）B 为给定情感状态下驾驶意图的概率分布矩阵，$B = (b_j(u_k))_{8 \times 7}$，$b_j(u_k) = P(y_k = u_k | x_k = Em_j)$，$j = 1, 2, \cdots, 8$，$k = 1, 2, \cdots, t, \cdots, L$。$b_j(u_k)$ 表示 k 时刻在 Em_j 状态输出相应驾驶意图 $y_k = u_k$ 的概率，其中 u_k 是 $I = \{I_1, I_2, \cdots, I_7\}$ 中某值。

假设驾驶情感的演变具有马氏性，并且在某一时刻驾驶意图只受到情感的影响作用，驾驶情感对意图的影响关系如图 5-14 所示。

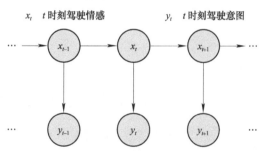

图 5-14 不同时刻驾驶情感对意图影响关系图

选取驾驶情感序列 $X(t)$：$x_1, x_2, \cdots, x_t$ 和驾驶意图序列 $Y(t)$：$y_1, y_2, \cdots, y_t$。因为选择的序列状态数据是有限状态，所以如果状态 x_{t+1} 和 y_{t+1} 没有被选取，则无法进行观测值 x_t 和 y_t 的转移计算。因此，在本节中计算某状态的概率时，序列容量被视为 $t-1$。

在驾驶情感序列 $x_1, x_2, \cdots, x_{t-1}$ 中，若有 N_i 个数据为 Em_i，则 Em_i 发生的概率为

$$a_i = \pi_i = \frac{N_i}{t-1} \quad (i = 1, 2, \cdots, 8) \tag{5-8}$$

如果 N_i 中有 N_{ij} 个数据在其下一个时刻转移到 Em_j，则从 Em_i 转移至 Em_j 的概率为

$$a_{ij} = \frac{N_{ij}}{N_i} \quad (i, j = 1, 2, \cdots, 8) \tag{5-9}$$

对于驾驶意图序列 $y_1, y_2, \cdots, y_{t-1}$，当车辆运行过程中驾驶人的情感从 Em_i 转移到 Em_j 时，驾驶意图 I_m 产生的概率 b_{ijm} 为

$$b_{ijm} = \frac{M_{ijm}}{N_{ij}} \quad (m=1,2,\cdots,7) \quad (5\text{-}10)$$

式中，M_{ijm} 为情感从 Em_i 演变至 Em_j 时，驾驶人意图 I_m 的数据个数；N_{ij} 为情感从 Em_i 演变至 Em_j 数据的个数。

在驾驶意图动态转移过程中，若 M_{ijm} 个驾驶意图数据中有 M_{ijmn} 个数据在下一个时刻转移至 I_n，则驾驶情感从 Em_i 演变至 Em_j 时，驾驶意图从 I_m 转移至 I_n 的概率 b_{ijmn} 为

$$b_{ijmn} = \frac{M_{ijmn}}{M_{ijm}} \quad (m,n=1,2,\cdots,7) \quad (5\text{-}11)$$

式中，M_{ijmn} 为驾驶情感从 Em_i 演变至 Em_j 时，驾驶意图从 I_m 转移至 I_n 的个数。

2. 模型训练

为更好地对隐马尔可夫转移模型进行训练，本节采用 Baum-Welch 估计算法对其进行参数选择和优化。给定前向变量 $\alpha_t(i)$ 和后向变量 $\beta_t(i)$：

$$\alpha_t(i) = P(u_1,u_2,\cdots,u_t; x_t = Em_i) \quad 1 \leq i \leq 8 \quad (5\text{-}12)$$

前向变量 $\alpha_t(i)$ 为，在 t 时刻驾驶情感为 Em_i，且观察 $k\,(k=1,2,\cdots,t)$ 时刻意图 $y_k\,(k=1,2,\cdots,t)$ 分别取 $u_k\,(k=1,2,\cdots,t)$（k 时刻 u_k 在 I 中某一取值）的概率。其中 $\alpha_1(i) = \pi_i b_i(u_1)$ 为 $t=1$ 时情感为 Em_i 且意图序列为 $y_1 = u_1$ 的概率。

$$\beta_t(i) = P(u_{t+1},u_{t+2},\cdots,u_L | x_t = Em_i) \quad 1 \leq i \leq 8,\ 1 \leq t \leq L-1 \quad (5\text{-}13)$$

后向变量 $\beta_t(i)$ 为，在 t 时刻，驾驶情感为 Em_i 时，且观察 $k(k=t+1,t+2,\cdots,L)$ 时刻驾驶意图 $y_k(k=t+1,t+2,\cdots,L)$ 分别取 $u_k(k=t+1,t+2,\cdots,L)$ 的概率。设 $\beta_L(i)$ 的初值为 1，即驾驶情感为 Em_i 时，观察 $t=L$ 时刻 $y_L = u_L$ 的概率，则此事件为必然事件。

根据驾驶情感在不同时刻对驾驶意图的影响作用，可得到 $\alpha_t(i)$ 和 $\beta_t(i)$ 的递推公式如下：

$$\begin{aligned}
\alpha_{t+1}(j) &= P(u_1,u_2,\cdots,u_{t+1};\ x_{t+1}=Em_j) \\
&= P(u_{t+1}|u_1,u_2,\cdots,u_t;\ x_{t+1}=Em_j) P(u_1,u_2,\cdots,u_t;\ x_{t+1}=Em_j) \\
&= P(u_{t+1}|u_1,u_2,\cdots,u_t;\ x_{t+1}=Em_j) \sum_{i=1}^{8} P(u_1,u_2,\cdots,u_t;\ x_t=Em_i) P(x_{t+1}=Em_j|x_t=Em_i) \\
&= P(u_{t+1}|u_1,u_2,\cdots,u_t;\ x_{t+1}=Em_j) \sum_{i=1}^{8} \alpha_t(i) a_{ij} \\
&= \left[\sum_{i=1}^{8} \alpha_t(i) a_{ij}\right] b_j(u_{t+1}) \quad 1 \leq j \leq 8,\ 1 \leq t \leq L-1
\end{aligned} \quad (5\text{-}14)$$

$$\begin{aligned}
\beta_t(i) &= P(u_{t+1}, u_{t+2}, \cdots, u_L | x_t = Em_i) = \sum_{j=1}^{8} P(u_{t+1}, u_{t+2}, \cdots, u_L; \ x_{t+1} = Em_j | x_t = Em_i) \\
&= \sum_{j=1}^{8} P(x_{t+1} = Em_j | x_t = Em_i) P(u_{t+1}, u_{t+2}, \cdots, u_L | x_t = T_i, x_{t+1} = Em_j) \\
&= \sum_{j=1}^{8} P(x_{t+1} = Em_j | x_t = Em_i) P(u_{t+1} | u_{t+2}, \cdots, u_L; \ x_t = Em_i, x_{t+1} = Em_j) P(u_{t+2}, u_{t+3}, \cdots, u_L | x_t = Em_i, x_{t+1} = Em_j) \\
&= \sum_{j=1}^{8} a_{ij} P(u_{t+1} | x_{t+1} = Em_j) P(u_{t+2}, u_{t+3}, \cdots, u_L | x_{t+1} = Em_j) \\
&= \sum_{j=1}^{8} a_{ij} b_j(u_{t+1}) \beta_{t+1}(j) \qquad 1 \leqslant i \leqslant 8, \ 1 \leqslant t \leqslant L-1
\end{aligned} \qquad (5\text{-}15)$$

若将 $\alpha_t(i)$ 和 $\beta_t(i)$ 结合使用，对于观察序列 $u_1, u_2, \cdots, u_L$，用 $\alpha_t(i)$ 递推前一部分的序列 $u_1, u_2, \cdots, u_t$，用 $\beta_t(i)$ 递推后一部分的序列 $u_{t+1}, u_{t+2}, \cdots, u_L$，则 $P(u_1, u_2, \cdots, u_L)$ 为

$$\begin{aligned}
P(u_1, u_2, \cdots, u_L) &= \sum_{i=1}^{8} P(u_1, u_2, \cdots, u_L; \ x_t = Em_i) \\
&= \sum_{i=1}^{8} P(u_1, u_2, \cdots, u_t; \ x_t = Em_i) P(u_{t+1}, u_{t+2}, \cdots, u_L | x_t = Em_i) \\
&= \sum_{i=1}^{8} \alpha_t(i) \beta(i)_t
\end{aligned} \qquad (5\text{-}16)$$

$P(u_1, u_2, \cdots, u_L)$ 的推导过程如下：

$$\begin{aligned}
P(u_1, u_2, \cdots, u_L) &= \sum_{i=1}^{8} \sum_{j=1}^{8} P(u_1, u_2, \cdots, u_L; \ x_t = Em_i, x_{t+1} = Em_j) \\
&= \sum_{i=1}^{8} \sum_{j=1}^{8} P(u_1, u_2, \cdots, u_t; \ x_t = Em_i, x_{t+1} = Em_j) P(u_{t+1}, u_{t+2}, \cdots, u_L | u_1, u_2, \cdots, u_t; \ x_t = Em_i, x_{t+1} = Em_j) \\
&= \sum_{i=1}^{8} \sum_{j=1}^{8} P(u_1, u_2, \cdots, u_t; \ x_t = Em_i) P(x_{t+1} = Em_j | x_t = Em_i) P(u_{t+1} | u_{t+2}, \cdots, u_L; \ x_t = Em_i, x_{t+1} = Em_j) P(u_{t+2}, \cdots, u_L | u_1, \cdots, u_t; \ x_t = Em_i, x_{t+1} = Em_j) \\
&= \sum_{i=1}^{8} \sum_{j=1}^{8} \alpha_t(i) a_{ij} P(u_{t+1} | x_{t+1} = Em_j) P(u_{t+2}, \cdots, u_L | x_{t+1} = Em_j) \\
&= \sum_{i=1}^{8} \sum_{j=1}^{8} \alpha_t(i) a_{ij} b_j(u_{t+1}) \beta_{t+1}(j)
\end{aligned} \qquad (5\text{-}17)$$

通过 $\alpha_t(i)$ 与 $\beta_t(i)$ 调整上述模型的参数进行达到优化模型的目的。定义变量 $\varepsilon_t(i,j)$ 和 $\gamma_t(i)$：

$$\begin{aligned}
\varepsilon_t(i,j) &= P(x_t = Em_i, x_{t+1} = Em_j | u_1, u_2, \cdots, u_t, \cdots, u_L) = \frac{P(x_t = Em_i, x_{t+1} = Em_j; \ u_1, \cdots, u_t, \cdots, u_L)}{P(u_1, \cdots, u_t, \cdots, u_L)} \\
&= \frac{P(x_t = Em_i, x_{t+1} = Em_j; \ u_1, u_2, \cdots, u_t) P(u_{t+1}, \cdots, u_L | u_1, \cdots, u_t; \ x_t = Em_i, x_{t+1} = Em_j)}{P(u_1, \cdots, u_t, \cdots, u_L)} \\
&= \frac{P(x_t = Em_i; \ u_1, u_2, \cdots, u_t) P(x_{t+1} = Em_j | x_t = Em_i) P(u_{t+1} | u_{t+2}, \cdots, u_L; \ x_t = Em_i, x_{t+1} = Em_j) P(u_{t+2}, \cdots, u_L | x_{t+1} = Em_j)}{P(u_1, u_2, \cdots, u_t, \cdots, u_L)} \\
&= \frac{\alpha_t(i) a_{ij} b_j(u_{t+1}) \beta_{t+1}(j)}{\sum_{i=1}^{8} \sum_{j=1}^{8} \alpha_t(i) a_{ij} b_j(u_{t+1}) \beta_{t+1}(j)} \qquad 1 \leqslant t \leqslant L-1
\end{aligned} \qquad (5\text{-}18)$$

式中，$\varepsilon_t(i,j)$ 为已知驾驶意图序列 $u_1,u_2,\cdots,u_L$ 时，t 时刻的驾驶情感为 Em_i 且 $t+1$ 时刻驾驶情感为 Em_j 的概率。

$$\gamma_t(i) = P(x_t = Em_i | u_1,\cdots,u_t,\cdots,u_L) = \frac{P(x_t = Em_i, u_1,\cdots,u_t,\cdots,u_L)}{P(u_1,\cdots u_t,\cdots,u_L)}$$

$$= \frac{P(x_t = Em_i, u_1,\cdots,u_t) P(u_{t+1},\cdots,u_L | x_t = Em_i)}{P(u_1,\cdots,u_t,\cdots,u_L)} \quad 1 \leq t \leq L \quad (5\text{-}19)$$

$$= \frac{\alpha_t(i)\beta_t(i)}{\sum_{i=1}^{8} \alpha_t(i)\beta_t(i)}$$

$\gamma_t(i)$ 是已知驾驶意图序列 $u_1,u_2,\cdots,u_L$ 时，t 时刻驾驶情感状态为 Em_i 的概率。$\gamma_t(i)$ 为

$$\gamma_t(i) = \sum_{j=1}^{8} \varepsilon_t(i,j) \quad (5\text{-}20)$$

综上可得出优化后的驾驶情感的转移概率为

$$a_{ij} = \frac{\sum_{t=1}^{L-1} P(x_t = Em_i, x_{t+1} = Em_j | u_1,\cdots,u_L)}{\sum_{t=1}^{L-1} P(x_t = Em_i | u_1,\cdots,u_L)} = \frac{\sum_{t=1}^{L-1} \varepsilon_t(i,j)}{\sum_{t=1}^{L-1} \gamma_t(i)} = \frac{\sum_{t=1}^{L-1} \alpha_t(i) a_{ij} b_j(u_{t+1}) \beta_{t+1}(j)}{\sum_{t=1}^{L-1} \alpha_t(i)\beta_t(i)} \quad (5\text{-}21)$$

驾驶意图的概率分布为

$$b_j(u_k) = \frac{\sum_{\substack{t=1 \\ y_t = u_k}}^{L} P(x_t = Em_j | u_1,\cdots,u_L)}{\sum_{t=1}^{L} P(x_t = Em_j | u_1,\cdots,u_L)} = \frac{\sum_{\substack{t=1 \\ y_t = u_k}}^{L} \gamma_t(j)}{\sum_{t=1}^{L} \gamma_t(j)} = \frac{\sum_{\substack{t=1 \\ y_t = u_k}}^{L} \alpha_t(j)\beta_t(j)}{\sum_{t=1}^{L} \alpha_t(j)\beta_t(j)} \quad (5\text{-}22)$$

初始情感概率分布 π_i 的优化算法为

$$\pi_i = \gamma_1(i) = \frac{\alpha_1(i)\beta_1(i)}{\sum_{i=1}^{8} \alpha_1(i)\beta_1(i)} \quad (5\text{-}23)$$

5.3.2 意图转移概率计算

采用第 3 章驾驶实验获取的实验数据并进行统计分析，可得不同车辆编组中每种情感状态下驾驶意图的转移概率矩阵 $\boldsymbol{P}_I^i$。

第 5 章 双车道环境汽车驾驶人意图的情感指引机制及辨识方法

$$\boldsymbol{P}_I^i = \begin{bmatrix} p_{11mn}^i & p_{12mn}^i & \cdots & p_{17mn}^i & p_{18mn}^i \\ p_{21mn}^i & p_{22mn}^i & \cdots & p_{27mn}^i & p_{28mn}^i \\ \vdots & \vdots & & \vdots & \vdots \\ p_{71mn}^i & p_{72mn}^i & \cdots & p_{77mn}^i & p_{78mn}^i \\ p_{81mn}^i & p_{82mn}^i & \cdots & p_{87mn}^i & p_{88mn}^i \end{bmatrix}$$

式中，$\boldsymbol{P}_I^i$ 表示车辆编组 T_i 中，每种情感状态下驾驶意图的转移概率矩阵；p_{ijmn}^i 表示车辆编组 T_i 中驾驶人情感状态从 Em_i 转移到 Em_j 过程中，驾驶意图状态从 I_m 转移到 I_n 的概率矩阵。

本节所划分汽车集群态势共有 8 种，限于篇幅，仅列出车辆编组 T_5 中驾驶人情感演化过程中其意图的转移概率矩阵，如下所示。

$$\boldsymbol{P}_{11mn}^5 = \begin{bmatrix} 0.023 & 0.456 & 0.031 & 0.014 & 0.431 & 0.023 & 0.022 \\ 0.013 & 0.528 & 0.036 & 0.021 & 0.351 & 0.035 & 0.016 \\ 0.004 & 0.587 & 0.000 & 0.003 & 0.403 & 0.001 & 0.002 \\ 0.006 & 0.385 & 0.012 & 0.009 & 0.572 & 0.011 & 0.005 \\ 0.003 & 0.352 & 0.008 & 0.005 & 0.621 & 0.009 & 0.002 \\ 0.012 & 0.316 & 0.010 & 0.012 & 0.615 & 0.025 & 0.010 \\ 0.006 & 0.546 & 0.021 & 0.027 & 0.396 & 0.003 & 0.001 \end{bmatrix}$$

$$\boldsymbol{P}_{12mn}^5 = \begin{bmatrix} 0.153 & 0.036 & 0.579 & 0.106 & 0.051 & 0.063 & 0.012 \\ 0.013 & 0.504 & 0.020 & 0.003 & 0.432 & 0.021 & 0.007 \\ 0.032 & 0.163 & 0.421 & 0.025 & 0.106 & 0.249 & 0.004 \\ 0.012 & 0.164 & 0.365 & 0.025 & 0.163 & 0.263 & 0.008 \\ 0.025 & 0.106 & 0.382 & 0.026 & 0.082 & 0.367 & 0.012 \\ 0.013 & 0.525 & 0.021 & 0.032 & 0.352 & 0.051 & 0.006 \\ 0.032 & 0.681 & 0.103 & 0.021 & 0.041 & 0.116 & 0.006 \end{bmatrix}$$

$$\boldsymbol{P}_{13mn}^5 = \begin{bmatrix} 0.103 & 0.033 & 0.625 & 0.024 & 0.009 & 0.203 & 0.003 \\ 0.025 & 0.012 & 0.611 & 0.016 & 0.013 & 0.321 & 0.002 \\ 0.023 & 0.035 & 0.536 & 0.032 & 0.043 & 0.316 & 0.015 \\ 0.025 & 0.010 & 0.321 & 0.103 & 0.005 & 0.532 & 0.004 \\ 0.103 & 0.027 & 0.365 & 0.010 & 0.011 & 0.481 & 0.003 \\ 0.010 & 0.063 & 0.357 & 0.029 & 0.047 & 0.486 & 0.008 \\ 0.091 & 0.034 & 0.669 & 0.026 & 0.046 & 0.117 & 0.017 \end{bmatrix}$$

$$\boldsymbol{P}^5_{14mn}=\begin{bmatrix} 0.011 & 0.321 & 0.356 & 0.012 & 0.163 & 0.136 & 0.001 \\ 0.013 & 0.210 & 0.396 & 0.014 & 0.241 & 0.122 & 0.004 \\ 0.026 & 0.263 & 0.361 & 0.024 & 0.253 & 0.067 & 0.006 \\ 0.015 & 0.219 & 0.365 & 0.043 & 0.174 & 0.182 & 0.002 \\ 0.014 & 0.246 & 0.301 & 0.026 & 0.167 & 0.241 & 0.005 \\ 0.013 & 0.246 & 0.314 & 0.042 & 0.128 & 0.251 & 0.006 \\ 0.010 & 0.269 & 0.301 & 0.064 & 0.151 & 0.200 & 0.005 \end{bmatrix}$$

$$\boldsymbol{P}^5_{15mn}=\begin{bmatrix} 0.111 & 0.026 & 0.607 & 0.027 & 0.009 & 0.109 & 0.111 \\ 0.027 & 0.012 & 0.507 & 0.018 & 0.017 & 0.361 & 0.058 \\ 0.026 & 0.037 & 0.531 & 0.030 & 0.042 & 0.316 & 0.018 \\ 0.026 & 0.011 & 0.311 & 0.102 & 0.007 & 0.532 & 0.011 \\ 0.111 & 0.020 & 0.361 & 0.012 & 0.011 & 0.479 & 0.006 \\ 0.010 & 0.063 & 0.357 & 0.029 & 0.047 & 0.486 & 0.008 \\ 0.091 & 0.034 & 0.669 & 0.026 & 0.046 & 0.117 & 0.017 \end{bmatrix}$$

$$\boldsymbol{P}^5_{16mn}=\begin{bmatrix} 0.012 & 0.501 & 0.013 & 0.011 & 0.402 & 0.024 & 0.037 \\ 0.016 & 0.494 & 0.018 & 0.017 & 0.431 & 0.021 & 0.003 \\ 0.011 & 0.565 & 0.016 & 0.012 & 0.379 & 0.013 & 0.004 \\ 0.010 & 0.311 & 0.019 & 0.016 & 0.612 & 0.025 & 0.007 \\ 0.027 & 0.264 & 0.013 & 0.006 & 0.653 & 0.021 & 0.016 \\ 0.026 & 0.301 & 0.036 & 0.012 & 0.572 & 0.043 & 0.010 \\ 0.035 & 0.331 & 0.042 & 0.014 & 0.491 & 0.062 & 0.025 \end{bmatrix}$$

$$\boldsymbol{P}^5_{17mn}=\begin{bmatrix} 0.400 & 0.198 & 0.053 & 0.211 & 0.066 & 0.069 & 0.003 \\ 0.503 & 0.089 & 0.049 & 0.216 & 0.058 & 0.076 & 0.009 \\ 0.585 & 0.106 & 0.052 & 0.103 & 0.103 & 0.043 & 0.008 \\ 0.570 & 0.072 & 0.053 & 0.210 & 0.046 & 0.036 & 0.013 \\ 0.609 & 0.143 & 0.029 & 0.122 & 0.061 & 0.034 & 0.002 \\ 0.502 & 0.110 & 0.083 & 0.163 & 0.052 & 0.082 & 0.008 \\ 0.492 & 0.103 & 0.262 & 0.021 & 0.053 & 0.021 & 0.048 \end{bmatrix}$$

$$\boldsymbol{P}^5_{18mn}=\begin{bmatrix} 0.103 & 0.463 & 0.059 & 0.210 & 0.056 & 0.101 & 0.008 \\ 0.086 & 0.316 & 0.042 & 0.273 & 0.236 & 0.039 & 0.008 \\ 0.056 & 0.112 & 0.043 & 0.443 & 0.189 & 0.127 & 0.030 \\ 0.031 & 0.101 & 0.102 & 0.541 & 0.105 & 0.110 & 0.010 \\ 0.035 & 0.206 & 0.056 & 0.342 & 0.253 & 0.101 & 0.007 \\ 0.089 & 0.163 & 0.093 & 0.026 & 0.113 & 0.510 & 0.006 \\ 0.056 & 0.432 & 0.421 & 0.035 & 0.032 & 0.021 & 0.003 \end{bmatrix}$$

$$\boldsymbol{P}_{21mn}^{5}=\begin{bmatrix} 0.072 & 0.409 & 0.058 & 0.065 & 0.286 & 0.081 & 0.029 \\ 0.017 & 0.458 & 0.038 & 0.009 & 0.238 & 0.134 & 0.106 \\ 0.079 & 0.394 & 0.108 & 0.101 & 0.203 & 0.101 & 0.014 \\ 0.031 & 0.094 & 0.105 & 0.121 & 0.410 & 0.221 & 0.018 \\ 0.014 & 0.078 & 0.053 & 0.130 & 0.502 & 0.206 & 0.017 \\ 0.101 & 0.113 & 0.053 & 0.146 & 0.376 & 0.182 & 0.029 \\ 0.006 & 0.534 & 0.021 & 0.027 & 0.396 & 0.003 & 0.013 \end{bmatrix}$$

$$\boldsymbol{P}_{22mn}^{5}=\begin{bmatrix} 0.068 & 0.188 & 0.056 & 0.067 & 0.400 & 0.201 & 0.020 \\ 0.075 & 0.107 & 0.059 & 0.120 & 0.512 & 0.116 & 0.011 \\ 0.063 & 0.106 & 0.053 & 0.102 & 0.553 & 0.113 & 0.010 \\ 0.035 & 0.077 & 0.063 & 0.117 & 0.503 & 0.181 & 0.024 \\ 0.035 & 0.133 & 0.028 & 0.161 & 0.511 & 0.122 & 0.010 \\ 0.083 & 0.111 & 0.073 & 0.057 & 0.500 & 0.165 & 0.011 \\ 0.032 & 0.681 & 0.103 & 0.021 & 0.041 & 0.116 & 0.006 \end{bmatrix}$$

$$\boldsymbol{P}_{23mn}^{5}=\begin{bmatrix} 0.201 & 0.125 & 0.403 & 0.103 & 0.052 & 0.093 & 0.023 \\ 0.191 & 0.061 & 0.373 & 0.128 & 0.100 & 0.128 & 0.019 \\ 0.124 & 0.136 & 0.386 & 0.103 & 0.105 & 0.130 & 0.016 \\ 0.163 & 0.123 & 0.101 & 0.122 & 0.086 & 0.388 & 0.017 \\ 0.105 & 0.101 & 0.113 & 0.203 & 0.158 & 0.299 & 0.021 \\ 0.087 & 0.090 & 0.167 & 0.131 & 0.102 & 0.407 & 0.016 \\ 0.082 & 0.034 & 0.631 & 0.026 & 0.045 & 0.116 & 0.066 \end{bmatrix}$$

$$\boldsymbol{P}_{24mn}^{5}=\begin{bmatrix} 0.112 & 0.382 & 0.102 & 0.111 & 0.203 & 0.069 & 0.021 \\ 0.043 & 0.491 & 0.082 & 0.103 & 0.165 & 0.094 & 0.022 \\ 0.054 & 0.437 & 0.053 & 0.126 & 0.183 & 0.121 & 0.026 \\ 0.031 & 0.159 & 0.036 & 0.135 & 0.483 & 0.128 & 0.028 \\ 0.073 & 0.168 & 0.026 & 0.120 & 0.491 & 0.092 & 0.030 \\ 0.052 & 0.182 & 0.041 & 0.125 & 0.464 & 0.129 & 0.007 \\ 0.010 & 0.257 & 0.301 & 0.064 & 0.151 & 0.200 & 0.017 \end{bmatrix}$$

$$\boldsymbol{P}_{25mn}^{5}=\begin{bmatrix} 0.103 & 0.063 & 0.396 & 0.147 & 0.081 & 0.201 & 0.009 \\ 0.108 & 0.096 & 0.421 & 0.083 & 0.061 & 0.216 & 0.015 \\ 0.132 & 0.087 & 0.378 & 0.111 & 0.083 & 0.189 & 0.020 \\ 0.109 & 0.062 & 0.412 & 0.116 & 0.083 & 0.201 & 0.017 \\ 0.087 & 0.065 & 0.377 & 0.145 & 0.152 & 0.159 & 0.015 \\ 0.085 & 0.068 & 0.206 & 0.111 & 0.134 & 0.374 & 0.022 \\ 0.084 & 0.036 & 0.654 & 0.028 & 0.045 & 0.119 & 0.034 \end{bmatrix}$$

$$\boldsymbol{P}_{26mn}^{5}=\begin{bmatrix} 0.084 & 0.403 & 0.102 & 0.111 & 0.203 & 0.069 & 0.028 \\ 0.043 & 0.513 & 0.072 & 0.101 & 0.165 & 0.094 & 0.012 \\ 0.054 & 0.463 & 0.053 & 0.107 & 0.183 & 0.121 & 0.019 \\ 0.031 & 0.159 & 0.036 & 0.119 & 0.511 & 0.128 & 0.016 \\ 0.073 & 0.168 & 0.026 & 0.106 & 0.521 & 0.092 & 0.014 \\ 0.051 & 0.182 & 0.041 & 0.117 & 0.469 & 0.129 & 0.011 \\ 0.028 & 0.329 & 0.041 & 0.017 & 0.491 & 0.062 & 0.032 \end{bmatrix}$$

$$\boldsymbol{P}_{27mn}^{5}=\begin{bmatrix} 0.410 & 0.032 & 0.105 & 0.176 & 0.120 & 0.137 & 0.020 \\ 0.403 & 0.080 & 0.153 & 0.142 & 0.109 & 0.101 & 0.012 \\ 0.400 & 0.098 & 0.145 & 0.106 & 0.093 & 0.134 & 0.024 \\ 0.102 & 0.083 & 0.123 & 0.465 & 0.103 & 0.110 & 0.014 \\ 0.106 & 0.079 & 0.132 & 0.421 & 0.106 & 0.138 & 0.018 \\ 0.106 & 0.069 & 0.086 & 0.503 & 0.101 & 0.129 & 0.006 \\ 0.472 & 0.116 & 0.262 & 0.021 & 0.051 & 0.037 & 0.041 \end{bmatrix}$$

$$\boldsymbol{P}_{28mn}^{5}=\begin{bmatrix} 0.102 & 0.458 & 0.069 & 0.210 & 0.032 & 0.056 & 0.073 \\ 0.336 & 0.142 & 0.021 & 0.203 & 0.000 & 0.136 & 0.162 \\ 0.422 & 0.076 & 0.093 & 0.203 & 0.104 & 0.089 & 0.013 \\ 0.111 & 0.091 & 0.102 & 0.141 & 0.415 & 0.105 & 0.035 \\ 0.206 & 0.035 & 0.056 & 0.127 & 0.468 & 0.093 & 0.015 \\ 0.103 & 0.174 & 0.093 & 0.423 & 0.106 & 0.079 & 0.022 \\ 0.053 & 0.428 & 0.121 & 0.035 & 0.321 & 0.021 & 0.021 \end{bmatrix}$$

$$\boldsymbol{P}_{31mn}^{5}=\begin{bmatrix} 0.072 & 0.385 & 0.058 & 0.036 & 0.409 & 0.014 & 0.026 \\ 0.017 & 0.365 & 0.038 & 0.038 & 0.458 & 0.034 & 0.050 \\ 0.079 & 0.315 & 0.108 & 0.033 & 0.394 & 0.011 & 0.060 \\ 0.031 & 0.298 & 0.105 & 0.039 & 0.410 & 0.021 & 0.096 \\ 0.034 & 0.278 & 0.053 & 0.023 & 0.502 & 0.030 & 0.080 \\ 0.241 & 0.213 & 0.053 & 0.011 & 0.376 & 0.046 & 0.060 \\ 0.016 & 0.501 & 0.021 & 0.027 & 0.406 & 0.017 & 0.012 \end{bmatrix}$$

$$\boldsymbol{P}_{32mn}^{5}=\begin{bmatrix} 0.067 & 0.121 & 0.056 & 0.169 & 0.400 & 0.164 & 0.023 \\ 0.075 & 0.116 & 0.059 & 0.107 & 0.512 & 0.107 & 0.024 \\ 0.063 & 0.113 & 0.053 & 0.106 & 0.553 & 0.101 & 0.011 \\ 0.035 & 0.181 & 0.063 & 0.077 & 0.503 & 0.127 & 0.014 \\ 0.035 & 0.122 & 0.028 & 0.133 & 0.511 & 0.139 & 0.032 \\ 0.083 & 0.154 & 0.073 & 0.111 & 0.500 & 0.068 & 0.011 \\ 0.232 & 0.324 & 0.103 & 0.021 & 0.141 & 0.116 & 0.063 \end{bmatrix}$$

$$\boldsymbol{P}^5_{33mn} = \begin{bmatrix} 0.224 & 0.113 & 0.403 & 0.103 & 0.052 & 0.093 & 0.012 \\ 0.210 & 0.048 & 0.373 & 0.128 & 0.100 & 0.128 & 0.013 \\ 0.140 & 0.121 & 0.386 & 0.103 & 0.105 & 0.130 & 0.015 \\ 0.180 & 0.119 & 0.101 & 0.122 & 0.086 & 0.388 & 0.004 \\ 0.105 & 0.111 & 0.113 & 0.203 & 0.158 & 0.299 & 0.011 \\ 0.103 & 0.090 & 0.167 & 0.131 & 0.102 & 0.387 & 0.020 \\ 0.080 & 0.035 & 0.630 & 0.046 & 0.044 & 0.118 & 0.048 \end{bmatrix}$$

$$\boldsymbol{P}^5_{34mn} = \begin{bmatrix} 0.068 & 0.188 & 0.056 & 0.221 & 0.400 & 0.061 & 0.006 \\ 0.075 & 0.107 & 0.059 & 0.116 & 0.512 & 0.098 & 0.033 \\ 0.063 & 0.106 & 0.053 & 0.113 & 0.553 & 0.102 & 0.010 \\ 0.035 & 0.077 & 0.063 & 0.181 & 0.503 & 0.121 & 0.020 \\ 0.035 & 0.133 & 0.028 & 0.122 & 0.511 & 0.159 & 0.012 \\ 0.083 & 0.111 & 0.073 & 0.165 & 0.500 & 0.062 & 0.006 \\ 0.010 & 0.257 & 0.301 & 0.064 & 0.151 & 0.168 & 0.049 \end{bmatrix}$$

$$\boldsymbol{P}^5_{35mn} = \begin{bmatrix} 0.103 & 0.063 & 0.396 & 0.156 & 0.081 & 0.193 & 0.008 \\ 0.108 & 0.096 & 0.421 & 0.083 & 0.076 & 0.208 & 0.008 \\ 0.132 & 0.087 & 0.378 & 0.111 & 0.103 & 0.167 & 0.022 \\ 0.126 & 0.062 & 0.412 & 0.116 & 0.083 & 0.187 & 0.014 \\ 0.087 & 0.065 & 0.377 & 0.145 & 0.167 & 0.149 & 0.010 \\ 0.085 & 0.068 & 0.206 & 0.111 & 0.156 & 0.353 & 0.021 \\ 0.184 & 0.036 & 0.552 & 0.028 & 0.045 & 0.118 & 0.037 \end{bmatrix}$$

$$\boldsymbol{P}^5_{36mn} = \begin{bmatrix} 0.072 & 0.409 & 0.058 & 0.185 & 0.136 & 0.124 & 0.016 \\ 0.017 & 0.458 & 0.038 & 0.115 & 0.238 & 0.115 & 0.019 \\ 0.079 & 0.394 & 0.108 & 0.101 & 0.203 & 0.101 & 0.014 \\ 0.031 & 0.094 & 0.105 & 0.212 & 0.410 & 0.121 & 0.027 \\ 0.014 & 0.078 & 0.053 & 0.206 & 0.502 & 0.130 & 0.017 \\ 0.101 & 0.113 & 0.053 & 0.201 & 0.376 & 0.146 & 0.010 \\ 0.038 & 0.329 & 0.041 & 0.016 & 0.480 & 0.062 & 0.034 \end{bmatrix}$$

$$\boldsymbol{P}^5_{37mn} = \begin{bmatrix} 0.410 & 0.032 & 0.105 & 0.176 & 0.106 & 0.157 & 0.014 \\ 0.403 & 0.080 & 0.153 & 0.142 & 0.101 & 0.113 & 0.008 \\ 0.400 & 0.098 & 0.145 & 0.106 & 0.082 & 0.158 & 0.011 \\ 0.102 & 0.083 & 0.123 & 0.463 & 0.100 & 0.110 & 0.019 \\ 0.106 & 0.079 & 0.132 & 0.401 & 0.100 & 0.156 & 0.026 \\ 0.106 & 0.069 & 0.089 & 0.489 & 0.101 & 0.132 & 0.014 \\ 0.471 & 0.116 & 0.252 & 0.021 & 0.051 & 0.037 & 0.052 \end{bmatrix}$$

$$P^5_{38mn}=\begin{bmatrix} 0.264 & 0.205 & 0.069 & 0.210 & 0.056 & 0.096 & 0.100 \\ 0.236 & 0.236 & 0.142 & 0.138 & 0.136 & 0.107 & 0.005 \\ 0.422 & 0.076 & 0.093 & 0.203 & 0.089 & 0.101 & 0.016 \\ 0.111 & 0.091 & 0.102 & 0.431 & 0.105 & 0.150 & 0.010 \\ 0.206 & 0.035 & 0.056 & 0.432 & 0.093 & 0.168 & 0.010 \\ 0.103 & 0.189 & 0.093 & 0.086 & 0.401 & 0.106 & 0.022 \\ 0.052 & 0.425 & 0.121 & 0.035 & 0.321 & 0.021 & 0.025 \end{bmatrix}$$

$$P^5_{41mn}=\begin{bmatrix} 0.074 & 0.102 & 0.079 & 0.090 & 0.619 & 0.031 & 0.005 \\ 0.056 & 0.095 & 0.037 & 0.082 & 0.588 & 0.122 & 0.020 \\ 0.085 & 0.084 & 0.111 & 0.081 & 0.575 & 0.043 & 0.021 \\ 0.061 & 0.074 & 0.082 & 0.109 & 0.521 & 0.125 & 0.028 \\ 0.051 & 0.108 & 0.095 & 0.103 & 0.483 & 0.127 & 0.033 \\ 0.102 & 0.101 & 0.083 & 0.083 & 0.547 & 0.071 & 0.013 \\ 0.016 & 0.486 & 0.021 & 0.027 & 0.403 & 0.017 & 0.030 \end{bmatrix}$$

$$P^5_{42mn}=\begin{bmatrix} 0.078 & 0.129 & 0.075 & 0.111 & 0.443 & 0.116 & 0.048 \\ 0.072 & 0.101 & 0.089 & 0.018 & 0.489 & 0.209 & 0.022 \\ 0.091 & 0.105 & 0.078 & 0.107 & 0.493 & 0.109 & 0.017 \\ 0.043 & 0.089 & 0.098 & 0.146 & 0.476 & 0.104 & 0.044 \\ 0.046 & 0.131 & 0.088 & 0.102 & 0.427 & 0.122 & 0.084 \\ 0.088 & 0.102 & 0.095 & 0.115 & 0.482 & 0.095 & 0.023 \\ 0.232 & 0.103 & 0.324 & 0.021 & 0.141 & 0.116 & 0.063 \end{bmatrix}$$

$$P^5_{43mn}=\begin{bmatrix} 0.204 & 0.093 & 0.459 & 0.101 & 0.062 & 0.064 & 0.017 \\ 0.142 & 0.021 & 0.501 & 0.095 & 0.084 & 0.135 & 0.022 \\ 0.109 & 0.100 & 0.491 & 0.101 & 0.076 & 0.099 & 0.024 \\ 0.104 & 0.110 & 0.410 & 0.102 & 0.069 & 0.163 & 0.042 \\ 0.121 & 0.093 & 0.502 & 0.100 & 0.088 & 0.086 & 0.010 \\ 0.113 & 0.104 & 0.517 & 0.101 & 0.093 & 0.063 & 0.009 \\ 0.080 & 0.035 & 0.630 & 0.046 & 0.044 & 0.118 & 0.048 \end{bmatrix}$$

$$P^5_{44mn}=\begin{bmatrix} 0.078 & 0.129 & 0.075 & 0.111 & 0.491 & 0.101 & 0.015 \\ 0.072 & 0.101 & 0.089 & 0.018 & 0.511 & 0.153 & 0.056 \\ 0.091 & 0.102 & 0.078 & 0.107 & 0.510 & 0.104 & 0.008 \\ 0.043 & 0.089 & 0.098 & 0.146 & 0.502 & 0.104 & 0.018 \\ 0.046 & 0.131 & 0.088 & 0.102 & 0.493 & 0.122 & 0.018 \\ 0.088 & 0.102 & 0.095 & 0.115 & 0.492 & 0.095 & 0.013 \\ 0.010 & 0.357 & 0.151 & 0.064 & 0.114 & 0.168 & 0.136 \end{bmatrix}$$

$$\boldsymbol{P}^5_{45mn}=\begin{bmatrix} 0.186 & 0.110 & 0.459 & 0.101 & 0.062 & 0.064 & 0.018 \\ 0.131 & 0.021 & 0.501 & 0.095 & 0.106 & 0.135 & 0.011 \\ 0.109 & 0.100 & 0.467 & 0.101 & 0.100 & 0.099 & 0.024 \\ 0.104 & 0.110 & 0.406 & 0.102 & 0.111 & 0.163 & 0.004 \\ 0.121 & 0.103 & 0.486 & 0.100 & 0.088 & 0.086 & 0.016 \\ 0.113 & 0.104 & 0.497 & 0.101 & 0.102 & 0.063 & 0.020 \\ 0.184 & 0.036 & 0.492 & 0.028 & 0.044 & 0.128 & 0.088 \end{bmatrix}$$

$$\boldsymbol{P}^5_{46mn}=\begin{bmatrix} 0.101 & 0.115 & 0.072 & 0.103 & 0.480 & 0.089 & 0.040 \\ 0.074 & 0.113 & 0.112 & 0.122 & 0.483 & 0.084 & 0.012 \\ 0.072 & 0.131 & 0.082 & 0.113 & 0.458 & 0.130 & 0.014 \\ 0.075 & 0.127 & 0.076 & 0.121 & 0.497 & 0.090 & 0.014 \\ 0.085 & 0.151 & 0.048 & 0.127 & 0.482 & 0.088 & 0.019 \\ 0.058 & 0.119 & 0.091 & 0.115 & 0.481 & 0.126 & 0.010 \\ 0.038 & 0.329 & 0.041 & 0.016 & 0.471 & 0.062 & 0.043 \end{bmatrix}$$

$$\boldsymbol{P}^5_{47mn}=\begin{bmatrix} 0.492 & 0.062 & 0.100 & 0.210 & 0.098 & 0.020 & 0.018 \\ 0.471 & 0.082 & 0.089 & 0.170 & 0.090 & 0.088 & 0.009 \\ 0.479 & 0.087 & 0.111 & 0.106 & 0.084 & 0.117 & 0.016 \\ 0.105 & 0.072 & 0.075 & 0.482 & 0.093 & 0.144 & 0.029 \\ 0.103 & 0.070 & 0.101 & 0.467 & 0.081 & 0.153 & 0.025 \\ 0.113 & 0.088 & 0.097 & 0.472 & 0.082 & 0.129 & 0.019 \\ 0.465 & 0.116 & 0.252 & 0.021 & 0.051 & 0.037 & 0.058 \end{bmatrix}$$

$$\boldsymbol{P}^5_{48mn}=\begin{bmatrix} 0.476 & 0.104 & 0.101 & 0.200 & 0.040 & 0.056 & 0.023 \\ 0.413 & 0.084 & 0.102 & 0.156 & 0.112 & 0.121 & 0.012 \\ 0.549 & 0.087 & 0.098 & 0.115 & 0.082 & 0.055 & 0.014 \\ 0.121 & 0.090 & 0.100 & 0.471 & 0.100 & 0.107 & 0.011 \\ 0.120 & 0.031 & 0.098 & 0.416 & 0.193 & 0.122 & 0.020 \\ 0.113 & 0.124 & 0.085 & 0.493 & 0.062 & 0.107 & 0.016 \\ 0.052 & 0.403 & 0.121 & 0.035 & 0.320 & 0.021 & 0.048 \end{bmatrix}$$

$$\boldsymbol{P}^5_{51mn}=\begin{bmatrix} 0.082 & 0.321 & 0.068 & 0.135 & 0.319 & 0.031 & 0.044 \\ 0.015 & 0.301 & 0.037 & 0.218 & 0.306 & 0.117 & 0.006 \\ 0.078 & 0.295 & 0.118 & 0.101 & 0.306 & 0.098 & 0.004 \\ 0.051 & 0.156 & 0.108 & 0.209 & 0.430 & 0.028 & 0.018 \\ 0.044 & 0.088 & 0.063 & 0.213 & 0.473 & 0.092 & 0.027 \\ 0.111 & 0.253 & 0.053 & 0.111 & 0.403 & 0.066 & 0.003 \\ 0.016 & 0.486 & 0.021 & 0.027 & 0.403 & 0.017 & 0.030 \end{bmatrix}$$

$$\boldsymbol{P}^5_{52mn}=\begin{bmatrix} 0.067 & 0.238 & 0.076 & 0.211 & 0.321 & 0.058 & 0.029 \\ 0.076 & 0.306 & 0.079 & 0.106 & 0.304 & 0.119 & 0.010 \\ 0.073 & 0.316 & 0.073 & 0.103 & 0.308 & 0.102 & 0.025 \\ 0.045 & 0.187 & 0.083 & 0.151 & 0.389 & 0.131 & 0.014 \\ 0.045 & 0.233 & 0.058 & 0.132 & 0.352 & 0.117 & 0.063 \\ 0.085 & 0.206 & 0.083 & 0.145 & 0.391 & 0.086 & 0.004 \\ 0.232 & 0.203 & 0.206 & 0.021 & 0.141 & 0.116 & 0.081 \end{bmatrix}$$

$$\boldsymbol{P}^5_{53mn}=\begin{bmatrix} 0.214 & 0.124 & 0.401 & 0.103 & 0.052 & 0.079 & 0.027 \\ 0.210 & 0.061 & 0.423 & 0.088 & 0.100 & 0.038 & 0.080 \\ 0.104 & 0.106 & 0.425 & 0.083 & 0.105 & 0.116 & 0.061 \\ 0.118 & 0.123 & 0.111 & 0.122 & 0.086 & 0.401 & 0.039 \\ 0.103 & 0.123 & 0.103 & 0.105 & 0.138 & 0.402 & 0.026 \\ 0.113 & 0.109 & 0.127 & 0.131 & 0.102 & 0.385 & 0.033 \\ 0.080 & 0.035 & 0.456 & 0.046 & 0.044 & 0.118 & 0.222 \end{bmatrix}$$

$$\boldsymbol{P}^5_{54mn}=\begin{bmatrix} 0.067 & 0.243 & 0.076 & 0.211 & 0.324 & 0.058 & 0.021 \\ 0.076 & 0.289 & 0.079 & 0.106 & 0.306 & 0.119 & 0.025 \\ 0.073 & 0.316 & 0.073 & 0.103 & 0.249 & 0.102 & 0.084 \\ 0.045 & 0.287 & 0.083 & 0.127 & 0.303 & 0.131 & 0.024 \\ 0.045 & 0.323 & 0.058 & 0.102 & 0.342 & 0.117 & 0.013 \\ 0.085 & 0.201 & 0.083 & 0.145 & 0.371 & 0.086 & 0.029 \\ 0.010 & 0.327 & 0.151 & 0.064 & 0.114 & 0.168 & 0.166 \end{bmatrix}$$

$$\boldsymbol{P}^5_{55mn}=\begin{bmatrix} 0.104 & 0.065 & 0.401 & 0.146 & 0.091 & 0.178 & 0.015 \\ 0.118 & 0.096 & 0.406 & 0.103 & 0.076 & 0.176 & 0.025 \\ 0.130 & 0.088 & 0.388 & 0.101 & 0.091 & 0.190 & 0.012 \\ 0.125 & 0.072 & 0.423 & 0.116 & 0.093 & 0.171 & 0.000 \\ 0.087 & 0.075 & 0.381 & 0.115 & 0.163 & 0.121 & 0.058 \\ 0.086 & 0.078 & 0.259 & 0.101 & 0.106 & 0.223 & 0.147 \\ 0.184 & 0.036 & 0.386 & 0.028 & 0.044 & 0.228 & 0.094 \end{bmatrix}$$

$$\boldsymbol{P}^5_{56mn}=\begin{bmatrix} 0.122 & 0.403 & 0.102 & 0.089 & 0.203 & 0.059 & 0.022 \\ 0.053 & 0.503 & 0.092 & 0.078 & 0.135 & 0.114 & 0.025 \\ 0.074 & 0.453 & 0.083 & 0.063 & 0.143 & 0.131 & 0.053 \\ 0.071 & 0.129 & 0.076 & 0.089 & 0.511 & 0.098 & 0.026 \\ 0.071 & 0.158 & 0.036 & 0.074 & 0.501 & 0.112 & 0.048 \\ 0.055 & 0.142 & 0.071 & 0.109 & 0.471 & 0.126 & 0.026 \\ 0.038 & 0.329 & 0.041 & 0.016 & 0.431 & 0.062 & 0.083 \end{bmatrix}$$

$$P^5_{57mn}=\begin{bmatrix} 0.305 & 0.042 & 0.106 & 0.146 & 0.121 & 0.175 & 0.105 \\ 0.309 & 0.082 & 0.133 & 0.132 & 0.109 & 0.121 & 0.114 \\ 0.313 & 0.097 & 0.135 & 0.105 & 0.053 & 0.200 & 0.097 \\ 0.103 & 0.093 & 0.113 & 0.401 & 0.103 & 0.110 & 0.077 \\ 0.103 & 0.089 & 0.112 & 0.401 & 0.106 & 0.157 & 0.032 \\ 0.105 & 0.079 & 0.087 & 0.406 & 0.101 & 0.122 & 0.100 \\ 0.404 & 0.116 & 0.252 & 0.021 & 0.051 & 0.037 & 0.119 \end{bmatrix}$$

$$P^5_{58mn}=\begin{bmatrix} 0.401 & 0.106 & 0.071 & 0.211 & 0.021 & 0.126 & 0.064 \\ 0.403 & 0.076 & 0.142 & 0.103 & 0.116 & 0.127 & 0.033 \\ 0.402 & 0.077 & 0.095 & 0.173 & 0.119 & 0.108 & 0.026 \\ 0.121 & 0.081 & 0.102 & 0.431 & 0.103 & 0.142 & 0.020 \\ 0.200 & 0.032 & 0.066 & 0.421 & 0.103 & 0.153 & 0.025 \\ 0.113 & 0.169 & 0.193 & 0.087 & 0.203 & 0.105 & 0.130 \\ 0.052 & 0.403 & 0.121 & 0.035 & 0.320 & 0.021 & 0.048 \end{bmatrix}$$

$$P^5_{61mn}=\begin{bmatrix} 0.074 & 0.402 & 0.079 & 0.090 & 0.303 & 0.036 & 0.016 \\ 0.056 & 0.325 & 0.037 & 0.082 & 0.356 & 0.122 & 0.022 \\ 0.085 & 0.304 & 0.111 & 0.081 & 0.301 & 0.045 & 0.073 \\ 0.061 & 0.234 & 0.082 & 0.109 & 0.453 & 0.044 & 0.017 \\ 0.051 & 0.268 & 0.095 & 0.103 & 0.410 & 0.043 & 0.030 \\ 0.102 & 0.246 & 0.083 & 0.083 & 0.326 & 0.075 & 0.085 \\ 0.016 & 0.486 & 0.021 & 0.027 & 0.403 & 0.017 & 0.030 \end{bmatrix}$$

$$P^5_{62mn}=\begin{bmatrix} 0.078 & 0.129 & 0.075 & 0.111 & 0.420 & 0.116 & 0.071 \\ 0.072 & 0.101 & 0.089 & 0.018 & 0.401 & 0.209 & 0.110 \\ 0.091 & 0.205 & 0.078 & 0.107 & 0.365 & 0.109 & 0.045 \\ 0.043 & 0.089 & 0.098 & 0.146 & 0.452 & 0.104 & 0.068 \\ 0.046 & 0.131 & 0.088 & 0.102 & 0.463 & 0.122 & 0.048 \\ 0.088 & 0.102 & 0.095 & 0.115 & 0.456 & 0.095 & 0.049 \\ 0.212 & 0.203 & 0.203 & 0.022 & 0.161 & 0.116 & 0.083 \end{bmatrix}$$

$$P^5_{63mn}=\begin{bmatrix} 0.201 & 0.111 & 0.502 & 0.050 & 0.052 & 0.071 & 0.013 \\ 0.100 & 0.062 & 0.501 & 0.105 & 0.106 & 0.114 & 0.012 \\ 0.111 & 0.100 & 0.496 & 0.105 & 0.110 & 0.078 & 0.000 \\ 0.101 & 0.122 & 0.410 & 0.102 & 0.107 & 0.144 & 0.014 \\ 0.106 & 0.113 & 0.502 & 0.100 & 0.078 & 0.085 & 0.016 \\ 0.111 & 0.105 & 0.518 & 0.108 & 0.082 & 0.070 & 0.006 \\ 0.180 & 0.035 & 0.406 & 0.046 & 0.044 & 0.218 & 0.072 \end{bmatrix}$$

$$P_{64mn}^{5}=\begin{bmatrix} 0.088 & 0.324 & 0.108 & 0.081 & 0.251 & 0.121 & 0.027 \\ 0.082 & 0.327 & 0.090 & 0.058 & 0.251 & 0.158 & 0.034 \\ 0.058 & 0.301 & 0.068 & 0.170 & 0.275 & 0.069 & 0.059 \\ 0.044 & 0.249 & 0.098 & 0.176 & 0.252 & 0.063 & 0.118 \\ 0.076 & 0.261 & 0.088 & 0.122 & 0.251 & 0.102 & 0.100 \\ 0.098 & 0.221 & 0.095 & 0.105 & 0.305 & 0.096 & 0.080 \\ 0.010 & 0.327 & 0.151 & 0.064 & 0.254 & 0.168 & 0.026 \end{bmatrix}$$

$$P_{65mn}^{5}=\begin{bmatrix} 0.101 & 0.084 & 0.501 & 0.061 & 0.053 & 0.135 & 0.065 \\ 0.101 & 0.107 & 0.411 & 0.113 & 0.086 & 0.105 & 0.077 \\ 0.105 & 0.099 & 0.407 & 0.085 & 0.100 & 0.101 & 0.103 \\ 0.116 & 0.094 & 0.406 & 0.108 & 0.075 & 0.122 & 0.079 \\ 0.099 & 0.055 & 0.471 & 0.114 & 0.103 & 0.108 & 0.050 \\ 0.087 & 0.079 & 0.427 & 0.121 & 0.100 & 0.125 & 0.061 \\ 0.182 & 0.036 & 0.385 & 0.028 & 0.047 & 0.228 & 0.094 \end{bmatrix}$$

$$P_{66mn}^{5}=\begin{bmatrix} 0.031 & 0.552 & 0.072 & 0.043 & 0.176 & 0.102 & 0.024 \\ 0.084 & 0.595 & 0.050 & 0.021 & 0.162 & 0.047 & 0.041 \\ 0.082 & 0.458 & 0.082 & 0.027 & 0.173 & 0.140 & 0.038 \\ 0.071 & 0.172 & 0.076 & 0.031 & 0.511 & 0.092 & 0.048 \\ 0.050 & 0.196 & 0.038 & 0.057 & 0.501 & 0.113 & 0.045 \\ 0.054 & 0.185 & 0.091 & 0.050 & 0.510 & 0.086 & 0.024 \\ 0.032 & 0.359 & 0.041 & 0.016 & 0.401 & 0.062 & 0.089 \end{bmatrix}$$

$$P_{67mn}^{5}=\begin{bmatrix} 0.498 & 0.082 & 0.100 & 0.170 & 0.098 & 0.029 & 0.023 \\ 0.472 & 0.083 & 0.088 & 0.172 & 0.090 & 0.084 & 0.011 \\ 0.469 & 0.097 & 0.101 & 0.106 & 0.094 & 0.112 & 0.021 \\ 0.106 & 0.071 & 0.072 & 0.483 & 0.113 & 0.127 & 0.028 \\ 0.113 & 0.075 & 0.111 & 0.452 & 0.116 & 0.118 & 0.015 \\ 0.103 & 0.098 & 0.098 & 0.469 & 0.111 & 0.108 & 0.013 \\ 0.401 & 0.116 & 0.252 & 0.021 & 0.127 & 0.037 & 0.046 \end{bmatrix}$$

$$P_{68mn}^{5}=\begin{bmatrix} 0.382 & 0.114 & 0.101 & 0.202 & 0.084 & 0.044 & 0.073 \\ 0.266 & 0.188 & 0.102 & 0.201 & 0.102 & 0.119 & 0.022 \\ 0.264 & 0.158 & 0.098 & 0.263 & 0.108 & 0.047 & 0.062 \\ 0.281 & 0.109 & 0.100 & 0.259 & 0.102 & 0.076 & 0.073 \\ 0.187 & 0.051 & 0.100 & 0.336 & 0.163 & 0.138 & 0.025 \\ 0.223 & 0.114 & 0.095 & 0.268 & 0.183 & 0.097 & 0.020 \\ 0.152 & 0.203 & 0.121 & 0.135 & 0.320 & 0.021 & 0.048 \end{bmatrix}$$

第5章 双车道环境汽车驾驶人意图的情感指引机制及辨识方法

$$\boldsymbol{P}^5_{71mn} = \begin{bmatrix} 0.085 & 0.355 & 0.069 & 0.095 & 0.301 & 0.077 & 0.018 \\ 0.016 & 0.264 & 0.037 & 0.218 & 0.318 & 0.106 & 0.041 \\ 0.082 & 0.312 & 0.088 & 0.103 & 0.294 & 0.092 & 0.029 \\ 0.061 & 0.204 & 0.082 & 0.109 & 0.392 & 0.114 & 0.038 \\ 0.045 & 0.258 & 0.065 & 0.103 & 0.361 & 0.149 & 0.019 \\ 0.082 & 0.281 & 0.063 & 0.101 & 0.356 & 0.085 & 0.032 \\ 0.016 & 0.486 & 0.021 & 0.027 & 0.403 & 0.017 & 0.030 \end{bmatrix}$$

$$\boldsymbol{P}^5_{72mn} = \begin{bmatrix} 0.077 & 0.238 & 0.076 & 0.111 & 0.306 & 0.148 & 0.044 \\ 0.075 & 0.206 & 0.099 & 0.106 & 0.357 & 0.103 & 0.054 \\ 0.083 & 0.226 & 0.073 & 0.113 & 0.346 & 0.104 & 0.055 \\ 0.045 & 0.182 & 0.093 & 0.141 & 0.403 & 0.110 & 0.027 \\ 0.047 & 0.226 & 0.068 & 0.122 & 0.401 & 0.119 & 0.018 \\ 0.086 & 0.201 & 0.093 & 0.115 & 0.414 & 0.075 & 0.016 \\ 0.212 & 0.203 & 0.203 & 0.022 & 0.161 & 0.116 & 0.083 \end{bmatrix}$$

$$\boldsymbol{P}^5_{73mn} = \begin{bmatrix} 0.224 & 0.124 & 0.404 & 0.103 & 0.062 & 0.059 & 0.024 \\ 0.201 & 0.061 & 0.418 & 0.098 & 0.091 & 0.049 & 0.082 \\ 0.094 & 0.107 & 0.406 & 0.103 & 0.105 & 0.105 & 0.080 \\ 0.108 & 0.113 & 0.401 & 0.122 & 0.106 & 0.111 & 0.039 \\ 0.113 & 0.113 & 0.404 & 0.106 & 0.128 & 0.103 & 0.033 \\ 0.103 & 0.104 & 0.405 & 0.121 & 0.112 & 0.117 & 0.038 \\ 0.180 & 0.035 & 0.403 & 0.046 & 0.044 & 0.218 & 0.075 \end{bmatrix}$$

$$\boldsymbol{P}^5_{74mn} = \begin{bmatrix} 0.077 & 0.315 & 0.076 & 0.111 & 0.238 & 0.148 & 0.035 \\ 0.075 & 0.304 & 0.099 & 0.106 & 0.286 & 0.103 & 0.027 \\ 0.083 & 0.321 & 0.073 & 0.113 & 0.296 & 0.104 & 0.010 \\ 0.045 & 0.219 & 0.093 & 0.161 & 0.312 & 0.110 & 0.061 \\ 0.047 & 0.274 & 0.068 & 0.122 & 0.341 & 0.119 & 0.030 \\ 0.086 & 0.241 & 0.093 & 0.135 & 0.347 & 0.075 & 0.023 \\ 0.010 & 0.238 & 0.151 & 0.064 & 0.294 & 0.168 & 0.075 \end{bmatrix}$$

$$\boldsymbol{P}^5_{75mn} = \begin{bmatrix} 0.101 & 0.068 & 0.404 & 0.136 & 0.111 & 0.128 & 0.052 \\ 0.115 & 0.099 & 0.417 & 0.103 & 0.076 & 0.136 & 0.054 \\ 0.113 & 0.098 & 0.419 & 0.101 & 0.103 & 0.097 & 0.069 \\ 0.115 & 0.092 & 0.408 & 0.116 & 0.093 & 0.111 & 0.065 \\ 0.097 & 0.075 & 0.411 & 0.115 & 0.133 & 0.102 & 0.067 \\ 0.076 & 0.079 & 0.436 & 0.111 & 0.106 & 0.107 & 0.085 \\ 0.180 & 0.036 & 0.384 & 0.028 & 0.047 & 0.238 & 0.087 \end{bmatrix}$$

$$P_{76mn}^5 = \begin{bmatrix} 0.112 & 0.313 & 0.102 & 0.111 & 0.273 & 0.069 & 0.020 \\ 0.063 & 0.305 & 0.112 & 0.143 & 0.257 & 0.104 & 0.016 \\ 0.074 & 0.303 & 0.083 & 0.126 & 0.233 & 0.141 & 0.040 \\ 0.071 & 0.301 & 0.076 & 0.115 & 0.311 & 0.098 & 0.028 \\ 0.071 & 0.274 & 0.036 & 0.122 & 0.351 & 0.112 & 0.034 \\ 0.065 & 0.208 & 0.091 & 0.135 & 0.371 & 0.116 & 0.014 \\ 0.032 & 0.358 & 0.041 & 0.116 & 0.372 & 0.062 & 0.019 \end{bmatrix}$$

$$P_{77mn}^5 = \begin{bmatrix} 0.482 & 0.042 & 0.121 & 0.116 & 0.111 & 0.104 & 0.024 \\ 0.472 & 0.082 & 0.103 & 0.102 & 0.109 & 0.101 & 0.031 \\ 0.464 & 0.097 & 0.110 & 0.105 & 0.085 & 0.118 & 0.021 \\ 0.103 & 0.043 & 0.083 & 0.576 & 0.103 & 0.057 & 0.035 \\ 0.103 & 0.089 & 0.112 & 0.444 & 0.106 & 0.133 & 0.013 \\ 0.105 & 0.079 & 0.087 & 0.446 & 0.101 & 0.106 & 0.076 \\ 0.402 & 0.116 & 0.251 & 0.057 & 0.127 & 0.037 & 0.010 \end{bmatrix}$$

$$P_{78mn}^5 = \begin{bmatrix} 0.401 & 0.116 & 0.071 & 0.201 & 0.041 & 0.096 & 0.074 \\ 0.402 & 0.076 & 0.122 & 0.103 & 0.116 & 0.117 & 0.064 \\ 0.421 & 0.087 & 0.095 & 0.163 & 0.119 & 0.098 & 0.017 \\ 0.121 & 0.091 & 0.102 & 0.454 & 0.103 & 0.102 & 0.027 \\ 0.210 & 0.032 & 0.096 & 0.427 & 0.103 & 0.113 & 0.019 \\ 0.123 & 0.149 & 0.093 & 0.387 & 0.103 & 0.105 & 0.040 \\ 0.352 & 0.203 & 0.121 & 0.135 & 0.132 & 0.021 & 0.036 \end{bmatrix}$$

$$P_{81mn}^5 = \begin{bmatrix} 0.214 & 0.412 & 0.120 & 0.103 & 0.062 & 0.043 & 0.046 \\ 0.152 & 0.415 & 0.081 & 0.091 & 0.063 & 0.113 & 0.085 \\ 0.090 & 0.403 & 0.100 & 0.108 & 0.100 & 0.106 & 0.093 \\ 0.104 & 0.106 & 0.110 & 0.112 & 0.401 & 0.123 & 0.044 \\ 0.103 & 0.148 & 0.113 & 0.106 & 0.421 & 0.086 & 0.023 \\ 0.103 & 0.112 & 0.104 & 0.101 & 0.401 & 0.163 & 0.016 \\ 0.016 & 0.486 & 0.021 & 0.027 & 0.403 & 0.017 & 0.030 \end{bmatrix}$$

$$P_{82mn}^5 = \begin{bmatrix} 0.077 & 0.317 & 0.074 & 0.121 & 0.251 & 0.138 & 0.022 \\ 0.076 & 0.327 & 0.099 & 0.116 & 0.251 & 0.092 & 0.039 \\ 0.093 & 0.327 & 0.072 & 0.103 & 0.265 & 0.128 & 0.012 \\ 0.044 & 0.238 & 0.099 & 0.160 & 0.325 & 0.110 & 0.025 \\ 0.046 & 0.232 & 0.078 & 0.112 & 0.335 & 0.131 & 0.066 \\ 0.087 & 0.282 & 0.094 & 0.125 & 0.252 & 0.080 & 0.080 \\ 0.102 & 0.203 & 0.203 & 0.022 & 0.261 & 0.116 & 0.093 \end{bmatrix}$$

$$\boldsymbol{P}_{83mn}^{5}=\begin{bmatrix} 0.214 & 0.120 & 0.425 & 0.103 & 0.062 & 0.043 & 0.033 \\ 0.152 & 0.081 & 0.405 & 0.091 & 0.063 & 0.113 & 0.095 \\ 0.090 & 0.100 & 0.438 & 0.108 & 0.100 & 0.106 & 0.058 \\ 0.104 & 0.110 & 0.400 & 0.112 & 0.106 & 0.157 & 0.011 \\ 0.103 & 0.113 & 0.482 & 0.106 & 0.088 & 0.086 & 0.022 \\ 0.103 & 0.104 & 0.407 & 0.101 & 0.112 & 0.163 & 0.010 \\ 0.138 & 0.145 & 0.403 & 0.046 & 0.044 & 0.218 & 0.006 \end{bmatrix}$$

$$\boldsymbol{P}_{84mn}^{5}=\begin{bmatrix} 0.077 & 0.239 & 0.074 & 0.121 & 0.321 & 0.138 & 0.030 \\ 0.076 & 0.207 & 0.099 & 0.116 & 0.351 & 0.092 & 0.059 \\ 0.093 & 0.204 & 0.072 & 0.103 & 0.315 & 0.128 & 0.085 \\ 0.044 & 0.088 & 0.099 & 0.160 & 0.403 & 0.110 & 0.097 \\ 0.046 & 0.132 & 0.078 & 0.112 & 0.461 & 0.131 & 0.040 \\ 0.087 & 0.112 & 0.094 & 0.125 & 0.487 & 0.080 & 0.015 \\ 0.011 & 0.225 & 0.151 & 0.064 & 0.294 & 0.168 & 0.087 \end{bmatrix}$$

$$\boldsymbol{P}_{85mn}^{5}=\begin{bmatrix} 0.111 & 0.062 & 0.407 & 0.106 & 0.110 & 0.155 & 0.049 \\ 0.115 & 0.088 & 0.418 & 0.103 & 0.076 & 0.137 & 0.063 \\ 0.103 & 0.098 & 0.429 & 0.111 & 0.100 & 0.090 & 0.069 \\ 0.116 & 0.094 & 0.427 & 0.106 & 0.095 & 0.106 & 0.056 \\ 0.099 & 0.075 & 0.466 & 0.105 & 0.133 & 0.109 & 0.013 \\ 0.086 & 0.068 & 0.457 & 0.121 & 0.100 & 0.149 & 0.019 \\ 0.172 & 0.036 & 0.384 & 0.028 & 0.067 & 0.227 & 0.086 \end{bmatrix}$$

$$\boldsymbol{P}_{86mn}^{5}=\begin{bmatrix} 0.102 & 0.305 & 0.082 & 0.123 & 0.255 & 0.088 & 0.045 \\ 0.073 & 0.423 & 0.072 & 0.082 & 0.245 & 0.085 & 0.020 \\ 0.073 & 0.338 & 0.088 & 0.128 & 0.253 & 0.097 & 0.023 \\ 0.077 & 0.128 & 0.077 & 0.110 & 0.487 & 0.107 & 0.014 \\ 0.075 & 0.150 & 0.038 & 0.128 & 0.477 & 0.098 & 0.034 \\ 0.055 & 0.120 & 0.081 & 0.125 & 0.447 & 0.158 & 0.014 \\ 0.031 & 0.357 & 0.041 & 0.116 & 0.307 & 0.062 & 0.086 \end{bmatrix}$$

$$\boldsymbol{P}_{87mn}^{5}=\begin{bmatrix} 0.405 & 0.052 & 0.101 & 0.110 & 0.100 & 0.137 & 0.095 \\ 0.403 & 0.072 & 0.089 & 0.160 & 0.109 & 0.099 & 0.067 \\ 0.404 & 0.097 & 0.110 & 0.106 & 0.083 & 0.109 & 0.091 \\ 0.104 & 0.073 & 0.073 & 0.451 & 0.103 & 0.136 & 0.060 \\ 0.104 & 0.079 & 0.102 & 0.401 & 0.106 & 0.162 & 0.046 \\ 0.103 & 0.089 & 0.097 & 0.401 & 0.101 & 0.188 & 0.021 \\ 0.302 & 0.116 & 0.251 & 0.057 & 0.127 & 0.037 & 0.110 \end{bmatrix}$$

$$P^5_{88mn} = \begin{bmatrix} 0.288 & 0.115 & 0.181 & 0.201 & 0.041 & 0.083 & 0.091 \\ 0.256 & 0.086 & 0.202 & 0.183 & 0.115 & 0.138 & 0.020 \\ 0.268 & 0.077 & 0.096 & 0.263 & 0.118 & 0.108 & 0.070 \\ 0.212 & 0.090 & 0.101 & 0.281 & 0.178 & 0.107 & 0.031 \\ 0.212 & 0.032 & 0.096 & 0.226 & 0.203 & 0.142 & 0.089 \\ 0.231 & 0.129 & 0.083 & 0.258 & 0.123 & 0.104 & 0.072 \\ 0.312 & 0.203 & 0.121 & 0.135 & 0.132 & 0.021 & 0.076 \end{bmatrix}$$

上述研究结果表明，驾驶人情感的动态演化会对驾驶人意图的产生和行为决策产生时变影响。在不同车辆编组中，由于目标车周围环境状态的改变，驾驶意图同样受到影响。但从总体来看，在双车道环境中，当驾驶人的情感由其他状态向蔑视、愤怒情感演变时，其行驶速度明显增加，行为表现将更加激进。当其他情感向惊奇、焦虑情感演变时，驾驶人容易频繁地加、减行车速度，并且换道频率较高，行驶状态不稳定。当其他情感向愉悦、轻松情感演变时，驾驶人决策保持在一个相对稳定、合理的状态。当其他情感向恐惧、无助情感演变时，驾驶人行驶速度明显减小，并且换道频率较小，行为决策较为保守。

5.3.3 测试验证

1. 实车实验验证

从第 3 章实车实验中得到的驾驶情感 - 意图相关数据组中随机选取 4000 组有效数据，并利用本节建立的基于情感演化的驾驶意图转移模型对上述数据进行处理，从而获得驾驶情感演化下意图的转移概率。将模型输出概率最高的驾驶意图作为最终的驾驶意图预测结果，并将其与驾驶意图动态辨识结果对比来验证本模型的准确率，见表 5-4。

表 5-4 实车实验验证结果

数据组编号	预测次数	预测结果与动态识别结果相对比		准确率
		相符次数	不符次数	
1	80	66	14	82.5%
2	80	69	11	86.3%
3	80	65	15	81.3%
4	80	69	11	86.3%
5	80	65	15	81.3%
6	80	67	13	83.8%
……				
4000	80	64	16	80.1%
均值	80	66.875	13.125	83.59%

2. 虚拟驾驶实验验证

从第3章虚拟驾驶实验中得到的驾驶情感-意图相关数据组中随机选取4000组有效数据,并利用本节建立的基于情感演化的驾驶意图转移模型对上述数据进行处理,从而获得驾驶情感演化下意图的转移概率。将模型输出概率最高的驾驶意图作为最终的驾驶意图预测结果,并将其与驾驶意图动态辨识结果对比来验证本模型的准确率,见表5-5。

表 5-5 虚拟实验验证结果

数据组编号	预测次数	预测结果与动态识别结果相对比		准确率
		相符次数	不符次数	
1	80	64	16	80.0%
2	80	68	12	85.0%
3	80	66	14	82.5%
4	80	70	10	87.5%
5	80	65	15	81.3%
6	80	67	13	83.8%
……				
4000	80	68	12	85.0%
均值	80	67.125	12.875	83.91%

实车和虚拟驾驶实验验证结果表明,本节所建立的驾驶意图预测模型预测具有较高的准确率和可靠性。

5.4 考虑情感影响的驾驶人意图辨识

为提高驾驶意图辨识的准确率,本节利用驾驶人情感和汽车集群态势,建立考虑情感影响的汽车驾驶人意图辨识模型,实现对驾驶意图的准确辨识,并通过实车、虚拟和仿真实验对模型准确性和可靠性进行了验证。

5.4.1 基于SVM的驾驶人意图辨识模型

若存在某超平面能够将两类数据区分,并且使这两类数据到此平面的距离最大,则此平面为最优分类超平面。

(1)线性最优分类超平面

存在一组训练样本 $(x_1,y_1),(x_2,y_2),\cdots,(x_l,y_l)$,此样本包含两类数据。其中 x_i 为 n 维向量,$x_i \in R^n$;y_i 为样本标签,$y_i \in \{-1,1\}$。若 x_i 属于第一类样本数据,则 $y_i=1$;否则 $y_i=-1$。

如图 5-15 所示，黑色圆形点和白色方形点分别代表两类样本数据，H 为分类超平面；H1、H2 分别为两类样本中距离 H 平面最近的数据形成的平面，H1 和 H2 之间的距离被称为分类间隔（margin）。既能将两类样本分开，又能使 margin 最大的分类面为最优分类面。

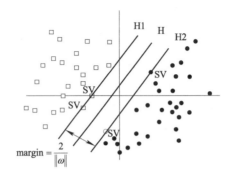

图 5-15　SVM 最优分类面

若给定的数据样本是线性可分的，则分类超平面 H 表示为

$$\omega \cdot x + b = 0 \qquad (5\text{-}24)$$

使得

$$\begin{cases} \omega \cdot x_i + b \geqslant 1, y_i = 1 \\ \omega \cdot x_i + b \leqslant -1, y_i = -1 \end{cases} \qquad (5\text{-}25)$$

对式（5-25）进行规一化，使得样本集 (x_i, y_i)，$i=1,2,\cdots,n$，满足：

$$y_i[(\omega \cdot x_i) + b] \geqslant 1, \quad i=1,2,\cdots,n \qquad (5\text{-}26)$$

分类间隔计算方法为

$$\rho = \min_{\{x_i, y_i=1\}} \frac{|\omega \cdot x_i + b|}{\|\omega\|} + \min_{\{x_j, y_j=-1\}} \frac{|\omega \cdot x_j + b|}{\|\omega\|} = \frac{2}{\|\omega\|} \qquad (i=1,2,\cdots,n) \qquad (5\text{-}27)$$

使分类间隔 $\frac{2}{\|\omega\|}$ 最大，即 $\frac{1}{2}\|\omega\|$ 或 $\frac{1}{2}\|\omega\|^2$ 最小，可根据文献进行如下计算：

$$\begin{cases} \min \dfrac{1}{2}\|\omega\|^2 \\ \text{约束条件：} y_i[(\omega \cdot x_i) + b] \geqslant 1 \end{cases} \qquad (i=1,2,\cdots,n) \qquad (5\text{-}28)$$

通过式（5-29）中拉格朗日函数计算获得式（5-28）的最优解：

$$L(\omega, b, \alpha) = \frac{1}{2}\|\omega\|^2 - \sum_{i=1}^{n} \alpha_i[y_i(\omega \cdot x_i + b) - 1] \qquad (i=1,2,\cdots,n) \qquad (5\text{-}29)$$

式中，$\alpha_i \geqslant 0$（$i=1,2,\cdots,n$）为拉格朗日乘子。

通过计算得出最优分类函数为：

$$f(x) = \text{sgn}(\omega \cdot x + b) = \text{sgn}\left[\sum_{x_i \subset SV} \alpha_i y_i (x_i \cdot x) + b\right] \quad （5-30）$$

（2）广义最优分类面

若所给定的训练样本集是线性可分的，则采用上述方法进行求解；而当训练样本集线性不可分时，则可在上述条件中加入松弛因子 $\xi_i \geqslant 0$：

$$y_i[(\omega \cdot x) + b] \geqslant 1 - \xi_i \quad （5-31）$$

把目标函数改为 $\min\left(\dfrac{1}{2}\|\omega\| + c\sum\limits_{i=1}^{n}\xi_i\right)$，其中 c 为惩罚函数。

由于训练样本线性不可分，因此，作非线性映射 $Q(x): R^n \to Z$，其中 Z 为高维内积空间，并在 Z 中构建广义最优超平面。在构造过程中不用考虑其形式，只进行内积计算，并且可以引入符合 Mercer 条件的核函数 $K(x_i, y_i)$。

由此非线性决策函数构造为

$$y(x) = \text{sgn}[\omega \cdot Q(x) + b] = \text{sgn}[\alpha_i y_i K(x_i, x_j) + b] \quad （5-32）$$

式中，$K(x_i, x_j)$ 为核函数，$0 \leqslant \alpha_i \leqslant c$ 是拉格朗日乘子。

图 5-16 为 SVM 的结构。

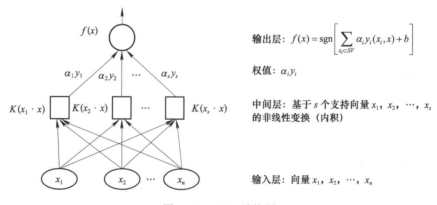

图 5-16　SVM 结构图

5.4.2　模型训练

本节基于 SVM 理论，根据第 3 章的实验方法，在不同汽车集群态势下采集驾驶人驾驶情感、意图相关数据，进行驾驶意图辨识。在双车道环境中，对于行驶速度而言，驾驶意图可分为加速、保持车速、减速；对于车辆是否换道而言，驾驶意图可分为换道和保持车道。应用有向无环图算法建立驾驶人意图的识别模型，该算法建立在 1-v-1（one versus one）基础上。对于 k 类样本，包含有 $k(k-1)/2$ 个节点，每个节点为一个 1-v-1 分类器。对于行驶速度识别时 $k = 3$，基于有向无环图算法的识别模型如图 5-17 所示。对于车辆换道识别时 $k = 2$，基于有向无环图的识别模型如图 5-18 所示。

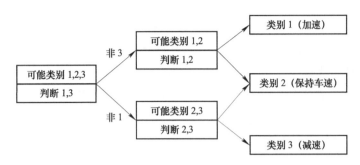

图 5-17 基于有向无环图算法的驾驶人速度意图识别模型

图 5-18 基于有向无环图算法的驾驶人换道意图识别模型

构建特征向量 $Data(t)$ 和标签量 $Label(t)$，分别作为 SVM 模型训练参数和验证的特征参数。$Data(t) = \{x_1(t), x_2(t), \cdots, x_i(t), \cdots, x_n(t)\}$，$n$ 为训练样本数量，$x_i(t)$ 为 t 时段内对应的特征量信息。本节选取的特征量为驾驶人情感和汽车集群态势。每种驾驶情感用愉悦度、激活度以及优势度三个维度表示。汽车集群态势由目标车所在车道和相邻车道对目标车的作用力表示。$Label(t) = \{y(t)\}$，其中 $y(t)$ 表示 SVM 在每个节点的分类标签，$y(t) \in \{-1, 1\}$。例如在驾驶人换道意图识别模型中，换道记为 1，保持车道记为 –1。在 MATLAB Lib-svm 环境下选用高斯径向基核函数以默认参数导入样本对模型进行训练，训练时间为 0.4792s，迭代次数为 38 次。

5.4.3 测试验证

1. 实车实验验证

从实车驾驶实验数据中抽取 SVM 训练数据，其余的数据构成驾驶意图辨识模型实车实验测试样本。使用建立的模型对测试样本进行辨识，模型辨识的准确率如图 5-19 和图 5-20 所示。

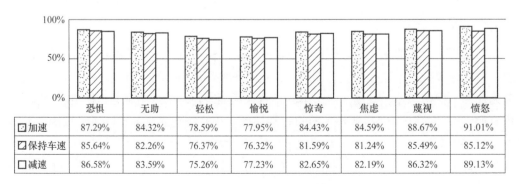

	恐惧	无助	轻松	愉悦	惊奇	焦虑	蔑视	愤怒
加速	87.29%	84.32%	78.59%	77.95%	84.43%	84.59%	88.67%	91.01%
保持车速	85.64%	82.26%	76.37%	76.32%	81.59%	81.24%	85.49%	85.12%
减速	86.58%	83.59%	75.26%	77.23%	82.65%	82.19%	86.32%	89.13%

图 5-19 驾驶人速度意图辨识准确率

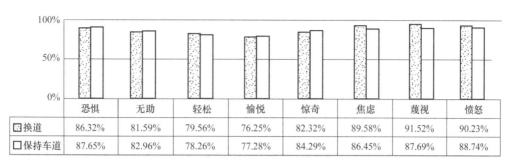

图 5-20　驾驶人换道意图辨识准确率

由图 5-19 可知，在恐惧、蔑视、愤怒情感状态下，驾驶人速度意图辨识准确率在 85% 以上；在无助、惊奇、焦虑情感状态下，驾驶人速度意图辨识准确率在 80% 以上；在轻松、愉悦情感状态下，驾驶人意图辨识准确率大于 75%。由图 5-20 可知，在恐惧、焦虑、蔑视、愤怒情感状态下，驾驶人换道意图辨识准确率在 85% 以上；在无助、惊奇情感状态下，驾驶人换道意图辨识准确率在 80% 以上；在轻松、愉悦情感状态下，驾驶人换道意图的辨识准确率在 75% 以上。由此表明，本节所建驾驶意图辨识模型的准确度较高。运用 SVM 建立不考虑情感的驾驶意图辨识模型，验证结果表明，该模型对加速、保持车速、减速三种意图的辨识准确率分别为 76.24%、71.58%、69.76%，对换道、保持车道意图的辨识准确率分别为 73.59%、71.96%；而考虑情感的意图辨识模型对加速、保持车速、减速三种驾驶意图的辨识准确度的平均值分别为 84.61%、81.75%、82.87%，换道、保持车道意图的辨识准确率分别为 84.67%、84.17%。

2. 虚拟驾驶实验验证

从虚拟驾驶实验数据中抽取 SVM 训练数据，剩余的数据构成驾驶意图辨识模型虚拟驾驶实验测试样本。使用建立的模型对测试样本进行辨识，辨识的准确率如图 5-21 和图 5-22 所示。

由图 5-21 可知，在焦虑、愤怒情感状态下，驾驶人速度意图辨识准确率在 85% 以上；在恐惧、轻松、愉悦情感状态下，驾驶人速度意图辨识准确率在 80% 以上；在无助、惊奇、蔑视情感状态下，驾驶人意图辨识准确率大于 75%。由图 5-22 可知，在焦虑、蔑视、愤怒情感状态下，驾驶人换道意图辨识准确率在 85% 以上；在恐惧、无助、惊奇情感状态下，驾驶人换道意图辨识准确率在 80% 以上；在轻松、愉悦情感状态下，驾驶人换道意图的辨识准确率在 75% 以上。由此表明，本节所建驾驶意图辨识模型的准确度较高。运用 SVM 理论建立不考虑情感的驾驶意图辨识模型，验证结果表明，该模型对加速、保持车速、减速三种意图的辨识准确率分别为 72.55%、71.47%、70.29%，对换道、保持车道意图的辨识准确率分别为 72.68%、71.92%；而考虑情感的意图辨识模型对上述三种驾驶意图的辨识准确度的平均值分别为 82.52%、80.84%、81.71%，对换道、保持车道意图的辨识准确率分别为 83.96%、83.90%。

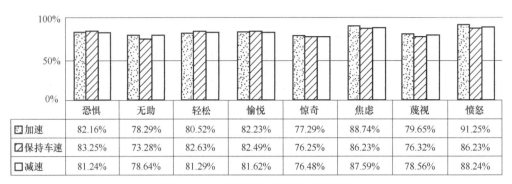

图 5-21　驾驶人速度意图辨识准确率

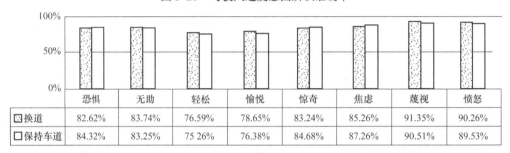

图 5-22　驾驶人换道意图辨识准确率

3. 仿真实验验证

仿真验证结果如图 5-23 ～图 5-28 所示，其中，模拟 1 为未考虑驾驶人情感的模型仿真结果，模拟 2 为考虑驾驶人情感的模型仿真结果。

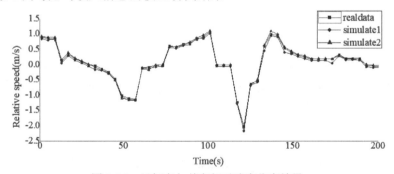

图 5-23　目标车与前车相对速度仿真结果

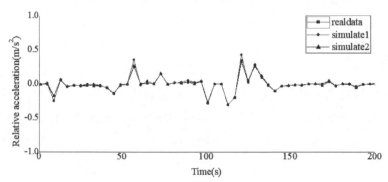

图 5-24　目标车与前车相对加速度仿真验证

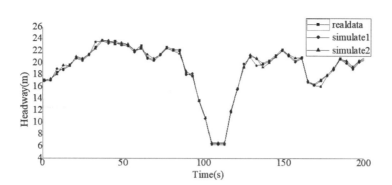

图 5-25　目标车与前车车头间距仿真验证

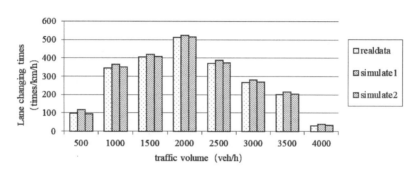

图 5-26　目标车换道次数仿真验证结果

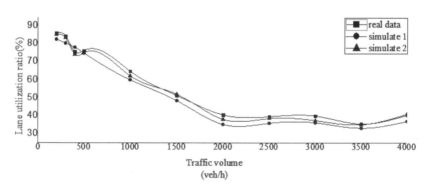

图 5-27　双车道路边车道流量-车道利用率关系仿真结果

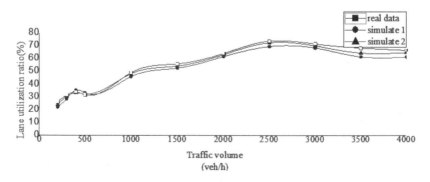

图 5-28　双车道环境中内侧车道流量-车道利用率关系仿真结果

综合考虑实车、虚拟驾驶和仿真实验验证结果，可以得出本节建立的驾驶意图识别模型具有较高的准确度和可靠性。

本章以"双车道环境中汽车驾驶人意图的情感指引机制"为研究的核心问题，并根据前文对汽车集群态势和实验方法的研究内容，采集驾驶人情感-意图相关数据。基于此，对双车道环境汽车驾驶人意图的情感指引机制及辨识方法展开研究。首先，从情感-意图作用机理出发，采用免疫算法得到驾驶人在不同情感状态下意图的概率分布，并对汽车驾驶人意图的情感触发效应进行深入分析；其次，构建基于不同情感状态驾驶人意图涌现规律分析的神经网络模型，深入分析和探讨不同情感状态下驾驶人意图的涌现规律；再次，运用隐马尔可夫模型推演驾驶人情感-意图双重状态转移链，对双车道环境中情感演变所激发的汽车驾驶人意图转移规律进行深入研究。最后，利用驾驶人情感和汽车集群态势，基于 SVM 理论，建立汽车驾驶人意图辨识模型，实现对驾驶意图的准确辨识。本章综合使用实车实验、虚拟驾驶实验和仿真实验对所建模型进行了验证，验证结果显示本篇所建模型合理、有效。

第 6 章 基于多人动态博弈的汽车行驶车道选择模型

目前关于车道选择的研究主要集中在判断可插车间隙及安全距离等临界条件的基础上主观选择车辆在当前交通条件下的行驶状态，又或应用博弈论知识构建换道目标车与目标车道后车的二人静态博弈车道选择模型。这些模型在一定程度上可以提高道路交通安全，但不能较为客观地反映道路上汽车驾驶人车道选择的实际情况，尤其缺乏对驾驶倾向性特别是时变的驾驶倾向性、智能网联条件下可获得信息的完备程度及周围车辆驾驶人车道选择对目标车的影响的考虑。

本章着眼于智能网联条件下类脑智能汽车的车道选择问题，考虑交通流密度和车辆平均速度，根据本书第 2 章中关于汽车集群态势的定义方法，基于驾驶人可获得信息完备程度的不同，分别构建了基于完全信息多人动态博弈的车道选择模型和基于相场耦合与不完全信息并考虑时变驾驶倾向性的多人动态博弈车道选择模型，然后应用实验与仿真相结合的手段验证所建模型。

6.1 基于完全信息多人动态博弈的车道选择模型

本节首先基于完全信息多人动态博弈建立车道选择模型，并使用 NGSIM 数据集标定模型参数；其次，使用逆向归纳法求解该完全信息动态博弈的子博弈精炼纳什均衡；最后，基于 NGSIM 数据集验证所建模型。

6.1.1 模型构建、标定与求解

1. 模型构建

博弈论可以为涉及多个参与人且各参与人之间的决策会相互影响的局势分析提供数学模型。在多车道的道路环境中行驶时，驾驶人需要通过分析集群态势中各子区域车辆对自身

行车安全及利益的影响,并根据当前所驾驶车辆及周围车辆的行驶状态,来选择最优行驶车道。驾驶人的车道选择是一个利益(如行车安全性、行车效率性、驾驶舒适性等)追求的过程,需要在有相互影响的汽车集群态势中做出复杂的思维决策,因而可以借助多人动态博弈的方法描述驾驶人的车道选择行为。但是,在应用该方法做分析时,各驾驶人需要同时考虑多个驾驶人行动选择的影响,且随着参与人数量的增多,策略组合也增多,致使动态博弈树过于庞大、博弈过程及求解过于复杂。因此,为简化博弈过程及模型求解,本节将多人动态博弈分解为多个二人动态博弈。

在三车道场景下,以 n_1 为研究对象,构建 n_1 分别与 n_2、n_3、n_4、n_5、n_6、n_7 的二人动态博弈。根据车联网条件下得到的车辆位置、速度、车型、加减速频率等信息,参考文献的方法辨识驾驶人倾向性。博弈中,驾驶人位于不同车道的行动选择不同,其中,中间车道:向左换道(Change Left, CL)、保持车道(No Changing, NC)和向右换道(Change Right, CR),即分别对应着选择左侧车道、选择当前所在车道和选择右侧车道的行动选择;左侧车道:NC 和 CR,即分别对应着选择当前所在车道和选择中间车道的行动选择;右侧车道:CL 和 NC,即分别对应着选择中间车道和选择当前所在车道的行动选择。因此,各博弈方的行动空间为 $S_i = \{s_i^x, s_i^x \in \{CL, NC, CR\}\}$,其中,$s_i^x (x=1,2,3)$ 为参与人 n_i 选取的行动,s_i^1、s_i^2 和 s_i^3 分别对应 CL、NC 和 CR 的行动选择。二人有限战略动态博弈可以用博弈树表述,以目标车 n_1 与其左后车 n_3 的车道选择博弈为例进行说明,如图 6-1 所示。

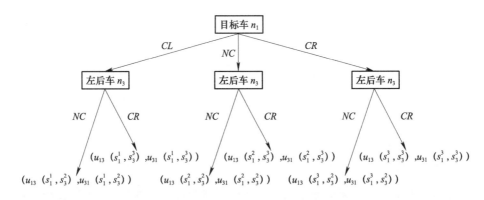

图 6-1 目标车与其左后车的车道选择博弈

在动态博弈中,参与人的行动顺序有先后,且后行动的参与方可以观察到先行动的参与方的选择,根据车辆所在集群编组中的前后车位置关系,本节假定目标车驾驶人先于其后方且次于其前方的车辆驾驶人做出行动选择。博弈第一阶段,目标车 n_1 首先行动,且 n_1 行动时会考虑自身选择对其左后车 n_3 可能的影响,其行动空间为 $S_1 = \{CL, NC, CR\}$。第二阶段,左后车 n_3 观察目标车 n_1 的行动选择,并据此选择自己的行动,其行动空间为 $S_3 = \{NC, CR\}$。各博弈参与人的策略一旦选定,博弈的局势及相应策略组合下各参与人的收益也随之确定。以 $u_{1i}(s_1^x, s_i^x)$ 与 $u_{i1}(s_1^x, s_i^x)$ 分别表示目标车 n_1 选择行动 s_1^x、车辆 n_i 选择行动 s_i^x 时 n_1 与 n_i 的收益,故 n_1 与 n_3 在相应策略组合下的收益分别为 $u_{13}(s_1^x, s_3^x)$ 与 $u_{1i}(s_1^x, s_i^x)$。

由于驾驶人对当前行驶状态的满意与否主要取决于驾驶人感知其所在车道对车辆作用力的大小,故各驾驶人的收益可用驾驶人执行操作前后车辆受到其所在车道作用力的差值衡量。其中,车道作用力包括博弈车辆后车作用力及博弈车辆前方车辆累积作用力之和,其中前方车辆的累积作用力为博弈车辆次前车对博弈车辆前车的作用力及博弈车辆前车对博弈车辆的作用力之和。考虑到位于不同区域的车辆对目标车作用力的贡献率不同,可以将目标车驾驶人感知的各子区域贡献率大小作为权重赋予相应子区域车辆对目标车的作用力。因此,以目标车 n_1 为例,执行操作前后 n_1 所受作用力分别为

$$F_o^1 = \varepsilon_1^q (f_1^q + f_4^q) + \varepsilon_1^h f_1^h \text{ 和 } F_{o'}^1 = \varepsilon_1^{q'}(f_{1''}^{q'} + f_{4''}^{q'}) + \varepsilon_1^{h'} f_1^{h'}$$

故 n_1 的驾驶收益为

$$u_1(s_1^x) = \Delta F_1 = F_{o'}^1 - F_o^1$$

其中,ε_1^q、$\varepsilon_1^{q'} \in \{\varepsilon_1^{ql}, \varepsilon_1^q, \varepsilon_1^{qr}\}$ 与 ε_1^h、$\varepsilon_1^{h'} \in \{\varepsilon_1^{hl}, \varepsilon_1^h, \varepsilon_1^{hr}\}$ 分别表示各驾驶人执行操作前后目标车所在车道前侧及后侧区域车辆对其所受作用力的贡献率;f_1^h 与 $f_1^{h'}$ 分别表示各驾驶人执行操作前后 n_1 所受其所在车道后侧区域车辆的作用力;$f_{1''}^{q'}$ 与 $f_{4''}^{q'}$ 分别表示各驾驶人执行操作后 n_1 所在车道前车 n_1 对目标车 n_1 及目标车次前车 $n_{4''}$ 对目标车前车 $n_{1'}$ 的作用力。

同理可计算其他车辆驾驶人的收益:

$$u_i(s_i^x) = \Delta F_i = F_{o'}^i - F_o^i$$

2. 模型标定

采用 NGSIM 的实测交通数据对模型参数进行标定。NGSIM 是由美国联邦公路管理局发起的,应用视频检测技术,采集自然驾驶的车辆轨迹数据等,目的是为微观交通仿真提供核心的行为研究算法及微观建模、模型标定和验证的数据集,以进一步客观地反映交通行为。

采用 I-80 下午 4:00—4:15 及 US-101 上午 7:50—8:05 的车辆轨迹数据集(两条路段上对时段轨迹数据集的选择依据为车辆换道次数的多少,本文选取的是换道次数较多的轨迹数据集)分别对所建模型进行标定和验证。其中,选取这两条路段中的第 2、3、4 条车道(以行驶方向最左侧的车道为 1 车道,向右依次递增)上且车辆进入数据采集区域时就行驶在这三条车道上的汽车为研究对象;不考虑 HOV 车道及其他辅助车道上的车辆(其驾驶行为不同于其他车道的车辆);不考虑连续换道的车辆(车辆进行的连续换道更接近于强制性换道)。I-80 及 US-101 所研究路段的车道分布情况如图 6-2 所示。

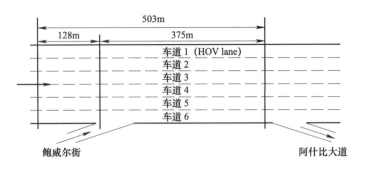

a) I-80 北行路段（加利福尼亚—埃默里维尔）

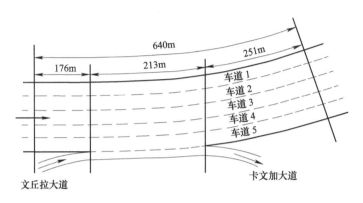

b) US-101 南行路段（加利福尼亚—洛杉矶）

图 6-2　研究路段的车道分布示意图

(1) 数据处理

NGSIM 轨迹数据的每一条记录中不仅包含了各个车辆在某一时刻的状态信息（包括所行驶的车道、所在位置、瞬时速度、瞬时加速度等），还包含了当前时刻其所在车道的前、后车编号信息，因此可以结合视频并根据车辆编号、前后车编号及时间等信息，关联查询各个时刻其所在编组关系中各个车辆的状态信息，获得各车辆的车型及集群态势内各车辆之间的相对距离和相对速度，得到满足计算汽车集群态势所需的微观数据。对 NGSIM 的轨迹数据进行预处理后可以得到的主要数据见表 6-1。

表 6-1　预处理后可得的主要微观数据

指标	目标车的相关对象					
	左前车	左后车	前车	后车	右前车	右后车
相对距离/m	Δd_2	Δd_3	Δd_4	Δd_5	Δd_6	Δd_7
相对速度/(m/s)	Δv_2	Δv_3	Δv_4	Δv_5	Δv_6	Δv_7

(2) 参数标定

对 NGSIM 所采集的 I-80 路段的车辆运动轨迹数据进行分析和处理，参考经验值，采用反复循环训练和专家意见标定模型参数，以建立能够正确反映实际交通流运行特性的驾驶人车道选择模型。车道选择模型的参数标定情况见表6-2。

表6-2 车道选择模型参数标定

参数		V_1	V_2	V_3	V_4	D_1	D_2	D_3	D_4
数值	激进型	−3.3	−1.6	1.6	3.3	8.2	22.5	36.7	51.3
	普通型	−4.8	−2.5	2.5	4.8	12.6	25.8	40.1	60.5
	保守型	−8.4	−4.5	4.5	8.4	22.3	38.3	54.4	70.4

3. 模型求解

由于动态博弈中每一位参与者都会考虑到自己的行动选择对晚于自己行动的参与者的可能影响，因此，可以采用逆向归纳法求解该完全信息动态博弈的子博弈精炼纳什均衡。该方法的思想是从博弈树中的最后一个决策结开始往回倒推，根据效用最大化原则，每一步剔除在该决策结上参与人的劣选择，直到剔除博弈开始时第一个决策结上参与人的劣选择。

以目标车 n_1 与其左后车 n_3 的博弈为例进行模型求解方法的说明。

目标车 n_1 与其左后车 n_3 的车道选择博弈是一个两阶段的动态博弈，第一个阶段参与人 n_1 行动，第二个阶段参与人 n_3 行动，并且 n_3 在行动前观测到 n_1 的选择，S_1 和 S_3 分别是参与人 n_1 和 n_3 的行动空间。当博弈进入第二阶段，给定参与人 n_1 在第一阶段的选择 $s_1^x \in S_1$，参与人 n_3 面临的问题是确定 s_3^x 以最大化自身的收益：$\max\limits_{s_3 \in S_3} u_{31}(s_1^x, s_3^x)$。显然参与人 n_3 的最优选择 s_3^* 依赖于参与人 n_1 的选择 s_1^x，则该问题的最优解为 $s_3^* = R(s_1^x)$，即参与人 n_1 行动的反应函数。因为博弈参与人都是理性的，故参与人 n_1 会预测到参与人 n_3 在博弈的第二阶段将按照 $s_3^* = R(s_1^x)$ 的规则行动。因此，在博弈的第一阶段，参与人 n_1 面临的问题是确定 s_1^x 以最大化自身的收益：$\max\limits_{s_1 \in S_1} u_{13}(s_1^x, R(s_1^x))$，求得该问题的最优解 s_1^*。则该博弈的子博弈精炼纳什均衡为 $(s_1^*, R(s_1^*))$。

同理，目标车 n_1 与其左前车 n_2、前车 n_4、后车 n_5、右前车 n_6、右后车 n_7 的子博弈精炼纳什均衡亦可以用逆向归纳法得到。目标车 n_1 最终对车道的选择则需要通过权衡其与各子区域车辆博弈达到均衡时自己选择不同策略的驾驶收益大小来确定。由于各子区域车辆对目标车进行车道选择决策时的影响力度不同，故目标车可以将其感知各子区域贡献率的大小作为权重赋予与各区域车辆博弈均衡时目标车驾驶人所选策略对应的收益，并对博弈时所选取相同策略的加权收益求和，即 $u_1(s_1^x) = \sum \varepsilon_i^t u_{1i}(s_1^{x*})$，$i=2,3,\cdots,7$。其中，对于 $u_{1i}(s_1^{x*})$，$x=1,2,3$ 表示目标车 n_1 与参与人 n_i 博弈时 n_1 采取最优战略 s_1^x 时所得的驾驶收益。目标车 n_1 根据加权求和结果选取数值最大者（即 $u_1(s_1^*) = \max\{u_{1i}(s_1^x)\}$，$x=1,2,3$）对应的策略（$s_1^*$）作为自己最终对车道的选择。汽车集群态势中其他车辆最终对车道的选择亦可用上述方法得到。

6.1.2 基于 NGSIM 轨迹数据的车道选择模型验证

运用 NGSIM 所采集 US-101 路段的车辆运行轨迹数据对模型进行验证，应用所建立的多人博弈车道选择模型对所研究路段采集的视频信息及车辆轨迹数据进行分析处理，对选定车道上的车辆做车道选择预测。由于驾驶人在选择"向左换道"或"向右换道"的策略时，相应的车辆运行状态较明显且容易观察，故以车辆换道为指标，以此检验应用所建模型对车道选择的预测结果，并与车辆的实际换道情况对比，验证模型的有效性。对比结果见表 6-3。

表 6-3 模型验证结果

车道	预测次数	预测结果与实际结果对比		正确率（%）
		相符次数	不符次数	
2	50	45	5	90.00
3	150	133	17	88.67
4	150	134	16	89.33
合计	350	312	38	89.14

通过对城市快速路基本路段上集群车辆驾驶人间的车道选择博弈行为进行分析，综合考虑了汽车集群态势特别是驾驶人倾向性、车辆车型等影响驾驶人决策行为的因素，建立了基于完全信息多人动态博弈的集群车辆驾驶人的车道选择模型。通过分析不同策略组合下各个驾驶人获得的收益，运用逆向归纳法求解模型的子博弈精炼纳什均衡，获得了参与博弈的各驾驶人的最优车道选择对策。该对策能够比较合理地反映基本路段上的交通运行状况，可以为物联网条件下智能驾驶特别是拟人驾驶指挥系统的车道选择决策提供理论基础。

6.2 基于相场耦合与不完全信息多人动态博弈的车道选择模型

本节中，首先确定车道选择过程中驾驶人行动顺序，嵌入表达驾驶倾向性时变规律的 HMM，计算驾驶收益；其次，构建并求解基于相场耦合与不完全信息多人动态博弈建立车道选择模型；最后，综合利用 NGSIM 数据集、道路驾驶实车实验数据、交互式并行驾驶模拟实验数据和交通流微观仿真实验数据验证所建模型。

6.2.1 车道选择博弈分析

驾驶人倾向性的不同、所驾驶车辆车型的不同以及所处道路环境条件的不同，对驾驶人车道选择行为的影响也将不同。

第6章 基于多人动态博弈的汽车行驶车道选择模型

1）从驾驶倾向性的角度分析，保守型驾驶人比较沉稳、慎重、注意力较稳定且不易转移、易于低速驾驶且较少超车，故其选择右侧车道行驶的可能性较大；而激进型驾驶人则相反，其好动、敏感、反应迅速且注意力易转移，故易于高速行车且换道相对频繁，其选择左侧车道的可能性较大。

2）从车型角度分析，大型车行驶速度相对较缓慢，若驾驶人对其期望速度要求不高，一般选择慢车道行驶；小型车一般操纵相对灵活、方便，其行驶速度相对较快，选择左车道行驶的可能性较大；过境车一般速度较快易于选择快车道行驶；而公共汽车因车速较慢、站点停靠及安全方面的原因，若非左拐，在路段上一般靠右侧行驶。

3）从道路条件的角度分析，由于车道数的增加可以增加驾驶人选择变换车道的空间，故三车道条件下驾驶人的换道行为较双车道的情况要频繁。

在三车道场景下，将目标车 n_1、左前车 n_2、左后车 n_3、前车 n_4、后车 n_5、右前车 n_6、右后车 n_7 作为博弈参与人，即所有参与人的集合为 $N_0 = \{n_1, n_2, \cdots n_i, \cdots, n_7\}$（$i = 1,2,3,4,5,6,7$）。博弈中，位于中间车道的车辆有三种行动选择：向左换道（Change Left, CL）、保持车道（No Changing, NC）和向右换道（Change Right, CR）；位于左侧车道的车辆有两种行动选择：保持车道（NC）和向右换道（CR）；位于右侧车道的车辆有两种行动选择：向左换道（CL）和保持车道（NC）。在实际的车道选择博弈中，由于车辆只配备了部分物联装置，且驾驶人只能得到有关其他车辆的车型、相对距离、相对速度及相应驾驶人的策略空间等部分信息，但不能得到有关其他驾驶人的特征、驾驶收益函数等信息，故本节假设参与车道选择博弈的驾驶人均获得不完全信息。

1. 驾驶人行动顺序的确定

在动态博弈的过程中，参与人的行动顺序有先后，后行动的参与方可以通过观察先行动的参与方的行动获得先行动参与方的信息，并以此推断该行动者的类型或者修正有关该行动者类型的先验信念（即概率分布），然后选择自己的最优行动。因此，博弈过程不仅是参与人选择行动的过程，而且是参与人不断修正信念的过程。根据博弈分析可知，倾向性越激进的驾驶人更容易以自身需求为主而优先做出自己的行动选择，且较少考虑周围其他驾驶人行动选择的影响，而倾向性越保守的驾驶人则相反，其更容易较晚做出行动选择。此外，驾驶人选择行动的顺序还受到其所在编组关系中前后位置的影响，且相较于驾驶倾向性，前后车位置在对行动顺序的影响方面具有更高的权重，且位于前车位置的车辆驾驶人较位于后车位置的车辆驾驶人更具有优先选择权。

因此，在集群车辆驾驶人车道选择的动态博弈过程中，本文以车辆所在编组关系中的前后车位置及驾驶人倾向性的激进程度这两项指标为依据，确定驾驶人进行行动选择的顺序。通常，车辆所在编组关系中的位置越靠前且驾驶人倾向性越激进，驾驶人做出行动选择的优先权越高。根据文献中的方法辨识驾驶人的倾向性类型，选取概率最大者对应的倾向性类型作为驾驶人的倾向性。因此，驾驶人行动选择顺序确定的具体流程如图6-3所示。

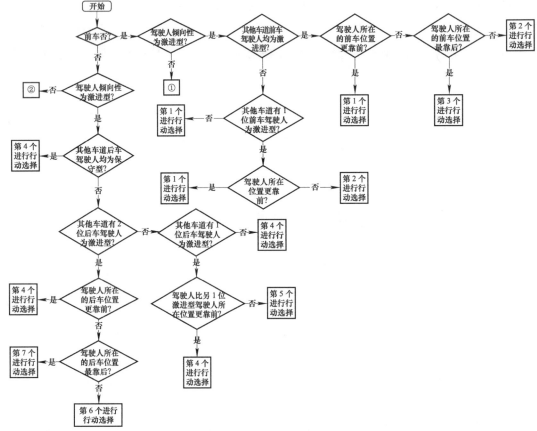

a）驾驶人行动顺序确定的部分流程图（1）

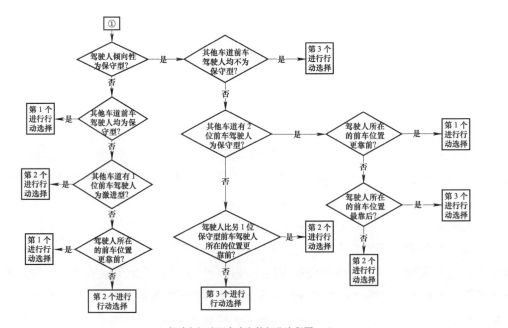

b）驾驶人行动顺序确定的部分流程图（2）

图 6-3　驾驶人行动顺序确定的流程图

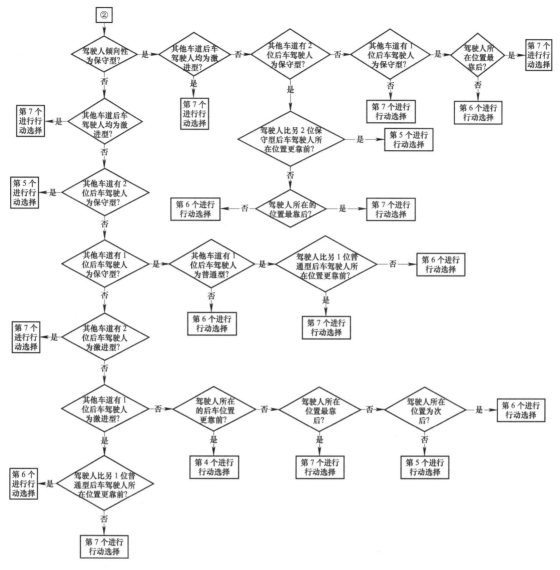

c）驾驶人行动顺序确定的部分流程图（3）

图 6-3　驾驶人行动顺序确定的流程图（续）

2. HMM 的嵌入

驾驶倾向性易随道路交通环境的变化而发生演化，影响驾驶人的意识和操控行为，进而会影响汽车集群态势的演化。同一驾驶人在不同的汽车集群态势下可能会表现出不同类型的倾向性，且驾驶人不同倾向性类型间会伴随着汽车集群态势的动态演化而发生相互转移，因而在驾驶人车道选择动态博弈模型建立的过程中需要考虑时变驾驶倾向性的影响。

HMM 用于描述随机过程的统计特性，是一个双重随机过程，包含马尔可夫链和一般随机过程两部分。因此，在城市快速路三车道的条件下，从环境变化，特别是从汽车集群态势演化的角度出发，针对汽车集群态势与驾驶倾向性的双重随机变化过程建立 HMM，探析驾驶倾向性的转移规律。其中，马尔可夫链用来描述汽车集群态势状态的转移，某时刻的汽车集群态势状态仅与其上一时刻的状态直接相关；一般随机过程用来描述驾驶倾向性输出观察值的统计特性。

假设汽车集群态势状态及驾驶倾向性状态的转移均具有马氏性，且 t 时刻驾驶倾向性状态还受到该时刻汽车集群态势状态的影响。不同时刻汽车集群态势状态对驾驶倾向性状态转移的影响关系如图 6-4 所示。

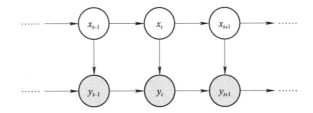

图 6-4　不同时刻汽车集群态势状态对驾驶倾向性状态转移的影响关系

x_t — t 时刻车辆集群态势状态　y_t — t 时刻驾驶倾向性状态

HMM 参数的详细推导过程参考文献 [89] 提出的方法，最终可以得出优化后的汽车集群态势状态转移概率公式为

$$\hat{a}_{ij} = \frac{\sum_{t=1}^{L-1} P(x_t = T_i, x_{t+1} = T_j \mid u_1, \cdots, u_L)}{\sum_{t=1}^{L-1} P(x_t = T_i \mid u_1, \cdots, u_L)} = \frac{\sum_{t=1}^{L-1} \varepsilon_t(i,j)}{\sum_{t=1}^{L-1} \gamma_t(i)} = \frac{\sum_{t=1}^{L-1} a_{ij} b_j(u_{t+1})}{\sum_{t=1}^{L-1} \sum_{j=1}^{16} a_{ij} b_j(u_{t+1})} \quad (6\text{-}1)$$

驾驶倾向性状态概率分布的优化算法为

$$\hat{b}_j(u_k) = \frac{\sum_{\substack{t=1 \\ y_t = u_k}}^{L} P(x_t = T_j \mid u_1, \cdots, u_L)}{\sum_{t=1}^{L} P(x_t = T_j \mid u_1, \cdots, u_L)} = \frac{\sum_{\substack{t=1 \\ y_t = u_k}}^{L} \gamma_t(j)}{\sum_{t=1}^{L} \gamma_t(j)} = \frac{\sum_{\substack{t=1 \\ y_t = u_k}}^{L} \alpha_t(j)\beta_t(j)}{\sum_{t=1}^{L} \alpha_t(j)\beta_t(j)} \quad (6\text{-}2)$$

初始时刻汽车集群态势状态概率分布 π_i 的优化算法为

$$\hat{\pi}_1 = \gamma_1(i) = \frac{\alpha_1(i)\beta_1(i)}{\sum_{i=1}^{16} \alpha_1(i)\beta_1(i)} \quad (6\text{-}3)$$

3. 驾驶收益的计算

博弈参与人的行动选择一旦选定，博弈的局势及相应各个参与人的收益函数也随之确定。驾驶人行动选择的收益可以从车辆驾驶的安全性、效率性及舒适性三个方面来衡量：

（1）驾驶安全性收益计算

驾驶安全性收益 $u_{n_i}^1$ 是指驾驶人在执行操作过程的前后车辆所受各子区域车辆综合作用

力（相应作用力的加权之和）的变化情况。以目标车 n_1 为例，将驾驶人感知各子区域内车辆对其所受综合作用力的贡献率大小作为权重，驾驶人执行操作前，目标车受到各子区域车辆对其综合作用力的大小为 $F_1 = f_1^q \varepsilon_1^q + f_1^h \varepsilon_1^h + f_1^{zq} \varepsilon_1^{zq} + f_1^{zh} \varepsilon_1^{zh} + f_1^{yq} \varepsilon_1^{yq} + f_1^{yh} \varepsilon_1^{yh}$；执行操作后，目标车 n_1 受到的综合作用力 F_1' 亦可用同样的方法得到，则执行操作前后目标车驾驶人 n_1 获得的驾驶安全性收益大小为

$$u_{n_1}^1 = F_1' - F_1$$

同理可计算得到执行操作前后集群态势内各车辆所受的综合作用力大小分别为 F_i 和 F_i'，相应得到驾驶安全性收益大小为

$$u_{n_i}^1 = F_i' - F_i$$

（2）驾驶效率性收益计算

驾驶效率性收益 $u_{n_i}^2$ 可以用驾驶人执行操作前后其前方道路通行状况改善的程度表示，可通过车辆受到其前方各子区域车辆综合作用力的差值衡量，也可以驾驶人感知其前方各子区域内车辆对其所受综合作用力的贡献率大小为权重。以目标车 n_1 为例，车辆当前所受其前方各子区域内车辆的综合作用力为

$$F_f^1 = \sum \varepsilon_1^{qc} f_1^{qc}$$

集群态势内各车辆驾驶人执行操作后，目标车所受其前方各子区域内车辆的综合作用力为

$$F_{f'}^1 = \sum \varepsilon_1^{qc'} f_1^{qc'}$$

故驾驶任务性收益为

$$u_{n_1}^2 = F_{f'}^1 - F_f^1$$

式中，f_1^{qc}、ε_1^{qc}、$f_1^{qc'}$、$\varepsilon_1^{qc'}$ 分别表示驾驶人执行操作前后目标车前方区域车辆的作用力及贡献率大小。其中，在各车辆驾驶人执行操作前或者执行操作后，若目标车位于左侧车道，则 $f_1^{qc}, f_1^{qc'} \in \{f_1^{ql}, f_1^{lyq}, f_1^{gyq}\}$，各作用力相应的权重 $\varepsilon_1^{qc}, \varepsilon_1^{qc'} \in \{\varepsilon_1^{ql}, \varepsilon_1^{lyq}, \varepsilon_1^{gyq}\}$，对应所受的综合作用力为

$$F_f^1, F_{f'}^1 = \varepsilon_1^{ql} f_1^{ql} + \varepsilon_1^{lyq} f_1^{lyq} + \varepsilon_1^{gyq} f_1^{gyq}$$

若目标车位于中间车道，则 $f_1^{qc}, f_1^{qc'} \in \{f_1^q, f_1^{zq}, f_1^{yq}\}$，各作用力相应的权重 $\varepsilon_1^{qc}, \varepsilon_1^{qc'} \in \{\varepsilon_1^q, \varepsilon_1^{zq}, \varepsilon_1^{yq}\}$，对应所受的综合作用力为

$$F_f^1, F_{f'}^1 = \varepsilon_1^q f_1^q + \varepsilon_1^{lq} f_1^{lq} + \varepsilon_1^{yq} f_1^{yq}$$

若目标车位于右侧车道，则 $f_1^{qc}, f_1^{qc'} \in \{f_1^{qr}, f_1^{lzq}, f_1^{gzq}\}$，各作用力相应的权重 $\varepsilon_1^{qc}, \varepsilon_1^{qc'} \in \{\varepsilon_1^{qr}, \varepsilon_1^{lzq}, \varepsilon_1^{gzq}\}$，对应所受的综合作用力为

$$F_f^1, F_{f'}^1 = \varepsilon_1^{qr} f_1^{qr} + \varepsilon_1^{lzq} f_1^{lzq} + \varepsilon_1^{gzq} f_1^{gzq}$$

同理可计算得到执行操作前后各车辆所受其前方各子区域车辆综合作用力的大小分别为 F_f^i 和 $F_{f'}^i$，相应得到驾驶效率性收益大小为

$$u_{n_i}^2 = F_{f'}^i - F_f^i$$

（3）驾驶舒适性收益计算

驾驶舒适性收益 $u_{n_i}^3$ 可以用集群态势内车辆驾驶人执行操作前后车辆受到其所在车道作用力的差值表示，其中车道作用力包括博弈车辆后车的作用力及博弈车辆前方车辆的累积作用力（博弈车辆次前车对博弈车辆前车的作用力及博弈车辆前车对博弈车辆的作用力之和）。考虑到位于前侧或后侧子区域的车辆对博弈车辆所受综合作用力的贡献率不同，在计算博弈车辆所受到的综合作用力时可以将贡献率大小作为权重。因此，以目标车 n_1 为例，目标车受到当前所在车道的作用力为

$$F_o^1 = \varepsilon_1^q (f_1^q + f_4^q) + \varepsilon_1^h f_1^h$$

集群态势内各车辆驾驶人执行操作后，目标车受到其所在车道的作用力为

$$F_{o'}^1 = \varepsilon_1^{q'} (f_{1''}^{q'} + f_{4''}^{q'}) + \varepsilon_1^{h'} f_1^{h'}$$

故驾驶安全性收益为

$$u_{n_1}^3 = F_{o'}^1 - F_o^1$$

式中，ε_1^q、ε_1^h 与 $\varepsilon_1^{q'}$、$\varepsilon_1^{h'}$ 分别对应着集群态势内各驾驶人执行操作前与执行操作后目标车 n_1 所在车道前侧区域及后侧区域车辆对目标车所受作用力的贡献率；f_1^h 与 $f_1^{h'}$ 分别表示集群态势内各驾驶人执行操作前后目标车 n_1 所在车道后侧区域的车辆对其作用力的大小；$f_{1''}^{q'}$ 为集群态势内各驾驶人执行操作后目标车前车 $n_{1'}$ 对目标车 n_1 的作用力；$f_{4''}^{q'}$ 为集群态势内各驾驶人执行操作后目标车次前车 $n_{4'}$ 对目标车前车 $n_{1'}$ 的作用力。

同理可计算得到执行操作前后各车辆所受其所在车道的作用力大小分别为 F_o^i 和 $F_{o'}^i$，相应得到驾驶舒适性收益大小为

$$u_{n_i}^3 = F_{o'}^i - F_o^i$$

由于不同倾向性类型的驾驶人对驾驶收益安全性、效率性和舒适性三个方面内容的认知重要程度存在差异（例如，保守型驾驶人比较注重驾驶安全性方面的收益，激进型驾驶人比较注重驾驶效率性方面的收益，而普通型驾驶人则介于二者之间），因此，可以将驾驶人关于安全性、效率性和舒适性三方面的认知重要程度作为模糊权重赋予相应的收益，以便于统一权衡驾驶收益。不同倾向性类型驾驶人感知不同收益的模糊权重见表 6-4，其中，ω_i^1、ω_i^2、ω_i^3 分别表示车辆驾驶人 n_i 关于驾驶安全性收益、效率性收益及舒适性收益的模糊目标权重。因此，参与博弈的各车辆驾驶人的驾驶收益为

$$u_{n_i} = \omega_i^1 u_{n_i}^1 + \omega_i^2 u_{n_i}^2 + \omega_i^3 u_{n_i}^3 \quad (i=1,2,\cdots,7)$$

表 6-4　不同倾向性类型驾驶人感知不同收益的模糊权重

驾驶人类型	模糊权重		
	驾驶安全性收益 ω_i^1	驾驶效率性收益 ω_i^2	驾驶舒适性收益 ω_i^3
激进型	0.35	0.5	0.15
普通型	0.4	0.35	0.25
保守型	0.5	0.2	0.3

6.2.2　模型构建、标定与求解

1. 模型构建

根据车道选择博弈分析，构建三车道场景下集群车辆驾驶人的不完全信息多人动态博弈车道选择模型。以 n_1、n_2、n_3、n_4、n_5、n_6、n_7 作为博弈的参与人，其中，位于左车道的 n_2、n_3 具有 NC 和 CR 的行动选择；位于中间车道的 n_1、n_4、n_5 具有 NC、CL 和 CR 的行动选择；位于右车道的 n_6、n_7 具有 NC 和 CL 的行动选择。集群车辆驾驶人车道选择的动态博弈过程如下：

t 时刻，根据本书前文中的方法辨识汽车集群态势状态，并参考文献 [14, 82] 提出的方法辨识驾驶人的倾向性类型，对于每位驾驶人，取概率最大者对应的倾向性类型作为该时刻驾驶人的倾向性。第一轮，根据辨识出的驾驶人倾向性激进程度及车辆所在的前后车位置，判定集群态势内车辆驾驶人的行动顺序。驾驶人的行动顺序确定后，在每一小轮的车道选择博弈中，即将行动的驾驶人根据当前的态势、已行动者的选择及对未行动者的预测做出自己的车道选择对策。驾驶人在每一小轮进行车道选择后，均需要根据本书前文中的方法重新辨识当前的汽车集群态势，且由于汽车集群态势与驾驶倾向性之间存在相互影响关系，故需要应用嵌入的 HMM 研究各驾驶人倾向性的转移。同时，依据未行动者中的驾驶人行动顺序，即将行动的驾驶人根据当前的态势、已行动者的选择及对未行动者的预测做出自己的车道选择对策。重复驾驶人行动选择、汽车集群态势状态辨识及倾向性转移这一过程，直到态势内所有的驾驶人都已经进行了车道选择。态势内所有驾驶人均做出车道选择对策后，根据博弈停时的要求，判断现有的博弈是否满足博弈停止的条件。其中，停时要求包括：安全性要求，即判断当前时刻车辆所受各子区域车辆的综合作用力是否大于等于零；效率性要求，即判断车辆在当前时刻与初始时刻所受其前方车辆综合作用力的差值是否大于等于零；舒适性要求，即判断车辆受到其当前所在车道的作用力是否大于零。当不满足博弈的停时要求时，需要重新辨识当前的汽车集群态势状态，并根据嵌入的 HMM 研究各驾驶人倾向性的转移，从而重新确定驾驶人的行动顺序。驾驶人的行动顺序确定后，驾驶人将根据上一轮的博弈规则进行新一轮的车道选择，直到第 N 轮的博弈结束时能够满足博弈的停时要求。此时，驾驶人均会得到 t 时刻的车道选择对策（即驾驶人在每一轮博弈中的选择）及驾驶收益。此后，推进仿真时钟至 $t+1$ 时刻，并开始新一轮的车道选择博弈。驾驶人的车道选择博弈过程如图 6-5 所示。

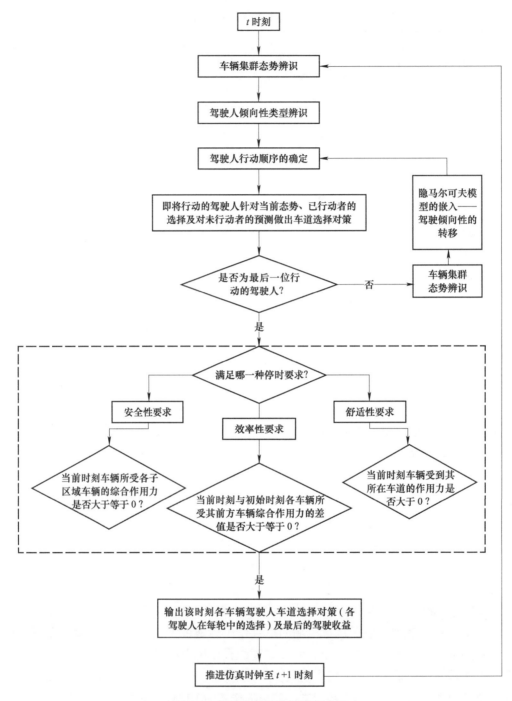

图 6-5　驾驶人车道选择博弈过程

2. 驾驶倾向性转移概率的嵌入

在城市快速路三车道的道路环境下，运用第 2 章的实验方法，采集行车相关实验数据。利用所得实验数据对驾驶人的倾向性类型进行辨识，得到驾驶倾向性的状态序列。三车道环境下驾驶倾向性转移规律计算的具体实现流程如图 6-6 所示。

第 6 章 基于多人动态博弈的汽车行驶车道选择模型

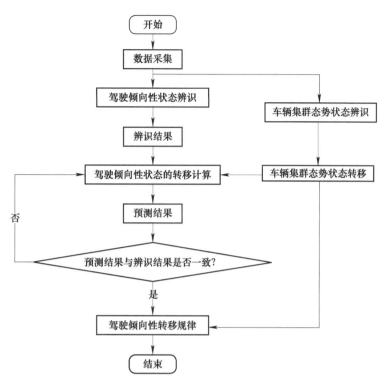

图 6-6 驾驶倾向性转移规律计算的具体实现流程

基于对大量实验数据的统计分析，得出不同汽车集群态势状态之间相互演化的情况下驾驶倾向性状态的转移概率矩阵 $\boldsymbol{P}_P$：

$$\boldsymbol{P}_P = \left(P_{T_{i-j}P_{ab}}\right)_{16\times16} = \begin{bmatrix} P_{T_{1-1}P_{ab}} & P_{T_{1-2}P_{ab}} & \cdots & P_{T_{1-15}P_{ab}} & P_{T_{1-16}P_{ab}} \\ P_{T_{2-1}P_{ab}} & P_{T_{2-2}P_{ab}} & \cdots & P_{T_{2-15}P_{ab}} & P_{T_{2-16}P_{ab}} \\ \vdots & \vdots & \ddots & \vdots & \vdots \\ P_{T_{15-1}P_{ab}} & P_{T_{15-2}P_{ab}} & \cdots & P_{T_{15-15}P_{ab}} & P_{T_{15-16}P_{ab}} \\ P_{T_{16-1}P_{ab}} & P_{T_{16-2}P_{ab}} & \cdots & P_{T_{16-15}P_{ab}} & P_{T_{16-16}P_{ab}} \end{bmatrix}$$

式中，$P_{T_{i-j}P_{ab}}$ （$i,j=1,2,\cdots,16$）表示汽车集群态势从状态 T_i 转移到状态 T_j 时，三种驾驶倾向性状态即激进型、普通型、保守型之间的转移概率矩阵。例如，$P_{T_{1-2}P_{ab}}$ 表示汽车集群态势从状态 T_1 转移到状态 T_2 时，各驾驶倾向性状态之间的转移概率矩阵。

$$\boldsymbol{P}_{T_{1-1}P_{ab}} = \begin{bmatrix} 0.723 & 0.213 & 0.064 \\ 0.137 & 0.724 & 0.139 \\ 0.054 & 0.224 & 0.722 \end{bmatrix} \qquad \boldsymbol{P}_{T_{1-2}P_{ab}} = \begin{bmatrix} 0.705 & 0.214 & 0.072 \\ 0.154 & 0.688 & 0.158 \\ 0.073 & 0.232 & 0.695 \end{bmatrix}$$

$$\boldsymbol{P}_{T_{1-3}P_{ab}} = \begin{bmatrix} 0.685 & 0.249 & 0.066 \\ 0.161 & 0.675 & 0.164 \\ 0.065 & 0.256 & 0.679 \end{bmatrix} \qquad \boldsymbol{P}_{T_{1-5}P_{ab}} = \begin{bmatrix} 0.674 & 0.260 & 0.066 \\ 0.157 & 0.681 & 0.162 \\ 0.066 & 0.263 & 0.671 \end{bmatrix}$$

$$P_{T_{1-9}P_{ab}} = \begin{bmatrix} 0.674 & 0.260 & 0.066 \\ 0.157 & 0.681 & 0.162 \\ 0.066 & 0.263 & 0.671 \end{bmatrix}$$

$$P_{T_{1-13}P_{ab}} = \begin{bmatrix} 0.692 & 0.223 & 0.085 \\ 0.147 & 0.688 & 0.165 \\ 0.089 & 0.224 & 0.687 \end{bmatrix}$$

$$P_{T_{1-4,6,7,8,10,11,12,14,15,16}P_{ab}} = \begin{bmatrix} 0 & 0 & 0 \\ 0 & 0 & 0 \\ 0 & 0 & 0 \end{bmatrix}$$

$$P_{T_{2-2}P_{ab}} = \begin{bmatrix} 0.669 & 0.236 & 0.095 \\ 0.158 & 0.684 & 0.158 \\ 0.088 & 0.218 & 0.694 \end{bmatrix}$$

$$P_{T_{2-4}P_{ab}} = \begin{bmatrix} 0.668 & 0.253 & 0.079 \\ 0.171 & 0.659 & 0.170 \\ 0.075 & 0.263 & 0.662 \end{bmatrix}$$

$$P_{T_{2-6}P_{ab}} = \begin{bmatrix} 0.675 & 0.249 & 0.076 \\ 0.144 & 0.671 & 0.143 \\ 0.091 & 0.241 & 0.668 \end{bmatrix}$$

$$P_{T_{2-9}P_{ab}} = \begin{bmatrix} 0.682 & 0.256 & 0.062 \\ 0.156 & 0.677 & 0.167 \\ 0.052 & 0.269 & 0.679 \end{bmatrix}$$

$$P_{T_{2-1,3,5,7,8,10\sim16}P_{ab}} = \begin{bmatrix} 0 & 0 & 0 \\ 0 & 0 & 0 \\ 0 & 0 & 0 \end{bmatrix}$$

$$P_{T_{3-3}P_{ab}} = \begin{bmatrix} 0.711 & 0.207 & 0.082 \\ 0.161 & 0.691 & 0.148 \\ 0.083 & 0.204 & 0.713 \end{bmatrix}$$

$$P_{T_{3-4}P_{ab}} = \begin{bmatrix} 0.675 & 0.241 & 0.084 \\ 0.165 & 0.656 & 0.179 \\ 0.094 & 0.238 & 0.668 \end{bmatrix}$$

$$P_{T_{3-7}P_{ab}} = \begin{bmatrix} 0.670 & 0.252 & 0.078 \\ 0.166 & 0.669 & 0.165 \\ 0.068 & 0.254 & 0.668 \end{bmatrix}$$

$$P_{T_{3-13}P_{ab}} = \begin{bmatrix} 0.687 & 0.219 & 0.094 \\ 0.161 & 0.680 & 0.159 \\ 0.093 & 0.216 & 0.691 \end{bmatrix}$$

$$P_{T_{3-1,2,5,6,8\sim12,14\sim16}P_{ab}} = \begin{bmatrix} 0 & 0 & 0 \\ 0 & 0 & 0 \\ 0 & 0 & 0 \end{bmatrix}$$

$$P_{T_{4-3}P_{ab}} = \begin{bmatrix} 0.663 & 0.261 & 0.076 \\ 0.161 & 0.674 & 0.165 \\ 0.069 & 0.255 & 0.676 \end{bmatrix}$$

$$P_{T_{4-4}P_{ab}} = \begin{bmatrix} 0.702 & 0.187 & 0.111 \\ 0.155 & 0.701 & 0.144 \\ 0.097 & 0.205 & 0.698 \end{bmatrix}$$

$$P_{T_{4-8}P_{ab}} = \begin{bmatrix} 0.671 & 0.255 & 0.074 \\ 0.159 & 0.673 & 0.168 \\ 0.071 & 0.260 & 0.669 \end{bmatrix}$$

$$P_{T_{4-1,3,5\sim7,9\sim12,14\sim16}P_{ab}} = \begin{bmatrix} 0 & 0 & 0 \\ 0 & 0 & 0 \\ 0 & 0 & 0 \end{bmatrix}$$

$$P_{T_{5-1}P_{ab}} = \begin{bmatrix} 0.672 & 0.218 & 0.104 \\ 0.157 & 0.681 & 0.162 \\ 0.088 & 0.211 & 0.701 \end{bmatrix}$$

$$P_{T_{5-5}P_{ab}} = \begin{bmatrix} 0.701 & 0.186 & 0.093 \\ 0.146 & 0.716 & 0.138 \\ 0.072 & 0.214 & 0.714 \end{bmatrix}$$

$$P_{T_{5-6}P_{ab}} = \begin{bmatrix} 0.672 & 0.243 & 0.085 \\ 0.168 & 0.662 & 0.170 \\ 0.078 & 0.245 & 0.677 \end{bmatrix}$$

$$\boldsymbol{P}_{T_{5-7}P_{ab}} = \begin{bmatrix} 0.661 & 0.233 & 0.106 \\ 0.158 & 0.664 & 0.178 \\ 0.087 & 0.245 & 0.668 \end{bmatrix} \qquad \boldsymbol{P}_{T_{5-10}P_{ab}} = \begin{bmatrix} 0.674 & 0.257 & 0.069 \\ 0.166 & 0.671 & 0.163 \\ 0.056 & 0.256 & 0.688 \end{bmatrix}$$

$$\boldsymbol{P}_{T_{5-14}P_{ab}} = \begin{bmatrix} 0.667 & 0.237 & 0.096 \\ 0.148 & 0.685 & 0.167 \\ 0.058 & 0.261 & 0.681 \end{bmatrix} \qquad \boldsymbol{P}_{T_{5-2\sim4,8,9,11\sim13,15,16}P_{ab}} = \begin{bmatrix} 0 & 0 & 0 \\ 0 & 0 & 0 \\ 0 & 0 & 0 \end{bmatrix}$$

$$\boldsymbol{P}_{T_{6-5}P_{ab}} = \begin{bmatrix} 0.691 & 0.233 & 0.076 \\ 0.149 & 0.688 & 0.163 \\ 0.083 & 0.216 & 0.701 \end{bmatrix} \qquad \boldsymbol{P}_{T_{6-6}P_{ab}} = \begin{bmatrix} 0.712 & 0.227 & 0.059 \\ 0.144 & 0.722 & 0.081 \\ 0.063 & 0.219 & 0.718 \end{bmatrix}$$

$$\boldsymbol{P}_{T_{6-8}P_{ab}} = \begin{bmatrix} 0.687 & 0.242 & 0.071 \\ 0.152 & 0.701 & 0.147 \\ 0.086 & 0.231 & 0.683 \end{bmatrix} \qquad \boldsymbol{P}_{T_{6-10}P_{ab}} = \begin{bmatrix} 0.689 & 0.232 & 0.079 \\ 0.147 & 0.704 & 0.149 \\ 0.092 & 0.227 & 0.681 \end{bmatrix}$$

$$\boldsymbol{P}_{T_{6-1\sim4,7,9,11\sim16}P_{ab}} = \begin{bmatrix} 0 & 0 & 0 \\ 0 & 0 & 0 \\ 0 & 0 & 0 \end{bmatrix} \qquad \boldsymbol{P}_{T_{7-3}P_{ab}} = \begin{bmatrix} 0.672 & 0.253 & 0.074 \\ 0.155 & 0.682 & 0.163 \\ 0.082 & 0.245 & 0.673 \end{bmatrix}$$

$$\boldsymbol{P}_{T_{7-5}P_{ab}} = \begin{bmatrix} 0.674 & 0.271 & 0.055 \\ 0.158 & 0.685 & 0.157 \\ 0.065 & 0.258 & 0.677 \end{bmatrix} \qquad \boldsymbol{P}_{T_{7-7}P_{ab}} = \begin{bmatrix} 0.719 & 0.213 & 0.068 \\ 0.126 & 0.723 & 0.141 \\ 0.075 & 0.115 & 0.721 \end{bmatrix}$$

$$\boldsymbol{P}_{T_{7-14}P_{ab}} = \begin{bmatrix} 0.683 & 0.233 & 0.084 \\ 0.171 & 0.691 & 0.138 \\ 0.093 & 0.225 & 0.682 \end{bmatrix} \qquad \boldsymbol{P}_{T_{7-1,2,4,6,8\sim13,15,16}P_{ab}} = \begin{bmatrix} 0 & 0 & 0 \\ 0 & 0 & 0 \\ 0 & 0 & 0 \end{bmatrix}$$

$$\boldsymbol{P}_{T_{8-4}P_{ab}} = \begin{bmatrix} 0.682 & 0.231 & 0.087 \\ 0.174 & 0.691 & 0.135 \\ 0.095 & 0.227 & 0.678 \end{bmatrix} \qquad \boldsymbol{P}_{T_{8-6}P_{ab}} = \begin{bmatrix} 0.668 & 0.251 & 0.081 \\ 0.164 & 0.673 & 0.163 \\ 0.067 & 0.259 & 0.674 \end{bmatrix}$$

$$\boldsymbol{P}_{T_{8-8}P_{ab}} = \begin{bmatrix} 0.716 & 0.183 & 0.101 \\ 0.154 & 0.705 & 0.141 \\ 0.113 & 0.216 & 0.671 \end{bmatrix} \qquad \boldsymbol{P}_{T_{8-1\sim3,5,7,9\sim16}P_{ab}} = \begin{bmatrix} 0 & 0 & 0 \\ 0 & 0 & 0 \\ 0 & 0 & 0 \end{bmatrix}$$

$$\boldsymbol{P}_{T_{9-1}P_{ab}} = \begin{bmatrix} 0.681 & 0.233 & 0.086 \\ 0.176 & 0.689 & 0.135 \\ 0.096 & 0.223 & 0.681 \end{bmatrix} \qquad \boldsymbol{P}_{T_{9-2}P_{ab}} = \begin{bmatrix} 0.686 & 0.217 & 0.097 \\ 0.158 & 0.681 & 0.161 \\ 0.102 & 0.209 & 0.689 \end{bmatrix}$$

$$P_{T_{9-9}P_{ab}} = \begin{bmatrix} 0.723 & 0.205 & 0.072 \\ 0.142 & 0.717 & 0.141 \\ 0.062 & 0.222 & 0.716 \end{bmatrix} \qquad P_{T_{9-10}P_{ab}} = \begin{bmatrix} 0.673 & 0.244 & 0.093 \\ 0.166 & 0.662 & 0.172 \\ 0.081 & 0.247 & 0.672 \end{bmatrix}$$

$$P_{T_{9-3\sim8,11\sim16}P_{ab}} = \begin{bmatrix} 0 & 0 & 0 \\ 0 & 0 & 0 \\ 0 & 0 & 0 \end{bmatrix} \qquad P_{T_{10-9}P_{ab}} = \begin{bmatrix} 0.681 & 0.236 & 0.083 \\ 0.152 & 0.685 & 0.163 \\ 0.066 & 0.252 & 0.682 \end{bmatrix}$$

$$P_{T_{10-10}P_{ab}} = \begin{bmatrix} 0.716 & 0.233 & 0.051 \\ 0.143 & 0.712 & 0.145 \\ 0.058 & 0.249 & 0.713 \end{bmatrix} \qquad P_{T_{10-11}P_{ab}} = \begin{bmatrix} 0.681 & 0.256 & 0.063 \\ 0.161 & 0.676 & 0.163 \\ 0.059 & 0.263 & 0.678 \end{bmatrix}$$

$$P_{T_{10-12}P_{ab}} = \begin{bmatrix} 0.687 & 0.242 & 0.071 \\ 0.152 & 0.685 & 0.163 \\ 0.054 & 0.265 & 0.681 \end{bmatrix} \qquad P_{T_{10-1\sim8,13\sim16}P_{ab}} = \begin{bmatrix} 0 & 0 & 0 \\ 0 & 0 & 0 \\ 0 & 0 & 0 \end{bmatrix}$$

$$P_{T_{11-3}P_{ab}} = \begin{bmatrix} 0.666 & 0.272 & 0.062 \\ 0.171 & 0.668 & 0.161 \\ 0.052 & 0.279 & 0.669 \end{bmatrix} \qquad P_{T_{11-4}P_{ab}} = \begin{bmatrix} 0.678 & 0.248 & 0.074 \\ 0.153 & 0.688 & 0.159 \\ 0.058 & 0.261 & 0.681 \end{bmatrix}$$

$$P_{T_{11-9}P_{ab}} = \begin{bmatrix} 0.678 & 0.234 & 0.088 \\ 0.152 & 0.686 & 0.162 \\ 0.084 & 0.228 & 0.688 \end{bmatrix} \qquad P_{T_{11-11}P_{ab}} = \begin{bmatrix} 0.715 & 0.223 & 0.062 \\ 0.143 & 0.716 & 0.141 \\ 0.058 & 0.226 & 0.716 \end{bmatrix}$$

$$P_{T_{11-1,2,5\sim8,10,12\sim16}P_{ab}} = \begin{bmatrix} 0 & 0 & 0 \\ 0 & 0 & 0 \\ 0 & 0 & 0 \end{bmatrix} \qquad P_{T_{12-10}P_{ab}} = \begin{bmatrix} 0.677 & 0.242 & 0.081 \\ 0.162 & 0.675 & 0.163 \\ 0.069 & 0.239 & 0.682 \end{bmatrix}$$

$$P_{T_{12-11}P_{ab}} = \begin{bmatrix} 0.674 & 0.232 & 0.094 \\ 0.165 & 0.672 & 0.163 \\ 0.073 & 0.249 & 0.678 \end{bmatrix} \qquad P_{T_{12-12}P_{ab}} = \begin{bmatrix} 0.714 & 0.217 & 0.069 \\ 0.145 & 0.712 & 0.143 \\ 0.073 & 0.218 & 0.709 \end{bmatrix}$$

$$P_{T_{12-1\sim9,13\sim16}P_{ab}} = \begin{bmatrix} 0 & 0 & 0 \\ 0 & 0 & 0 \\ 0 & 0 & 0 \end{bmatrix} \qquad P_{T_{13-1}P_{ab}} = \begin{bmatrix} 0.670 & 0.236 & 0.094 \\ 0.161 & 0.681 & 0.158 \\ 0.098 & 0.218 & 0.684 \end{bmatrix}$$

$$P_{T_{13-3}P_{ab}} = \begin{bmatrix} 0.673 & 0.259 & 0.068 \\ 0.166 & 0.672 & 0.162 \\ 0.062 & 0.270 & 0.668 \end{bmatrix} \qquad P_{T_{13-13}P_{ab}} = \begin{bmatrix} 0.721 & 0.212 & 0.077 \\ 0.143 & 0.726 & 0.131 \\ 0.071 & 0.205 & 0.724 \end{bmatrix}$$

$$\boldsymbol{P}_{T_{13-14}P_{ab}} = \begin{bmatrix} 0.665 & 0.247 & 0.088 \\ 0.173 & 0.662 & 0.165 \\ 0.082 & 0.254 & 0.664 \end{bmatrix} \quad \boldsymbol{P}_{T_{13-15}P_{ab}} = \begin{bmatrix} 0.663 & 0.252 & 0.075 \\ 0.171 & 0.659 & 0.170 \\ 0.078 & 0.256 & 0.666 \end{bmatrix}$$

$$\boldsymbol{P}_{T_{13-2,4\sim12,16}P_{ab}} = \begin{bmatrix} 0 & 0 & 0 \\ 0 & 0 & 0 \\ 0 & 0 & 0 \end{bmatrix} \quad \boldsymbol{P}_{T_{14-13}P_{ab}} = \begin{bmatrix} 0.675 & 0.239 & 0.086 \\ 0.148 & 0.682 & 0.170 \\ 0.086 & 0.247 & 0.667 \end{bmatrix}$$

$$\boldsymbol{P}_{T_{14-14}P_{ab}} = \begin{bmatrix} 0.712 & 0.229 & 0.059 \\ 0.144 & 0.719 & 0.137 \\ 0.053 & 0.231 & 0.716 \end{bmatrix} \quad \boldsymbol{P}_{T_{14-15}P_{ab}} = \begin{bmatrix} 0.671 & 0.232 & 0.077 \\ 0.166 & 0.680 & 0.154 \\ 0.066 & 0.252 & 0.682 \end{bmatrix}$$

$$\boldsymbol{P}_{T_{14-16}P_{ab}} = \begin{bmatrix} 0.659 & 0.236 & 0.085 \\ 0.177 & 0.655 & 0.168 \\ 0.077 & 0.260 & 0.663 \end{bmatrix} \quad \boldsymbol{P}_{T_{14-1\sim12}P_{ab}} = \begin{bmatrix} 0 & 0 & 0 \\ 0 & 0 & 0 \\ 0 & 0 & 0 \end{bmatrix}$$

$$\boldsymbol{P}_{T_{15-2}P_{ab}} = \begin{bmatrix} 0.669 & 0.236 & 0.095 \\ 0.158 & 0.684 & 0.158 \\ 0.088 & 0.218 & 0.694 \end{bmatrix} \quad \boldsymbol{P}_{T_{15-13}P_{ab}} = \begin{bmatrix} 0.688 & 0.247 & 0.065 \\ 0.148 & 0.685 & 0.157 \\ 0.048 & 0.266 & 0.686 \end{bmatrix}$$

$$\boldsymbol{P}_{T_{15-14}P_{ab}} = \begin{bmatrix} 0.677 & 0.237 & 0.076 \\ 0.146 & 0.688 & 0.164 \\ 0.081 & 0.246 & 0.673 \end{bmatrix} \quad \boldsymbol{P}_{T_{15-15}P_{ab}} = \begin{bmatrix} 0.702 & 0.235 & 0.063 \\ 0.167 & 0.721 & 0.142 \\ 0.075 & 0.222 & 0.703 \end{bmatrix}$$

$$\boldsymbol{P}_{T_{15-1,3\sim12,16}P_{ab}} = \begin{bmatrix} 0 & 0 & 0 \\ 0 & 0 & 0 \\ 0 & 0 & 0 \end{bmatrix} \quad \boldsymbol{P}_{T_{16-14}P_{ab}} = \begin{bmatrix} 0.660 & 0.237 & 0.103 \\ 0.153 & 0.665 & 0.182 \\ 0.083 & 0.249 & 0.668 \end{bmatrix}$$

$$\boldsymbol{P}_{T_{16-16}P_{ab}} = \begin{bmatrix} 0.711 & 0.231 & 0.058 \\ 0.139 & 0.718 & 0.143 \\ 0.073 & 0.221 & 0.706 \end{bmatrix} \quad \boldsymbol{P}_{T_{16-1\sim13,15}P_{ab}} = \begin{bmatrix} 0 & 0 & 0 \\ 0 & 0 & 0 \\ 0 & 0 & 0 \end{bmatrix}$$

3. 数据处理

数据处理方法、预处理后可得的主要微观数据及车道选择模型参数的标定结果见6.1节。

4. 模型求解

根据驾驶人的车道选择博弈分析及车道选择动态博弈过程，t 时刻，当博弈进行到第 N 轮结束时，若集群态势内所有车辆驾驶人均获得自身比较满意的行驶状态，且从安全性要求、效率性要求及舒适性要求方面均能满足博弈停时的条件，则该集群态势内的车辆在该时刻将会处于一种比较稳定的行驶状态且该时刻的车道选择博弈结束。参考驾驶人车道选择博弈分析，有关博弈停时要求的计算如下：

1）安全性要求是判断当前时刻车辆所受各子区域车辆的综合作用力是否大于等于零，即第 n 轮结束时，车辆 n_i 受到各子区域车辆的综合作用力 F_i^n 是否大于等于零：

$$F_i^n = \sum f_i^{k^n} \varepsilon_i^{k^n}$$

式中，f_i^k 表示车辆 n_i 受到 k 子区域车辆的作用力大小；ε_i^k 表示 k 子区域车辆对车辆 n_i 所受综合作用力的贡献率大小。

2）效率性要求是判断当前时刻与初始时刻车辆受到其前方区域车辆综合作用力的差值是否大于等于零，即初始时刻车辆 n_i 受到其前方车辆的综合作用力为 $F_f^i = \sum \varepsilon_i^{qc} f_i^{qc}$；当博弈进行到第 n（$n=1,2,\cdots,N$）轮结束时，当前时刻车辆 n_i 受到其前方车辆的综合作用力为 $F_{f^n}^i = \sum \varepsilon_i^{qc^n} f_i^{qc^n}$。此时计算二者的差值 $F_{f^n}^i - F_f^i$，并判断该差值是否大于等于零。

3）舒适性要求是判断车辆受到其当前所在车道的作用力是否大于零，即第 n 轮结束时，车辆 n_i 受到当前其所在车道的作用力 $F_{o^n}^i$ 是否大于零：

$$F_{o^n}^i = \varepsilon_i^{q^n}(f_{i'}^{q^n} + f_{i''}^{q^n}) + \varepsilon_i^{h^n} f_i^{h^n}$$

式中，$\varepsilon_i^{q^n}$、$\varepsilon_i^{h^n}$ 分别表示第 n 轮结束时车辆 n_i 所在车道前侧区域及后侧区域车辆对其所受作用力的贡献率；$f_{i'}^{q^n}$ 表示第 n 轮结束时车辆 n_i 的前车 $n_{i'}$ 对其的作用力；$f_{i''}^{q^n}$ 表示第 n 轮结束时车辆 n_i 的次前车 $n_{i''}$ 对其前车的作用力。

博弈结束后，根据博弈流程得到集群态势内各车辆驾驶人的车道选择对策及相应的驾驶收益，其中，各驾驶人的车道选择对策即为其在每轮博弈中的行动选择。

1）驾驶收益是指驾驶人在第 N 轮博弈结束后得到的最终的收益，包括安全性收益、效率性收益和舒适性收益三个方面的内容。根据博弈分析，安全性收益为

$$u_{n_i}^1 = F_i^N - F_i^0$$

式中，$F_i^N = \sum f_i^{k^N} \varepsilon_i^{k^N}$，$F_i^0 = \sum f_i^{k^0} \varepsilon_i^{k^0}$，分别表示车辆 n_i 在第 N 轮博弈结束后和初始时刻所受各子区域车辆综合作用力的大小。

2）效率性收益为

$$u_{n_i}^2 = F_{f^N}^i - F_f^i$$

式中，$F_{f^N}^i = \sum \varepsilon_i^{qc^N} f_i^{qc^N}$ 表示第 N 轮博弈结束后车辆 n_i 受到的其前方车辆的综合作用力；$F_f^i = \sum \varepsilon_i^{qc} f_i^{qc}$ 表示初始时刻车辆 n_i 受到的其前方车辆的综合作用力。

3）舒适性收益为

$$u_{n_i}^3 = F_{o^N}^i - F_o^i$$

式中，$F_{o^N}^i = \varepsilon_i^{q^N}(f_{i'}^{q^N} + f_{i''}^{q^N}) + \varepsilon_i^{h^N} f_i^{h^N}$，表示第 N 轮博弈结束后车辆 n_i 受到的其所在车道的

作用力；$F_o^i = \varepsilon_i^q(f_i^q + f_i^q) + \varepsilon_i^h f_i^h$，表示初始时刻车辆 n_i 受到的其所在车道的作用力。

根据各驾驶人对驾驶收益三个方面内容的认知重要程度，第 N 轮博弈结束后，各驾驶人得到的驾驶收益为

$$u_{n_i} = \omega_i^1 u_{n_i}^1 + \omega_i^2 u_{n_i}^2 + \omega_i^3 u_{n_i}^3$$

6.2.3 模型验证

基于实测的道路实车驾驶数据对模型进行验证，通过对比分析模拟结果与实测结果，判断所建模型能否客观地反映路段实际交通流的运行情况，进而获得本文所建不完全信息动态博弈车道选择模型的可靠性。

1. 基于 NGSIM 轨迹数据的车道选择模型验证

运用 NGSIM 所采集 US-101 路段的车辆运行轨迹数据对模型的可靠性进行验证。通过应用本节建立的不完全信息多人动态博弈车道选择模型对所研究路段采集的视频信息及车辆运行轨迹数据进行分析处理，进而对选定车道上的车辆做车道选择预测。同 6.1.2 节，本节亦选择车辆换道指标进行对比，对比结果见表 6-5。

表 6-5 模型验证结果

车道	预测次数	预测结果与实际结果对比		正确率
		相符次数	不符次数	
2	50	41	9	82.00%
3	150	127	23	84.67%
4	150	131	19	87.33%
合计	350	299	51	85.43%

2. 基于道路驾驶实车实验的车道选择模型验证

选取山东省淄博市原山大道自新村西路交叉口至人民西路交叉口的路段为实验路线，如图 6-7 所示，全长约 1.2km，选择天气及道路状况良好时进行实验，时间为正常工作日的上午 7:30—9:30，交通流状态为非自由流。采用第 3 章所述的实验方法，选取 30 名具有不同倾向性类型的驾驶人进行实验，采集车辆的运动信息及其所在的道路、交通和环境信息，存储实验数据并全程录像。实验结束后，应用所建的不完全信息多人动态博弈车道选择模型对实验采集的数据进行分析处理，预测各个驾驶人选择的车道，并将该预测结果与录像中驾驶人实际选择的车道比对，以验证模型辨识的有效性和可靠性。道路实车实验的结果如图 6-8 所示。

图 6-7 实验路线

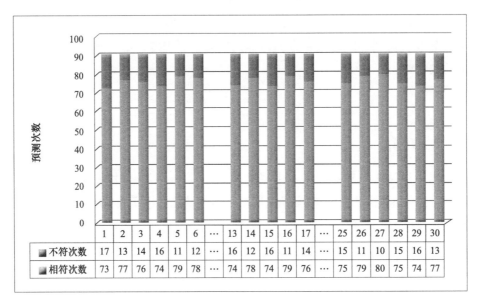

图 6-8 道路实车实验预测结果与实测结果对比（见彩插）

3. 基于交互式并行驾驶模拟实验的车道选择模型验证

应用多通道交互式并行驾驶模拟系统（图 6-9）进行虚拟驾驶验证。驾驶模拟系统包括基于人－车－环境综合仿真实验平台与多人多机交互式汽车驾驶模拟实验平台，用于对人－车－环境之间相互作用关系的研究，同时也用于道路交通仿真、驾驶人心理和行为特征等的研究。在虚拟驾驶验证实验中，构建与实车实验道路环境相同的虚拟现实交通场景，实验前对参与实验的 20 名驾驶人进行驾驶模拟器的操作培训，实验进行的过程中避免干扰实验驾驶人，存储实验数据并全程录像。应用所建的不完全信息动态博弈车道选择模型对实验数据进行分析处理，预测出驾驶人的最优车道选择结果，并与驾驶人实际选择的车道进行对比，对比结果见表 6-6。

图 6-9 驾驶模拟实验

表 6-6 驾驶模拟实验预测结果与实测结果对比

驾驶人编号	预测次数	预测结果与实测结果对比		准确率
		相符次数	不符次数	
1	90	75	15	83.33%
2	90	79	11	87.78%
3	90	79	11	87.78%
4	90	80	10	88.89%
5	90	77	13	85.56%
6	90	75	15	83.33%
7	90	76	14	84.44%
8	90	79	11	87.78%
9	90	76	14	84.44%
10	90	78	12	86.67%
11	90	76	14	84.44%
12	90	78	12	86.67%
13	90	77	13	85.56%
14	90	78	12	86.67%
15	90	73	17	81.11%
16	90	79	11	87.78%
17	90	80	10	88.89%
18	90	78	12	86.67%
19	90	75	15	83.33%
20	90	77	13	85.56%
均值	90	77.25	12.75	85.83%

由表 6-6 的结果可以看出,在模拟实验中,所建多人动态博弈车道选择模型对驾驶人车道选择的预测结果能较好地契合实际情况,预测的平均准确率可达 85.83%。

4. 基于交通流微观仿真实验的车道选择模型验证

根据道路实车驾驶实验,分别基于最优控制理论和模糊多目标决策理论构建车辆跟驰模型和驾驶人车道变换决策模型,由此建立交通流微观仿真模型。将所采集的不同倾向性类型驾驶人的道路驾驶实验数据分别输入考虑(模拟 1)和不考虑(模拟 2)不完全信息多人动态博弈的车道选择微观仿真模型中,将模拟出的交通流微观规律(如换道次数)和宏观规律(如速度、密度、流量、车道占用率等)与道路实车驾驶实验的实际情况相对比,进行驾驶人动态博弈车道选择模型有效性和可靠性的验证。

交通流微观方面的验证结果如图 6-10 所示，该图描述了三车道场景中不同交通流量情况下车辆换道次数的分布。其中，模拟 1 为交通流微观仿真过程中考虑了驾驶人动态博弈车道选择的情况，模拟 2 为仿真过程中未考虑驾驶人动态博弈车道选择的情况。

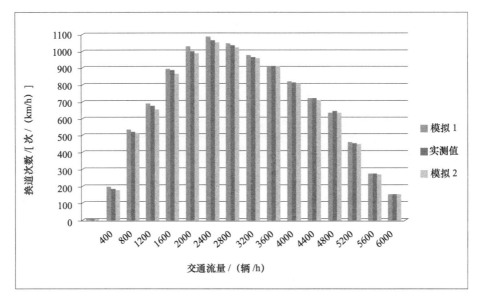

图 6-10 三车道道路车辆换道次数模拟值与实测值对比（见彩插）

交通流宏观方面的验证主要包括车辆平均速度、交通流平均密度及车道利用率，验证结果如表 6-7 和图 6-11 所示。

表 6-7 微观模拟结果同实测数据对比分析表

评价指标	实测值	模拟结果	误差（%）
平均速度/（m/s）	12.36	11.78	4.69
平均密度/（辆/km）	35.41	36.93	4.29

表 6-7 是以平均速度及平均密度作为评价指标，利用实车实验采集的有关数据同模拟程序运行结果的对比，其误差在可接受的范围内。

图 6-11 为三车道道路中各车道流量与车道利用率关系的模拟结果。其中，实线表示实测的道路流量与车道利用率关系，点表示应用考虑驾驶人动态博弈车道选择的微观仿真模型模拟出的道路流量与车道利用率的关系。从图 6-9 可以看出，考虑驾驶人动态博弈车道选择的微观仿真模型可以较好地模拟出现实中道路流量与车道利用率的关系，表明本文建立的车道选择模型具有较高的准确性和适用性。

本节对城市快速路路段上集群车辆间的车道选择博弈行为进行了分析，综合考虑了汽车集群态势、驾驶倾向性等影响驾驶人决策行为的因素，分析了因网联程度及信息开放程度不同而导致的不完全信息条件下汽车驾驶人的车道选择行为，建立了基于相场耦合与不完全信息并考虑驾驶人偏好变化的多人动态博弈车道选择模型。通过判定博弈的停时及分析博弈的过程，得到了博弈中各车辆驾驶人的车道选择对策及相应的驾驶收益。运用实车实验、虚拟驾驶实验及交通流微观仿真相结合的手段验证所建模型，结果表明，所建博弈模型能够较为客观地反映出路段上的交通运行状况及驾驶人的车道选择过程，可以为物联网条件下智能驾驶特别是拟人驾驶中关于车道选择的研究提供理论基础。

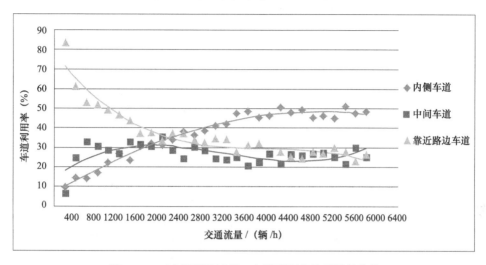

图6-11 三车道道路流量－车道利用率关系模拟结果

附录 A 双车道环境下作用粒度模糊推理规则

附表 A 双车道环境下作用粒度模糊推理规则

规则数	目标车驾驶人性别	目标车驾驶人倾向性	目标车驾驶人驾驶经验	目标车驾驶人意志	目标车与左后车的相对距离	目标车与左后车的相对速度	作用粒度
1～4	男	激进型	熟练	弱	远（或中）	正大（或正小）	1
5～8	女	激进型	熟练	弱	远（或中）	正大（或正小）	0.9
9～12	男	普通型	熟练	弱	远（或中）	正大（或正小）	0.9
13～20	男	激进型（或普通型）	熟练	中	远（或中）	正大（或正小）	0.9
21～24	女	普通型	熟练	弱	远（或中）	正大（或正小）	0.8
25～32	女	激进型（或普通型）	熟练	中	远（或中）	正大（或正小）	0.8
33～40	男	保守型	熟练	弱（或中）	远（或中）	正大（或正小）	0.8
41～48	男	激进型（或普通型）	熟练	弱（或中）	远（或中）	零	0.8
49～56	女	保守型	熟练	弱（或中）	远（或中）	正大（或正小）	0.7
57～64	女	激进型（或普通型）	熟练	弱（或中）	远（或中）	零	0.7
65～68	男	保守型	熟练	弱（或中）	远（或中）	零	0.7
69～72	男	激进型	非熟练	弱	远（或中）	正大（或正小）	0.7
73～80	男	激进型（或普通型）	熟练	强	远（或中）	正大（或正小）	0.7
81～84	女	保守型	熟练	弱（或中）	远（或中）	零	0.6
85～88	女	激进型	非熟练	弱	远（或中）	正大（或正小）	0.6
89～96	女	激进型（或普通型）	熟练	强	远（或中）	正大（或正小）	0.6
97～100	男	保守型	熟练	强	远（或中）	正大（或正小）	0.6
101～108	男	普通型（或保守型）	非熟练	弱	远（或中）	正大（或正小）	0.6
109～116	男	激进型（或普通型）	非熟练	中	远（或中）	正大（或正小）	0.6
117～120	女	保守型	熟练	强	远（或中）	正大（或正小）	0.5
121～128	女	普通型（或保守型）	非熟练	弱	远（或中）	正大（或正小）	0.5
129～136	女	激进型（或普通型）	非熟练	中	远（或中）	正大（或正小）	0.5
137～140	男	保守型	非熟练	中	远（或中）	正大（或正小）	0.5
141～144	男	激进型	非熟练	强	远（或中）	正大（或正小）	0.5
145～148	男	激进型	熟练	弱（或中）	近	正大（或正小）	0.5

附录 A 双车道环境下作用粒度模糊推理规则

（续）

规则数	目标车驾驶人性别	目标车驾驶人倾向性	目标车驾驶人驾驶经验	目标车驾驶人意志	目标车与左后车的相对距离	目标车与左后车的相对速度	作用粒度
149～152	女	保守型	非熟练	中	远（或中）	正大（或正小）	0.4
153～156	女	激进型	非熟练	强	远（或中）	正大（或正小）	0.4
157～160	女	激进型	熟练	弱（或中）	近	正大（或正小）	0.4
161～168	男	普通型（或保守型）	熟练	弱（或中）	近	正大（或正小）	0.4
169～176	男	普通型（或保守型）	非熟练	强	远（或中）	正大（或正小）	0.4
177～180	男	激进型	非熟练	弱（或中）	近	正大（或正小）	0.4
181～184	男	激进型（或普通型）	熟练	强	近	正大（或正小）	0.4
185～186	男	激进型	熟练	强	远（或中）	零	0.4
187～194	女	普通型（或保守型）	熟练	弱（或中）	近	正大（或正小）	0.3
195～202	女	普通型（或保守型）	非熟练	强	远（或中）	正大（或正小）	0.3
203～206	女	激进型	非熟练	弱（或中）	近	正大（或正小）	0.3
207～210	女	激进型（或普通型）	熟练	强	近	正大（或正小）	0.3
211～212	女	激进型	熟练	强	远（或中）	零	0.3
213～214	男	保守型	熟练	强	近	正大（或正小）	0.3
215～222	男	激进型（或普通型）	非熟练	弱（或中）	远（或中）	零	0.3
223～226	男	普通型	非熟练	弱（或中）	近	正大（或正小）	0.3
227～230	男	普通型（或保守型）	熟练	强	远（或中）	零	0.3
231～232	女	保守型	熟练	强	近	正大（或正小）	0.2
233～240	女	激进型（或普通型）	非熟练	弱（或中）	远（或中）	零	0.2
241～244	女	普通型	非熟练	弱（或中）	近	正大（或正小）	0.2
245～248	女	普通型（或保守型）	熟练	强	近	零	0.2
249～250	男	激进型	非熟练	强	近	零	0.2
251～252	男	激进型	非熟练	强	近	正大（或正小）	0.2
253～256	男	保守型	非熟练	弱（或中）	近	零	0.2
257～258	男	激进型	熟练	弱（或中）	近	零	0.2
259～262	男	激进型（或普通型）	熟练	弱（或中）	远	负小	0.2
263～266	男	保守型	非熟练	弱（或中）	近	正大（或正小）	0.2
267～268	女	激进型	非熟练	强	远（或中）	零	0.1
269～270	女	激进型	非熟练	强	近	正大（或正小）	0.1
271～274	女	保守型	非熟练	弱（或中）	远（或中）	零	0.1
275～276	女	激进型	熟练	弱（或中）	近	零	0.1
277～280	女	激进型（或普通型）	熟练	弱（或中）	远	负小	0.1
281～284	女	保守型	非熟练	弱（或中）	近	正大（或正小）	0.1
285～288	男	普通型（或保守型）	非熟练	强	近	正大（或正小）	0.1
289～292	女	普通型（或保守型）	非熟练	强	近	正大（或正小）	0.1
293～296	男	普通型（或保守型）	非熟练	强	远（或中）	零	0.1
297～300	男	普通型（或保守型）	熟练	弱（或中）	近	零	0.1
301～302	男	保守型	熟练	弱（或中）	远	负小	0.1
303～304	男	激进型	非熟练	弱（或中）	近	零	0.1
305	男	激进型	熟练	强	近	零	0.1

（续）

规则数	目标车驾驶人性别	目标车驾驶人倾向性	目标车驾驶人驾驶经验	目标车驾驶人意志	目标车与左后车的相对距离	目标车与左后车的相对速度	作用粒度
306～307	男	激进型	非熟练	弱（或中）	远	负小	0.1
308～309	男	激进型（或普通型）	熟练	强	远	负小	0.1
310～313	女	普通型（或保守型）	非熟练	强	远（或中）	零	0
314～317	女	普通型（或保守型）	熟练	弱（或中）	近	零	0
318～319	女	保守型	熟练	弱（或中）	远	负小	0
320～321	女	激进型	非熟练	弱（或中）	近	零	0
322	女	激进型	熟练	强	近	零	0
323～324	女	激进型	非熟练	弱（或中）	远	负小	0
325～326	女	激进型（或普通型）	熟练	强	远	负小	0
327～330	男	普通型（或保守型）	非熟练	弱（或中）	近	零	0
331～332	男	普通型（或保守型）	熟练	强	近	零	0
333～336	男	普通型（或保守型）	非熟练	弱（或中）	远	负小	0
337	男	保守型	熟练	强	远	负小	0
338～339	男	激进型	熟练	弱（或中）	中	负小	0
340～343	男	普通型（或保守型）	熟练	弱（或中）	中	负小	0
344～345	男	普通型（或保守型）	非熟练	强	远	负小	0
346～347	男	普通型（或保守型）	非熟练	强	近	零	0
348～351	男	普通型（或保守型）	熟练	弱（或中）	近	负小	0
352～355	女	普通型（或保守型）	非熟练	弱（或中）	近	零	−0.1
356～357	女	普通型（或保守型）	熟练	强	近	零	−0.1
358～361	女	普通型（或保守型）	非熟练	弱（或中）	远	负小	−0.1
362	女	保守型	熟练	强	远	负小	−0.1
363～364	女	普通型（或保守型）	非熟练	强	近	零	−0.1
365～366	女	激进型	熟练	弱（或中）	中	负小	−0.1
367～370	女	普通型（或保守型）	熟练	弱（或中）	中	负小	−0.1
371～372	男	激进型	熟练	弱（或中）	近	负小	−0.1
373～374	女	激进型	熟练	弱（或中）	近	负小	−0.1
375～378	女	普通型（或保守型）	熟练	弱（或中）	近	负小	−0.1
379～380	女	普通型（或保守型）	非熟练	强	远	负小	−0.1
381	男	激进型	非熟练	强	近	零	−0.1
382	男	激进型	非熟练	强	远	负小	−0.1
383～384	男	激进型	非熟练	强	中	负小	−0.1
385～392	男	普通型（或保守型）	非熟练	弱（或中）	中（或近）	负小	−0.1
393～394	男	普通型（或保守型）	熟练	强	中	负小	−0.1
395	男	保守型	熟练	强	近	负小	−0.1
396	女	激进型	非熟练	强	近	零	−0.2
397	女	激进型	非熟练	强	远	负小	−0.2
398～399	女	激进型	非熟练	弱（或中）	中	负小	−0.2
400～407	女	普通型（或保守型）	非熟练	弱（或中）	中（或近）	负小	−0.2
408～409	女	普通型（或保守型）	熟练	强	中	负小	−0.2

附录 A 双车道环境下作用粒度模糊推理规则

（续）

规则数	目标车驾驶人性别	目标车驾驶人倾向性	目标车驾驶人驾驶经验	目标车驾驶人意志	目标车与左后车的相对距离	目标车与左后车的相对速度	作用粒度
410	女	保守型	熟练	强	近	负小	−0.2
411	男	激进型	熟练	强	中	负小	−0.2
412～413	男	激进型	非熟练	弱（或中）	近	负小	−0.2
414～415	男	激进型（或普通型)	熟练	强	近	负小	−0.2
416～419	男	普通型（或保守型）	非熟练	强	中（或近）	负小	−0.2
420～423	男	激进型	熟练	弱（或中）	危险	正大（或正小）	−0.2
424	女	激进型	熟练	强	中	负小	−0.3
425～426	女	激进型	非熟练	弱（或中）	近	负小	−0.3
427～428	女	激进型（或普通型）	熟练	强	近	负小	−0.3
429～432	女	普通型（或保守型）	非熟练	强	中（或近）	负小	−0.3
433～436	女	激进型	熟练	弱（或中）	危险	正大（或正小）	−0.3
437～444	男	普通型（或保守型）	熟练	弱（或中）	危险	正大（或正小）	−0.3
445～446	男	激进型	非熟练	强	中（或近）	负小	−0.3
447～450	男	普通型（或保守型）	非熟练	弱	危险	正大（或正小）	−0.3
451～452	男	激进型	熟练	强	危险	正大（或正小）	−0.3
453～460	女	普通型（或保守型）	熟练	弱（或中）	危险	正大（或正小）	−0.4
461～462	女	激进型	非熟练	强	中（或近）	负小	−0.4
463～466	女	普通型（或保守型）	非熟练	弱	危险	正大（或正小）	−0.4
467～468	女	激进型	熟练	强	危险	正大（或正小）	−0.4
469～472	男	普通型（或保守型）	熟练	强	危险	正大（或正小）	−0.4
473～474	男	保守型	非熟练	中	危险	正大（或正小）	−0.4
475～476	男	激进型	非熟练	弱	危险	正大（或正小）	−0.4
477～478	男	保守型	非熟练	强	危险	正大（或正小）	−0.4
479～482	男	激进型（或普通型）	熟练	弱	危险	零（或负小）	−0.4
483～486	女	普通型（或保守型）	熟练	强	危险	正大（或正小）	−0.5
487～488	女	保守型	非熟练	中	危险	正大（或正小）	−0.5
489～490	女	激进型	非熟练	弱	危险	正大（或正小）	−0.5
491～492	女	保守型	非熟练	强	危险	正大（或正小）	−0.5
493～496	女	激进型（或普通型）	熟练	弱	危险	零（或负小）	−0.5
497～498	男	保守型	熟练	弱	危险	零（或负小）	−0.5
499～502	男	激进型（或普通型）	非熟练	中	危险	正大（或正小）	−0.5
503～506	男	激进型（或普通型）	非熟练	强	危险	正大（或正小）	−0.5
507～510	男	普通型（或保守型）	熟练	中	危险	零（或负小）	−0.5
511～514	男	激进型（或普通型）	非熟练	弱	危险	零（或负小）	−0.5
515～516	男	激进型	熟练	强	危险	零（或负小）	−0.5
517～518	女	保守型	熟练	弱	危险	零（或负小）	−0.6
519～522	女	激进型（或普通型）	非熟练	中	危险	正大（或正小）	−0.6
523～526	女	激进型（或普通型）	非熟练	强	危险	正大（或正小）	−0.6
527～530	女	普通型（或保守型）	熟练	中	危险	零（或负小）	−0.6
531～534	女	激进型（或普通型）	非熟练	弱	危险	零（或负小）	−0.6

（续）

规则数	目标车驾驶人性别	目标车驾驶人倾向性	目标车驾驶人驾驶经验	目标车驾驶人意志	目标车与左后车的相对距离	目标车与左后车的相对速度	作用粒度
535～536	女	激进型	熟练	强	危险	零（或负小）	-0.6
537～538	男	普通型	熟练	强	危险	零（或负小）	-0.6
539～540	男	保守型	非熟练	弱	危险	零（或负小）	-0.6
541～542	男	激进型	熟练	中	危险	零（或负小）	-0.6
543～544	男	保守型	熟练	强	危险	零（或负小）	-0.6
545～552	男	普通型（或保守型）	非熟练	中（或强）	危险	零（或负小）	-0.6
553～554	男	激进型	熟练	弱	远（或中）	负大	-0.6
555～556	女	普通型	熟练	强	危险	零（或负小）	-0.7
557～558	女	保守型	非熟练	弱	危险	零（或负小）	-0.7
559～560	女	激进型	熟练	中	危险	零（或负小）	-0.7
561～562	女	保守型	熟练	强	危险	零（或负小）	-0.7
563～570	女	普通型（或保守型）	非熟练	中（或强）	危险	零（或负小）	-0.7
571～572	女	激进型	熟练	弱	远（或中）	负大	-0.7
573～576	男	激进型	非熟练	中（或强）	危险	零（或负小）	-0.7
577～580	男	普通型（或保守型）	熟练	弱	远（或中）	负大	-0.7
581～584	男	普通型（或保守型）	熟练	中	远（或中）	负大	-0.7
585～592	男	普通型（或保守型）	非熟练	弱（或中）	远（或中）	负大	-0.7
593～594	男	保守型	熟练	强	远（或中）	负大	-0.7
595～598	女	激进型	非熟练	中（或强）	危险	零（或负小）	-0.8
599～602	女	普通型（或保守型）	熟练	弱	远（或中）	负大	-0.8
603～606	女	普通型（或保守型）	熟练	中	远（或中）	负大	-0.8
607～614	女	普通型（或保守型）	非熟练	弱（或中）	远（或中）	负大	-0.8
615～616	女	保守型	熟练	强	远（或中）	负大	-0.8
617～620	男	普通型（或保守型）	非熟练	强	远（或中）	负大	-0.8
621～622	男	激进型	熟练	中	远（或中）	负大	-0.8
623～626	男	激进型	非熟练	弱（或中）	远（或中）	负大	-0.8
627～630	男	激进型（或普通型）	熟练	强	远（或中）	负大	-0.8
631～632	男	激进型	熟练	弱	近（或危险）	负大	-0.8
633～636	男	激进型	非熟练	弱（或中）	近（或危险）	负大	-0.8
637～640	女	激进型	非熟练	弱（或中）	近（或危险）	负大	-0.9
641～644	女	普通型（或保守型）	非熟练	强	远（或中）	负大	-0.9
645～646	女	激进型	熟练	中	远（或中）	负大	-0.9
647～650	女	激进型	非熟练	弱（或中）	远（或中）	负大	-0.9
651～654	女	激进型（或普通型）	熟练	强	远（或中）	负大	-0.9
655～656	女	激进型	熟练	弱	近（或危险）	负大	-0.9
657～658	男	激进型	非熟练	强	远（或中）	负大	-0.9
659～662	男	普通型（或保守型）	熟练	弱	近（或危险）	负大	-0.9
663～666	男	普通型（或保守型）	熟练	中	近（或危险）	负大	-0.9
667～674	男（女）	普通型（或保守型）	非熟练	中	近（或危险）	负大	-0.9
675～678	男	普通型（或保守型）	非熟练	弱	近（或危险）	负大	-0.9

附录 A 双车道环境下作用粒度模糊推理规则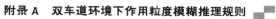

（续）

规则数	目标车驾驶人性别	目标车驾驶人倾向性	目标车驾驶人驾驶经验	目标车驾驶人意志	目标车与左后车的相对距离	目标车与左后车的相对速度	作用粒度
679～682	男（女）	激进型	熟练	强	近（或危险）	负大	−0.9
683～684	男	激进型	熟练	中	近（或危险）	负大	−0.9
685～686	女	激进型	熟练	中	近（或危险）	负大	−1
687～688	女	激进型	非熟练	强	远（或中）	负大	−1
689～692	女	普通型（或保守型）	熟练	弱	近（或危险）	负大	−1
693～696	女	普通型（或保守型）	熟练	中	近（或危险）	负大	−1
697～700	女	普通型（或保守型）	非熟练	弱	近（或危险）	负大	−1
701～708	男（女）	普通型（或保守型）	熟练	强	近（或危险）	负大	−1
709～716	男（女）	普通型（或保守型）	非熟练	强	近（或危险）	负大	−1
717～720	男（女）	激进型	非熟练	强	近（或危险）	负大	−1

附录 B 三车道环境下作用粒度模糊推理规则

附表 B 三车道环境下作用粒度模糊推理规则

规则数	目标车车型	左后车车型	目标车驾驶人倾向性	相对距离	相对速度	左车道交通流密度	左车道车辆平均速度	作用粒度
1～64	小（或中）	小	激进型（或普通型）	远（或中）	正大（或正小）	小（或中）	大（或中）	1
65～128	小（或中）	中	激进型（或普通型）	远（或中）	正大（或正小）	小（或中）	大（或中）	0.9
129～144	小（或中）	小	激进型（或普通型）	远（或中）	正大（或正小）	大	中	0.85
145～160	小（或中）	小	激进型（或普通型）	远（或中）	正大（或正小）	中	小	0.85
161～176	小（或中）	中	激进型（或普通型）	远（或中）	正大（或正小）	大	中	0.8
177～192	小（或中）	中	激进型（或普通型）	远（或中）	正大（或正小）	中	小	0.8
193～256	小（或中）	小（或中）	激进型（或普通型）	远（或中）	零	小（或中）	大（或中）	0.8
257～320	小（或中）	小（或中）	保守型	远（或中）	正大（或正小）	小（或中）	大（或中）	0.8
321～336	小（或中）	小	激进型（或普通型）	远（或中）	正大（或正小）	大	小	0.75
337～352	小（或中）	小（或中）	激进型（或普通型）	远（或中）	零	大	中	0.75
353～368	小（或中）	小（或中）	激进型（或普通型）	远（或中）	零	中	小	0.75
369～384	小（或中）	中	激进型（或普通型）	远（或中）	正大（或正小）	大	小	0.7
385～416	小（或中）	小（或中）	保守型	远（或中）	零	小（或中）	大（或中）	0.7
417～448	小	大	激进型（或普通型）	远（或中）	正大（或正小）	小（或中）	大（或中）	0.7
449～464	大	小	激进型	远（或中）	正大（或正小）	小（或中）	大（或中）	0.7
465～480	中	大	激进型	远（或中）	正大（或正小）	小（或中）	大（或中）	0.7
481～496	小（或中）	小（或中）	激进型（或普通型）	远（或中）	零	大	小	0.65
497～512	小（或中）	小（或中）	保守型	远（或中）	正大（或正小）	大	中	0.65
513～528	小（或中）	小（或中）	保守型	远（或中）	正大（或正小）	中	小	0.65
529～536	小（或中）	小（或中）	保守型	远（或中）	零	大	中	0.6
537～544	小（或中）	小（或中）	保守型	远（或中）	零	中	小	0.6
545～548	大	小	激进型	远（或中）	正大（或正小）	大	中	0.6
549～552	大	小	激进型	远（或中）	正大（或正小）	中	小	0.6
553～568	小	大	保守型	远（或中）	正大（或正小）	小（或中）	大（或中）	0.6

附录 B　三车道环境下作用粒度模糊推理规则

（续）

规则数	目标车车型	左后车车型	目标车驾驶人倾向性	相对距离	相对速度	左车道交通流密度	左车道车辆平均速度	作用粒度
569～600	中	大	普通型（或保守型）	远（或中）	正大（或正小）	小（或中）	大（或中）	0.6
601～632	大	小	普通型（或保守型）	远（或中）	正大（或正小）	小（或中）	大（或中）	0.6
633～664	大	中	激进型（或普通型）	远（或中）	正大（或正小）	小（或中）	大（或中）	0.6
665～680	小（或中）	小（或中）	保守型	远（或中）	正大（或正小）	大	小	0.55
681～688	小	大	激进型（或普通型）	远（或中）	正大（或正小）	大	中	0.55
689～696	小	大	激进型（或普通型）	远（或中）	正大（或正小）	中	小	0.55
697～700	中	大	激进型	远（或中）	正大（或正小）	大	中	0.55
701～704	中	大	激进型	远（或中）	正大（或正小）	中	小	0.55
705～708	小	大	保守型	远（或中）	正大（或正小）	大	中	0.55
709～712	小	大	保守型	远（或中）	正大（或正小）	中	小	0.55
713～720	大	小	普通型（或保守型）	远（或中）	正大（或正小）	大	中	0.55
721～728	大	小	普通型（或保守型）	远（或中）	正大（或正小）	中	小	0.55
729～736	小（或中）	小（或中）	保守型	远（或中）	零	大	小	0.5
737～740	大	小	激进型	远（或中）	正大（或正小）	大	中	0.5
741～748	中	大	普通型（或保守型）	远（或中）	正大（或正小）	大	中	0.5
749～756	中	大	普通型（或保守型）	远（或中）	正大（或正小）	中	小	0.5
757～764	大	中	激进型（或普通型）	远（或中）	正大（或正小）	大	中	0.5
765～772	大	中	激进型（或普通型）	远（或中）	正大（或正小）	中	小	0.5
773～804	小（或中）	小（或中）	激进型	近	正大（或正小）	小（或中）	大（或中）	0.5
805～820	大	大	激进型	远（或中）	正大（或正小）	小（或中）	大（或中）	0.5
821～836	大	中	保守型	远（或中）	正大（或正小）	小（或中）	大（或中）	0.5
837～844	小	大	激进型（或普通型）	远（或中）	正大（或正小）	大	小	0.45
845～848	中	大	激进型	远（或中）	正大（或正小）	大	小	0.45
849～852	小	大	保守型	远（或中）	正大（或正小）	大	小	0.45
853～860	中	大	普通型（或保守型）	远（或中）	正大（或正小）	大	小	0.45
861～868	大	小	普通型（或保守型）	远（或中）	正大（或正小）	大	小	0.45
869～876	小（或中）	小（或中）	激进型	近	正大（或正小）	大	中	0.45
878～884	小（或中）	小（或中）	激进型	近	正大（或正小）	中	小	0.45
885～892	大	中	激进型（或普通型）	远（或中）	正大（或正小）	大	小	0.4
893～896	大	大	激进型	远（或中）	正大（或正小）	大	中	0.4
897～900	大	大	激进型	远（或中）	正大（或正小）	中	小	0.4
901～904	大	中	保守型	远（或中）	正大（或正小）	大	小	0.4
905～908	大	中	保守型	远（或中）	正大（或正小）	中	小	0.4
909～972	小（或中）	小（或中）	普通型（或保守型）	近	正大（或正小）	小（或中）	大（或中）	0.4
973～988	小（或中）	大	激进型	远（或中）	零	小（或中）	大（或中）	0.4
989～1020	小（或中）	大	激进型（或普通型）	近	正大（或正小）	小（或中）	大（或中）	0.4
1021～1036	大	小（或中）	激进型	近	正大（或正小）	小（或中）	大（或中）	0.4
1037～1068	大	大	普通型（或保守型）	近	正大（或正小）	小（或中）	大（或中）	0.4
1069～1076	小（或中）	小（或中）	激进型	近	正大（或正小）	大	小	0.35
1077～1092	小（或中）	小（或中）	普通型（或保守型）	近	正大（或正小）	大	中	0.35

（续）

规则数	目标车车型	左后车车型	目标车驾驶人倾向性	相对距离	相对速度	左车道交通流密度	左车道车辆平均速度	作用粒度
1093～1108	小（或中）	小（或中）	普通型（或保守型）	近	正大（或正小）	中	小	0.35
1109～1112	小（或中）	大	激进型	远（或中）	零	大	中	0.35
1113～1116	小（或中）	大	激进型	远（或中）	零	中	小	0.35
1117～1124	小（或中）	大	激进型（或普通型）	近	正大（或正小）	大	中	0.35
1125～1132	小（或中）	大	激进型（或普通型）	近	正大（或正小）	中	小	0.35
1133～1136	大	小（或中）	激进型	近	正大（或正小）	大	中	0.35
1137～1140	大	小（或中）	激进型	近	正大（或正小）	中	小	0.35
1141～1144	大	大	激进型	远	正大（或正小）	大	小	0.3
1145～1148	大	中	保守型	远	正大（或正小）	大	小	0.3
1149～1164	小（或中）	小（或中）	普通型（或保守型）	近	正大（或正小）	大	小	0.3
1165～1168	小（或中）	大	激进型	远（或中）	零	大	小	0.3
1169～1176	小（或中）	大	激进型（或普通型）	近	正大（或正小）	大	小	0.3
1177～1180	大	小（或中）	激进型	近	正大（或正小）	大	小	0.3
1181～1188	大	大	普通型（或保守型）	近	正大（或正小）	大	中	0.3
1189～1196	大	大	普通型（或保守型）	近	正大（或正小）	中	小	0.3
1197～1228	小（或中）	大	普通型（或保守型）	远（或中）	零	小（或中）	大（或中）	0.3
1229～1244	小（或中）	大	保守型	近	正大（或正小）	小（或中）	大（或中）	0.3
1245～1276	大	小（或中）	激进型（或普通型）	远	零	小（或中）	大（或中）	0.3
1277～1292	大	小（或中）	普通型	近	正大（或正小）	小（或中）	大（或中）	0.3
1293～1300	小（或中）	大	普通型（或保守型）	远（或中）	零	大	中	0.25
1301～1308	小（或中）	大	普通型（或保守型）	远（或中）	零	中	小	0.25
1309～1312	小（或中）	大	保守型	近	正大（或正小）	大	中	0.25
1313～1316	小（或中）	大	保守型	近	正大（或正小）	中	小	0.25
1317～1324	大	小（或中）	激进型（或普通型）	远	零	大	中	0.25
1325～1332	大	小（或中）	激进型（或普通型）	远	零	中	小	0.25
1333～1336	大	小（或中）	普通型	近	正大（或正小）	大	中	0.25
1337～1340	大	小（或中）	普通型	近	正大（或正小）	中	小	0.25
1341～1348	大	大	普通型（或保守型）	远（或中）	零	大	小	0.2
1349～1352	小（或中）	大	保守型	近	正大（或正小）	大	小	0.2
1353～1360	大	小（或中）	激进型（或普通型）	远（或中）	零	大	小	0.2
1361～1364	大	小（或中）	普通型	近	正大（或正小）	大	小	0.2
1365～1396	小（或中）	小（或中）	激进型（或普通型）	远	负小	小（或中）	大（或中）	0.2
1397～1412	小（或中）	小（或中）	激进型	近	零	小（或中）	大（或中）	0.2
1413～1420	大	大	激进型	远	零	小（或中）	大（或中）	0.2
1421～1436	大	大	保守型	远	零	小（或中）	大（或中）	0.2
1437～1444	大	大	激进型	近	正大（或正小）	小（或中）	大（或中）	0.2
1445～1460	大	小（或中）	保守型	近	正大（或正小）	小（或中）	大（或中）	0.2
1461～1468	小（或中）	大	普通型（或保守型）	远（或中）	零	大	小	0.15
1469～1476	小（或中）	小（或中）	激进型（或普通型）	远	负小	大	中	0.15
1477～1484	小（或中）	小（或中）	激进型（或普通型）	远	负小	中	小	0.15

附录B 三车道环境下作用粒度模糊推理规则

(续)

规则数	目标车车型	左后车车型	目标车驾驶人倾向性	相对距离	相对速度	左车道交通流密度	左车道车辆平均速度	作用粒度
1485~1488	小（或中）	小（或中）	激进型	近	零	大	中	0.15
1489~1492	小（或中）	小（或中）	激进型	近	零	中	小	0.15
1493~1494	大	大	激进型	远（或中）	零	大	中	0.15
1495~1496	大	大	激进型	远（或中）	零	中	小	0.15
1497~1500	大	小（或中）	保守型	远（或中）	零	大	中	0.15
1501~1504	大	小（或中）	保守型	远（或中）	零	中	小	0.15
1505~1506	大	大	激进型	近	正大（或正小）	大	中	0.15
1507~1508	大	大	激进型	近	正大（或正小）	中	小	0.15
1509~1516	小（或中）	小（或中）	激进型（或普通型）	远	负小	大	小	0.1
1517~1520	小（或中）	小（或中）	激进型	近	零	大	小	0.1
1521~1522	大	大	激进型	远（或中）	零	大	小	0.1
1523~1526	大	小（或中）	保守型	远（或中）	零	大	小	0.1
1527~1528	大	大	激进型	近	正大（或正小）	大	小	0.1
1529~1532	大	小（或中）	保守型	近	正大（或正小）	大	小	0.1
1533~1536	大	小（或中）	保守型	近	正大（或正小）	中	小	0.1
1537~1552	小（或中）	小（或中）	保守型	远	负小	小（或中）	大（或中）	0.1
1553~1584	小（或中）	小（或中）	普通型（或保守型）	近	零	小（或中）	大（或中）	0.1
1585~1592	小（或中）	大	激进型	近	零	小（或中）	大（或中）	0.1
1593~1608	小（或中）	大	激进型（或普通型）	远	负小	小（或中）	大（或中）	0.1
1609~1616	大	小（或中）	激进型	远	负小	小（或中）	大（或中）	0.1
1617~1632	大	大	普通型（或保守型）	远（或中）	零	小（或中）	大（或中）	0.1
1633~1648	大	大	普通型（或保守型）	近	正大（或正小）	小（或中）	大（或中）	0.1
1649~1656	大	小（或中）	激进型	近	零	小（或中）	大（或中）	0.1
1657~1660	大	小（或中）	保守型	近	正大（或正小）	大	小	0.05
1661~1664	小（或中）	小（或中）	保守型	远	负小	大	中	0.05
1665~1668	小（或中）	小（或中）	保守型	远	负小	中	小	0.05
1669~1676	小（或中）	小（或中）	普通型（或保守型）	近	零	大	中	0.05
1677~1684	小（或中）	小（或中）	普通型（或保守型）	近	零	中	小	0.05
1685~1686	小（或中）	大	激进型	近	零	大	中	0.05
1687~1688	小（或中）	大	激进型	近	零	中	小	0.05
1689~1692	小（或中）	大	激进型（或普通型）	远	负小	大	中	0.05
1693~1696	小（或中）	大	激进型（或普通型）	远	负小	中	小	0.05
1697~1698	大	小（或中）	激进型	远	负小	大	中	0.05
1699~1700	大	小（或中）	激进型	远	负小	中	小	0.05
1701~1704	小（或中）	小（或中）	保守型	远	负小	大	小	0
1705~1712	小（或中）	小（或中）	普通型（或保守型）	近	零	大	小	0
1713~1714	小（或中）	大	激进型	近	零	大	小	0
1715~1718	小（或中）	大	激进型（或普通型）	远	负小	大	小	0
1719~1720	大	小（或中）	激进型	远	负小	大	小	0
1720~1724	大	大	普通型（或保守型）	远（或中）	零	大	中	0

（续）

规则数	目标车车型	左后车车型	目标车驾驶人倾向性	相对距离	相对速度	左车道交通流密度	左车道车辆平均速度	作用粒度
1725～1728	大	大	普通型（或保守型）	远（或中）	零	中	小	0
1729～1732	大	大	普通型（或保守型）	近	正大（或正小）	大	中	0
1733～1736	大	大	普通型（或保守型）	近	正大（或正小）	中	小	0
1737～1738	大	小（或中）	激进型	近	零	大	中	0
1739～1740	大	小（或中）	激进型	近	零	中	小	0
1741～1804	小（或中）	小（或中）	普通型（或保守型）	中（或近）	负小	小（或中）	大（或中）	0
1805～1820	小（或中）	小（或中）	激进型	中	负小	小（或中）	大（或中）	0
1821～1828	小（或中）	大	保守型	远	负小	小（或中）	大（或中）	0
1829～1844	小（或中）	大	普通型（或保守型）	近	零	小（或中）	大（或中）	0
1845～1860	大	小（或中）	普通型（或保守型）	远	负小	小（或中）	大（或中）	0
1861～1876	大	小（或中）	普通型（或保守型）	近	零	小（或中）	大（或中）	0
1877～1884	大	大	普通型（或保守型）	远	负小	小（或中）	大（或中）	0
1885～1892	大	大	普通型（或保守型）	近	零	小（或中）	大（或中）	0
1893～1896	大	大	普通型（或保守型）	远（或中）	零	大	小	−0.05
1897～1900	大	大	普通型（或保守型）	近	正大（或正小）	大	小	−0.05
1901～1902	大	小（或中）	激进型	近	零	大	小	−0.05
1903～1918	小（或中）	小（或中）	普通型（或保守型）	中（或近）	负小	大	中	−0.05
1919～1934	小（或中）	小（或中）	普通型（或保守型）	中（或近）	负小	中	小	−0.05
1935～1938	小（或中）	小（或中）	激进型	中	负小	大	中	−0.05
1939～1942	小（或中）	小（或中）	激进型	中	负小	中	小	−0.05
1943～1944	小（或中）	大	保守型	远	负小	大	中	−0.05
1945～1946	小（或中）	大	保守型	远	负小	中	小	−0.05
1947～1950	小（或中）	大	普通型（或保守型）	近	零	大	中	−0.05
1951～1954	小（或中）	大	普通型（或保守型）	近	零	中	小	−0.05
1955～1958	大	小（或中）	普通型（或保守型）	远	负小	大	中	−0.05
1959～1962	大	小（或中）	普通型（或保守型）	远	负小	中	小	−0.05
1963～1966	大	小（或中）	普通型（或保守型）	近	零	大	中	−0.05
1967～1970	大	小（或中）	普通型（或保守型）	近	零	中	小	−0.05
1971～1972	大	大	普通型（或保守型）	远	负小	大	中	−0.05
1973～1974	大	大	普通型（或保守型）	远	负小	中	小	−0.05
1975～1976	大	大	普通型（或保守型）	近	零	大	中	−0.05
1977～1978	大	大	普通型（或保守型）	近	零	中	小	−0.05
1979～1994	小（或中）	小（或中）	普通型（或保守型）	中（或近）	负小	大	小	−0.1
1995～1998	小（或中）	小（或中）	激进型	中	负小	大	小	−0.1
1999～2000	小（或中）	大	保守型	远	负小	大	小	−0.1
2001～2004	小（或中）	大	普通型（或保守型）	近	零	大	小	−0.1
2005～2008	大	小（或中）	普通型（或保守型）	远	负小	大	小	−0.1
2009～2012	大	小（或中）	普通型（或保守型）	近	零	大	小	−0.1
2013～2014	大	大	普通型（或保守型）	远	负小	大	小	−0.1
2015～2016	大	大	普通型（或保守型）	近	零	大	小	−0.1

附录 B　三车道环境下作用粒度模糊推理规则

（续）

规则数	目标车车型	左后车车型	目标车驾驶人倾向性	相对距离	相对速度	左车道 交通流密度	左车道 车辆平均速度	作用粒度
2017～2032	小（或中）	小（或中）	激进型	近	负小	小（或中）	大（或中）	−0.1
2033～2048	小（或中）	大	普通型（或保守型）	中	负小	小（或中）	大（或中）	−0.1
2049～2056	小（或中）	大	保守型	近	负小	小（或中）	大（或中）	−0.1
2057～2064	大	小（或中）	激进型	中	负小	小（或中）	大（或中）	−0.1
2065～2096	大	小（或中）	普通型（或保守型）	中（或近）	负小	小（或中）	大（或中）	−0.1
2097～2100	大	大	激进型	远	负小	小（或中）	大（或中）	−0.1
2102～2104	大	大	激进型	近	零	小（或中）	大（或中）	−0.1
2105～2108	小（或中）	小（或中）	激进型	近	负小	大	中	−0.15
2109～2112	小（或中）	小（或中）	激进型	近	负小	中	小	−0.15
2113～2116	小（或中）	大	普通型（或保守型）	中	负小	大	中	−0.15
2117～2120	小（或中）	大	普通型（或保守型）	中	负小	中	小	−0.15
2121～2122	小（或中）	大	保守型	近	负小	大	中	−0.15
2123～2124	小（或中）	大	保守型	近	负小	中	小	−0.15
2125～2126	大	小（或中）	激进型	中	负小	大	中	−0.15
2127～2128	大	小（或中）	激进型	中	负小	中	小	−0.15
2129～2136	大	小（或中）	普通型（或保守型）	中（或近）	负小	大	中	−0.15
2137～2144	大	小（或中）	普通型（或保守型）	中（或近）	负小	中	小	−0.15
2145	大	大	激进型	远	负小	大	中	−0.15
2146	大	大	激进型	远	负小	中	小	−0.15
2147	大	大	激进型	近	零	大	中	−0.15
2148	大	大	激进型	近	零	中	小	−0.15
2149～2152	小（或中）	小（或中）	激进型	近	负小	大	小	−0.2
2153～2156	小（或中）	大	普通型（或保守型）	中	负小	大	小	−0.2
2157～2158	小（或中）	大	保守型	近	负小	大	小	−0.2
2159～2160	大	小（或中）	激进型	中	负小	大	小	−0.2
2161～2168	大	小（或中）	普通型（或保守型）	中（或近）	负小	大	小	−0.2
2169	大	大	激进型	远	负小	大	小	−0.2
2170	大	大	激进型	近	零	大	小	−0.2
2171～2202	小	小（或中）	普通型（或保守型）	危险	正大（或正小）	小（或中）	大（或中）	−0.2
2203～2210	小（或中）	大	激进型	中	负小	小（或中）	大（或中）	−0.2
2211～2226	小（或中）	大	激进型（或普通型）	近	负小	小（或中）	大（或中）	−0.2
2227～2234	大	小（或中）	激进型	近	负小	小（或中）	大（或中）	−0.2
2235～2250	大	大	普通型（或保守型）	中（或近）	负小	小（或中）	大（或中）	−0.2
2251～2258	小	小（或中）	普通型（或保守型）	危险	正大（或正小）	大	中	−0.25
2259～2266	小	小（或中）	普通型（或保守型）	危险	正大（或正小）	中	小	−0.25
2267～2268	小（或中）	大	激进型	中	负小	大	中	−0.25
2269～2270	小（或中）	大	激进型	中	负小	中	小	−0.25
2271～2274	小（或中）	大	激进型（或普通型）	近	负小	大	中	−0.25
2275～2278	小（或中）	大	激进型（或普通型）	近	负小	中	小	−0.25
2279～2280	大	小（或中）	激进型	近	负小	大	中	−0.25

（续）

规则数	目标车车型	左后车车型	目标车驾驶人倾向性	相对距离	相对速度	左车道交通流密度	左车道车辆平均速度	作用粒度
2281～2282	大	小（或中）	激进型	近	负小	中	小	-0.25
2283～2286	大	大	普通型（或保守型）	中（或近）	负小	大	中	-0.25
2287～2290	大	大	普通型（或保守型）	中（或近）	负小	中	小	-0.25
2291～2298	小	小（或中）	普通型（或保守型）	危险	正大（或正小）	大	小	-0.3
2299～2300	小（或中）	大	激进型	中	负小	大	小	-0.3
2301～2304	小（或中）	大	激进型（或普通型）	近	负小	大	小	-0.3
2305～2306	大	小（或中）	激进型	近	负小	大	小	-0.3
2307～2310	大	大	普通型（或保守型）	中（或近）	负小	大	小	-0.3
2311～2326	小	小（或中）	激进型	危险	正大（或正小）	小（或中）	大（或中）	-0.3
2327～2342	小	大	普通型（或保守型）	危险	正大（或正小）	小（或中）	大（或中）	-0.3
2343～2374	中	小（或中）	激进型（或普通型）	危险	正大（或正小）	小（或中）	大（或中）	-0.3
2375～2390	中	小（或中）	保守型	危险	正大（或正小）	小（或中）	大（或中）	-0.3
2391～2398	大	大	激进型	中（或近）	负小	小（或中）	大（或中）	-0.3
2399～2414	大	小	普通型（或保守型）	危险	正大（或正小）	小（或中）	大（或中）	-0.3
2415～2418	小	小（或中）	激进型	危险	正大（或正小）	大	中	-0.35
2419～2422	小	小（或中）	激进型	危险	正大（或正小）	中	小	-0.35
2423～2426	小	大	普通型（或保守型）	危险	正大（或正小）	大	中	-0.35
2427～2430	小	大	普通型（或保守型）	危险	正大（或正小）	中	小	-0.35
2431～2438	中	小（或中）	激进型（或普通型）	危险	正大（或正小）	大	中	-0.35
2439～2446	中	小（或中）	激进型（或普通型）	危险	正大（或正小）	中	小	-0.35
2447～2450	中	小（或中）	保守型	危险	正大（或正小）	大	中	-0.35
2451～2454	中	小（或中）	保守型	危险	正大（或正小）	中	小	-0.35
2455～2456	大	大	激进型	中（或近）	负小	大	中	-0.35
2457～2458	大	大	激进型	中（或近）	负小	中	小	-0.35
2459～2462	大	小	普通型（或保守型）	危险	正大（或正小）	大	中	-0.35
2463～2466	大	小	普通型（或保守型）	危险	正大（或正小）	中	小	-0.35
2467～2470	小	小（或中）	激进型	危险	正大（或正小）	大	小	-0.4
2471～2474	小	大	普通型（或保守型）	危险	正大（或正小）	大	小	-0.4
2475～2482	中	小（或中）	激进型（或普通型）	危险	正大（或正小）	大	小	-0.4
2483～2486	中	小（或中）	保守型	危险	正大（或正小）	大	小	-0.4
2487～2488	大	大	激进型	中（或近）	负小	大	小	-0.4
2489～2492	大	小	普通型（或保守型）	危险	正大（或正小）	大	小	-0.4
2493～2508	小（或中）	小	保守型	危险	零（或负小）	小（或中）	大（或中）	-0.4
2509～2516	小	大	激进型	危险	正大（或正小）	小（或中）	大（或中）	-0.4
2517～2532	中（或大）	大	保守型	危险	正大（或正小）	小（或中）	大（或中）	-0.4
2533～2540	大	小	激进型	危险	正大（或正小）	小（或中）	大（或中）	-0.4
2541～2548	大	中	保守型	危险	正大（或正小）	小（或中）	大（或中）	-0.4
2549～2552	小（或中）	小	保守型	危险	零（或负小）	大	中	-0.45
2553～2556	小（或中）	小	保守型	危险	零（或负小）	中	小	-0.45
2557～2558	小	大	激进型	危险	正大（或正小）	大	中	-0.45

附录 B 三车道环境下作用粒度模糊推理规则

(续)

规则数	目标车车型	左后车车型	目标车驾驶人倾向性	相对距离	相对速度	左车道交通流密度	左车道车辆平均速度	作用粒度
2559～2560	小	大	激进型	危险	正大（或正小）	中	小	−0.45
2561～2564	中（或大）	大	保守型	危险	正大（或正小）	大	中	−0.45
2565～2568	中（或大）	大	保守型	危险	正大（或正小）	中	小	−0.45
2569～2570	大	小	激进型	危险	正大（或正小）	大	中	−0.45
2571～2572	大	小	激进型	危险	正大（或正小）	中	小	−0.45
2573～2574	大	中	保守型	危险	正大（或正小）	大	中	−0.45
2575～2576	大	中	保守型	危险	正大（或正小）	中	小	−0.45
2577～2580	小（或中）	小	保守型	危险	零（或负小）	大	小	−0.5
2581～2582	小	大	激进型	危险	正大（或正小）	大	小	−0.5
2583～2586	中（或大）	大	保守型	危险	正大（或正小）	大	小	−0.5
2587～2588	大	小	激进型	危险	正大（或正小）	大	小	−0.5
2589～2590	大	中	保守型	危险	正大（或正小）	大	小	−0.5
2591～2622	小（或中）	小	激进型（或普通型）	危险	零（或负小）	小（或中）	大（或中）	−0.5
2623～2654	小（或中）	中	普通型（或保守型）	危险	零（或负小）	小（或中）	大（或中）	−0.5
2655～2662	小	大	保守型	危险	零（或负小）	小（或中）	大（或中）	−0.5
2663～2694	中（或大）	大	激进型（或普通型）	危险	正大（或正小）	小（或中）	大（或中）	−0.5
2695～2702	大	小	保守型	危险	零（或负小）	小（或中）	大（或中）	−0.5
2703～2718	大	中	激进型（或普通型）	危险	正大（或正小）	小（或中）	大（或中）	−0.5
2719～2726	小（或中）	小	激进型（或普通型）	危险	零（或负小）	大	中	−0.55
2727～2734	小（或中）	小	激进型（或普通型）	危险	零（或负小）	中	小	−0.55
2735～2742	小（或中）	中	普通型（或保守型）	危险	零（或负小）	大	中	−0.55
2743～2750	小（或中）	中	普通型（或保守型）	危险	零（或负小）	中	小	−0.55
2751～2752	小	大	保守型	危险	零（或负小）	大	中	−0.55
2753～2754	小	大	保守型	危险	零（或负小）	中	小	−0.55
2755～2762	中（或大）	大	激进型（或普通型）	危险	正大（或正小）	大	中	−0.55
2763～2770	中（或大）	大	激进型（或普通型）	危险	正大（或正小）	中	小	−0.55
2771～2772	大	小	保守型	危险	零（或负小）	大	中	−0.55
2773～2774	大	小	保守型	危险	零（或负小）	中	小	−0.55
2775～2778	大	中	激进型（或普通型）	危险	正大（或正小）	大	中	−0.55
2779～2782	大	中	激进型（或普通型）	危险	正大（或正小）	中	小	−0.55
2783～2790	小（或中）	小	激进型（或普通型）	危险	零（或负小）	大	小	−0.6
2791～2798	小（或中）	中	普通型（或保守型）	危险	零（或负小）	大	小	−0.6
2799～2800	小	大	保守型	危险	零（或负小）	大	小	−0.6
2801～2808	中（或大）	大	激进型（或普通型）	危险	正大（或正小）	大	小	−0.6
2809～2810	大	小	保守型	危险	零（或负小）	大	小	−0.6
2811～2814	大	中	激进型（或普通型）	危险	正大（或正小）	大	小	−0.6
2815～2846	小（或中）	小	普通型（或保守型）	远（或中）	负大	小（或中）	大（或中）	−0.6
2847～2862	小（或中）	中	激进型	危险	零（或负小）	小（或中）	大（或中）	−0.6
2863～2878	小	大	激进型（或普通型）	危险	零（或负小）	小（或中）	大（或中）	−0.6
2879～2894	中	大	普通型（或保守型）	危险	零（或负小）	小（或中）	大（或中）	−0.6

181

（续）

规则数	目标车车型	左后车车型	目标车驾驶人倾向性	相对距离	相对速度	左车道交通流密度	左车道车辆平均速度	作用粒度
2895～2970	大	小	激进型（或普通型）	危险	零（或负小）	小（或中）	大（或中）	−0.6
2911～2942	大	中（或大）	普通型（或保守型）	危险	零（或负小）	小（或中）	大（或中）	−0.6
2943～2950	小（或中）	小	普通型（或保守型）	远（或中）	负大	大	中	−0.65
2951～2958	小（或中）	小	普通型（或保守型）	远（或中）	负大	中	小	−0.65
2959～2962	小（或中）	中	激进型	危险	零（或负小）	大	中	−0.65
2963～2966	小（或中）	中	激进型	危险	零（或负小）	中	小	−0.65
2967～2970	小	大	激进型（或普通型）	危险	零（或负小）	大	中	−0.65
2971～2974	小	大	激进型（或普通型）	危险	零（或负小）	中	小	−0.65
2975～2978	中	大	普通型（或保守型）	危险	零（或负小）	大	中	−0.65
2979～2982	中	大	普通型（或保守型）	危险	零（或负小）	中	小	−0.65
2983～2986	大	小	激进型（或普通型）	危险	零（或负小）	大	中	−0.65
2987～2990	大	小	激进型（或普通型）	危险	零（或负小）	中	小	−0.65
2991～2998	大	中（或大）	普通型（或保守型）	危险	零（或负小）	大	中	−0.65
2999～3006	大	中（或大）	普通型（或保守型）	危险	零（或负小）	中	小	−0.65
3007～3014	小（或中）	小	普通型（或保守型）	远（或中）	负大	大	小	−0.7
3015～3018	小（或中）	中	激进型	危险	零（或负小）	大	小	−0.7
3019～3022	小	大	激进型（或普通型）	危险	零（或负小）	大	小	−0.7
3023～3026	中	大	普通型（或保守型）	危险	零（或负小）	大	小	−0.7
3027～3030	大	小	激进型（或普通型）	危险	零（或负小）	大	小	−0.7
3031～3038	大	中（或大）	普通型（或保守型）	危险	零（或负小）	大	小	−0.7
3039～3054	小（或中）	小	激进型	远（或中）	负大	小（或中）	大（或中）	−0.7
3055～3086	小（或中）	中	普通型（或保守型）	远（或中）	负大	小（或中）	大（或中）	−0.7
3087～3102	小（或中）	大	保守型	远（或中）	负大	小（或中）	大（或中）	−0.7
3103～3110	中	大	激进型	危险	零（或负小）	小（或中）	大（或中）	−0.7
3111～3142	大	小（或中）	普通型（或保守型）	远（或中）	负大	小（或中）	大（或中）	−0.7
3143～3158	大	中（或大）	激进型	危险	零（或负小）	小（或中）	大（或中）	−0.7
3159～3162	小（或中）	小	激进型	远（或中）	负大	大	中	−0.75
3163～3166	小（或中）	小	激进型	远（或中）	负大	中	小	−0.75
3167～3174	小（或中）	中	普通型（或保守型）	远（或中）	负大	大	中	−0.75
3175～3182	小（或中）	中	普通型（或保守型）	远（或中）	负大	中	小	−0.75
3183～3186	小（或中）	大	保守型	远（或中）	负大	大	中	−0.75
3187～3190	小（或中）	大	保守型	远（或中）	负大	中	小	−0.75
3191～3192	中	大	激进型	危险	零（或负小）	大	中	−0.75
3193～3194	中	大	激进型	危险	零（或负小）	中	小	−0.75
3195～3202	大	小（或中）	普通型（或保守型）	远（或中）	负大	大	中	−0.75
3203～3210	大	小（或中）	普通型（或保守型）	远（或中）	负大	中	小	−0.75
3211～3214	大	中（或大）	激进型	危险	零（或负小）	大	中	−0.75
3215～3218	大	中（或大）	激进型	危险	零（或负小）	中	小	−0.75
3219～3222	小（或中）	小	激进型	远（或中）	负大	大	小	−0.8
3223～3230	小（或中）	中	普通型（或保守型）	远（或中）	负大	大	小	−0.8

附录 B 三车道环境下作用粒度模糊推理规则

（续）

规则数	目标车车型	左后车车型	目标车驾驶人倾向性	相对距离	相对速度	左车道交通流密度	左车道车辆平均速度	作用粒度
3231～3234	小（或中）	大	保守型	远（或中）	负大	大	小	−0.8
3235～3236	中	大	激进型	危险	零（或负小）	大	小	−0.8
3237～3244	大	小（或中）	普通型（或保守型）	远（或中）	负大	大	小	−0.8
3245～3248	大	中（或大）	激进型	危险	零（或负小）	大	小	−0.8
3249～3264	小	小	普通型（或保守型）	近（或危险）	负大	小（或中）	大（或中）	−0.8
3265～3272	小	中	保守型	近（或危险）	负大	小（或中）	大（或中）	−0.8
3273～3288	小（或中）	中	激进型	远（或中）	负大	小（或中）	大（或中）	−0.8
3289～3320	小（或中）	大	激进型（或普通型）	远（或中）	负大	小（或中）	大（或中）	−0.8
3321～3336	大	小（或中）	激进型	远（或中）	负大	小（或中）	大（或中）	−0.8
3337～3352	大	大	普通型（或保守型）	远（或中）	负大	小（或中）	大（或中）	−0.8
3353～3356	小	小	普通型（或保守型）	近（或危险）	负大	大	中	−0.85
3357～3360	小	小	普通型（或保守型）	近（或危险）	负大	中	小	−0.85
3361～3362	小	中	保守型	近（或危险）	负大	大	中	−0.85
3363～3364	小	中	保守型	近（或危险）	负大	中	小	−0.85
3365～3368	小（或中）	中	激进型	远（或中）	负大	大	中	−0.85
3369～3372	小（或中）	中	激进型	远（或中）	负大	中	小	−0.85
3373～3380	小（或中）	大	激进型（或普通型）	远（或中）	负大	大	中	−0.85
3381～3388	小（或中）	大	激进型（或普通型）	远（或中）	负大	中	小	−0.85
3389～3392	大	小（或中）	激进型	远（或中）	负大	大	中	−0.85
3393～3396	大	小（或中）	激进型	远（或中）	负大	中	小	−0.85
3397～3400	大	大	普通型（或保守型）	远（或中）	负大	大	中	−0.85
3401～3404	大	大	普通型（或保守型）	远（或中）	负大	中	小	−0.85
3405～3408	小	小	普通型（或保守型）	近（或危险）	负大	大	小	−0.9
3409～3410	小	中	保守型	近（或危险）	负大	大	小	−0.9
3411～3414	小（或中）	中	激进型	远（或中）	负大	大	小	−0.9
3415～3422	小（或中）	大	激进型（或普通型）	远（或中）	负大	大	小	−0.9
3423～3426	大	小（或中）	激进型	远（或中）	负大	大	小	−0.9
3427～3430	大	大	普通型（或保守型）	远（或中）	负大	大	小	−0.9
3431～3438	小	小	激进型	近（或危险）	负大	小（或中）	大（或中）	−0.9
3439～3454	小	中	激进型（或普通型）	近（或危险）	负大	小（或中）	大（或中）	−0.9
3455～3486	中	小（或中）	普通型（或保守型）	近（或危险）	负大	小（或中）	大（或中）	−0.9
3487～3502	大	小	普通型（或保守型）	近（或危险）	负大	小（或中）	大（或中）	−0.9
3503～3510	大	大	激进型	远（或中）	负大	小（或中）	大（或中）	−0.9
3511～3512	小	小	激进型	近（或危险）	负大	大	中	−0.95
3513～3514	小	小	激进型	近（或危险）	负大	中	小	−0.95
3515～3518	小	中	激进型（或普通型）	近（或危险）	负大	大	中	−0.95
3519～3522	小	中	激进型（或普通型）	近（或危险）	负大	中	小	−0.95
3523～3530	中	小（或中）	普通型（或保守型）	近（或危险）	负大	大	中	−0.95
3531～3538	中	小（或中）	普通型（或保守型）	近（或危险）	负大	中	小	−0.95
3539～3542	大	小	普通型（或保守型）	近（或危险）	负大	大	中	−0.95

（续）

规则数	目标车车型	左后车车型	目标车驾驶人倾向性	相对距离	相对速度	左车道交通流密度	左车道车辆平均速度	作用粒度
3543～3546	大	小	普通型（或保守型）	近（或危险）	负大	中	小	−0.95
3547～3548	大	大	激进型	远（或中）	负大	大	中	−0.95
3549～3550	大	大	激进型	远（或中）	负大	中	小	−0.95
3551～3552	小	小	激进型	近（或危险）	负大	大	小	−1
3553～3556	小	中	激进型（或普通型）	近（或危险）	负大	大	小	−1
3557～3564	中	小（或中）	普通型（或保守型）	近（或危险）	负大	大	小	−1
3565～3568	大	小	普通型（或保守型）	近（或危险）	负大	大	小	−1
3569～3570	大	大	激进型	远（或中）	负大	大	小	−1
3571～3602	小（或中）	大	普通型（或保守型）	近（或危险）	负大	小（或中）	大（或中）	−1
3603～3610	小（或中）	大	普通型（或保守型）	近（或危险）	负大	大	中	−1
3611～3618	小（或中）	大	普通型（或保守型）	近（或危险）	负大	中	小	−1
3619～3626	小（或中）	大	普通型（或保守型）	近（或危险）	负大	大	小	−1
3627～3642	小（或中）	大	激进型	近（或危险）	负大	小（或中）	大（或中）	−1
3643～3646	小（或中）	大	激进型	近（或危险）	负大	大	中	−1
3647～3650	小（或中）	大	激进型	近（或危险）	负大	中	小	−1
3651～3654	小（或中）	大	激进型	近（或危险）	负大	大	小	−1
3655～3670	中	小（或中）	激进型	近（或危险）	负大	小（或中）	大（或中）	−1
3671～3674	中	小（或中）	激进型	近（或危险）	负大	大	中	−1
3675～3678	中	小（或中）	激进型	近（或危险）	负大	中	小	−1
3679～3682	中	小（或中）	激进型	近（或危险）	负大	大	小	−1
3683～3690	大	小	激进型	近（或危险）	负大	小（或中）	大（或中）	−1
3691～3692	大	小	激进型	近（或危险）	负大	大	中	−1
3693～3694	大	小	激进型	近（或危险）	负大	中	小	−1
3695～3696	大	小	激进型	近（或危险）	负大	大	小	−1
3697～3704	大	中	激进型	近（或危险）	负大	小（或中）	大（或中）	−1
3705～3706	大	中	激进型	近（或危险）	负大	大	中	−1
3707～3708	大	中	激进型	近（或危险）	负大	中	小	−1
3709～3710	大	中	激进型	近（或危险）	负大	大	小	−1
3711～3726	大	中	普通型（或保守型）	近（或危险）	负大	小（或中）	大（或中）	−1
3727～3730	大	中	普通型（或保守型）	近（或危险）	负大	大	中	−1
3731～3734	大	中	普通型（或保守型）	近（或危险）	负大	中	小	−1
3735～3738	大	中	普通型（或保守型）	近（或危险）	负大	大	小	−1
3739～3746	大	大	激进型	近（或危险）	负大	小（或中）	大（或中）	−1
3747～3748	大	大	激进型	近（或危险）	负大	大	中	−1
3749～3750	大	大	激进型	近（或危险）	负大	中	小	−1
3751～3752	大	大	激进型	近（或危险）	负大	大	小	−1
3753～3768	大	大	普通型（或保守型）	近（或危险）	负大	小（或中）	大（或中）	−1
3769～3772	大	大	普通型（或保守型）	近（或危险）	负大	大	中	−1
3773～3776	大	大	普通型（或保守型）	近（或危险）	负大	中	小	−1
3777～3780	大	大	普通型（或保守型）	近（或危险）	负大	大	小	−1

附录 C　情绪诱发方法分类

附表 C　情绪诱发方法分类

序号	情绪诱发方法	定义	特点
1	文字情绪诱发法	通过让被试者阅读具有强烈情绪色彩的文字语句，并且让其体验语句所表达的情绪意涵来实现情绪的诱发	操作简单方便，应用广泛；但由于诱发材料为文字性语句，所以对语句意义的理解易受被试个人文化背景和阅读理解能力的制约，此外该方法也一直因其潜在的要求特征而备受争议
2	图片情绪诱发法	通过被试者观看具有强烈情绪色彩的图片来诱发被试的目标情绪	具有标准化的情绪图库，其中应用最广泛的是 IAPS（方便研究者选择标准化的图片作为情绪诱发材料，使实验结果具有更高的可比性，也增强了实验的可重复性，但它存在明显的文化差异）与 CAPS（克服了文化背景的影响，增强了情绪诱发效果）
3	音乐情绪诱发法	通过被试者听具有强烈情绪色彩的音乐，在其诱导下唤起所需要的目标情绪	增加了诱发出的积极与消极情绪在强度上相等的可能性；由于音乐主要作用于听觉通道，所以与其他通道的情绪诱发方法相比，它所诱发出来的情绪更强烈、深入、有效，且持续时间更长。然而目前还没有标准的情绪材料库可供选用，故而在使用上仍受到些许限制
4	视频情绪诱发法	通过观看电影或者录像剪辑等视频片段来诱发被试目标情绪	由于视频是动态的刺激材料，并且其综合了听觉和视觉情绪刺激的优点，因此能更有效地诱发情绪。目前，使用较为广泛的视频情绪材料库是 CAPS，其中涵盖了悲伤、愤怒、恐惧、快乐等情绪诱发影像，但更多的视频诱发素材有待进一步探索
5	嗅觉情绪诱发法	通过让被试者吸入特定气味的气体或者带有特定气味的情绪刺激物，从而来激发被试者目标情绪	由于嗅觉情绪诱发法对被试身体具有一定的刺激，且并无标准的刺激材料库，因此该方法目前的应用较少
6	味觉情绪诱发法	通过被试品尝特定食物来刺激其味觉器官，以此激发被试目标情绪	针对该方法的相关研究较少，并且大多集中于味觉刺激对被试情绪影响方面，但这为味觉情绪诱发提供了思路
7	回忆情绪诱发法	通过让被试者回忆能够唤起相应情绪的事件来诱发目标情绪	实验开始前，需要先通过访谈或开放式问卷等方式收集被试目标情绪体验最为强烈的几次事件，并将这些经历整理为长度大致相当的文字和声音材料；在情绪诱发时，向被试者呈现这些材料，让其回忆事件发生时的感受，以此诱发情绪
8	想象情绪诱发法	由 Wright 和 Mischel 提出，通过让被试者想象某一情境来达到情绪诱发的目的	被试者可以凭空想象，也可以通过回忆过去所经历的真实场景，并对其进行还原，在头脑中浮现出栩栩如生的景象，然后身临其境般地思考和感受这些景象。为了能更有效地诱发情绪，还可要求被试者将想象的事情或感受的情绪写出或者是详尽地口述出来

（续）

序号	情绪诱发方法	定义	特点
9	虚拟现实情绪诱发法	通过虚拟现实技术创设一种虚拟环境，并变换不同的场景来诱发特定情绪	利用虚拟现实技术创设虚拟场景，并根据需要诱发的目标情绪变换场景环境，让其产生身临其境的感觉
10	电脑游戏情绪诱发法	通过让被试者尝试具有不同任务事件、不同场景的电脑游戏来激发其特定情绪	游戏过程中，由于被试者将注意力更多地集中在虚拟世界中而忽略了周围环境，这一诱发手段能够诱发出相对自然的情绪，从而可以有效提高情绪诱发的可靠性。此外，情绪激发后，被试者往往会情不自禁地通过大量表情、声音、肢体动作等表现其情绪，通过对被试进行录像记录和分析，能够为情绪诱发效果的测量提供有效的依据
11	博弈游戏情绪诱发法	让被试者参与博弈游戏，并通过操纵博弈对象的行为来诱发被试者的情绪	博弈通常被用于考察个体在两难情境下的决策行为，一些研究者发现，由于博弈游戏往往涉及自利、利他、公平、信任、背叛等各种行为，可以被用来作为很好的情绪诱发手段
12	组合情绪诱发法	将两种或两种以上的情绪诱发方法组合在一起来诱发被试者情绪的方法	其基本原理是：第一种情绪诱发方法用于捕获前景注意，而后续情绪诱发方法用于产生一种与前景情绪一致的背景情绪氛围。在组合情绪诱发法中，由于后续的情绪诱发法不但能巩固前面所诱发的情绪，而且能更进一步地诱发情绪，因此与单一情绪诱发法相比，能更有效地诱发情绪，该方法受到越来越多研究者的青睐

附录 D 驾驶倾向性测试问卷及评分方法

附表 D-1 驾驶倾向性测试问卷

1	性别
	男（1），女（2）
2	年龄
	小于 30（1），30～40（2），40～50（3），50 以上（4）
3	驾驶里程
	0～5 万 km（4），5～10 万 km（3），10～15 万 km（2），15 万 km 以上（1）
4	无其他车辆干扰时行车速度是否超过限定速度
	经常（1），偶尔（2），从不（3）
5	无其他车辆干扰时是否经常下意识变换车道
	经常（1），偶尔（2），从不（3）
6	行驶中经常紧跟前车
	是（1），不一定（2），一般不会（3）
7	总想超越前车
	是（1），不一定（2），一般不会（3）
8	时常急加速或减速
	是（1），不一定（2），一般不会（3）
9	有时一旦被其他车超过会感到生气
	是（1），不一定（2），一般不会（3）
10	车间距一缩小，就会超过去
	是（1），不一定（2），一般不会（3）
11	即使空余很小，也会加塞
	是（1），不一定（2），一般不会（3）
12	遇有行驶缓慢的车，会感到急躁
	是（1），不一定（2），一般不会（3）
13	对外车道上慢速行驶车辆感到不耐烦而从内车道超车
	是（1），不一定（2），一般不会（3）
14	在信号交替变换期间，加速通过交叉口
	经常（1），偶尔（2），从不（3）
15	等信号或交通堵塞时，心情烦躁
	是（1），不一定（2），一般不会（3）

(续)

16	有朋友乘车,不知不觉就会提高车速	
	是(1),不一定(2),一般不会(3)	
17	打转向灯的同时变更行驶线路	
	是(1),不一定(2),一般不会(3)	
18	弯道时也会加油高速通过	
	是(1),不一定(2),一般不会(3)	
19	驾驶中一个劲儿地提高车速,跑个痛快	
	是(1),不一定(2),一般不会(3)	
20	在城市道路上超速行驶	
	经常(1),偶尔(2),从不(3)	
21	在城际高速公路上超速行驶	
	经常(1),偶尔(2),从不(3)	
22	有把握不发生事故的情况下会违章驾驶	
	经常(1),偶尔(2),从不(3)	
23	对前方道路(例如前方有障碍物或道路变窄等)的适应性	
	临时适应(1),不一定(2),提前加以适应(3)	
24	对障碍目标的回避	
	十分紧迫时回避(1),不一定(2),提前回避(3)	
25	进行驾驶操作时	
	较匆忙(1),稍微匆忙(2),较从容(3)	
26	对高风险驾驶	
	能接受,喜欢有刺激(1),确定安全的前提下,偶尔能接受(2),不能接受(3)	
27	一般操作失误的发生原因	
	情绪兴奋(1),不一定(2),认识缺陷(3)	
28	气质类型(参照附表2)	
	胆汁质(1),多血质(2),粘液质(3),抑郁质(4)	

注:1. 表中选项后括号内数字为对应选项的分值;得分 28～47 为激进型,48～67 为普通型,68～86 为保守型。
2. 附表 D-2 为气质类型测试问卷。

附表 D-2　驾驶人气质类型调查问卷

气质类型测试题(每题都要回答)	分数
(01)做事力求稳妥,不做无把握的事	
(02)遇到可气的事就怒不可遏,想把心里话说出来才痛快	
(03)宁肯一个人干事,不愿很多人在一起	
(04)到一个新的环境很快就能适应	
(05)厌恶那些强烈的刺激,如尖叫、噪声、危险镜头等	
(06)和人争吵时,总是先发制人,喜欢挑衅	
(07)喜欢安静的环境	
(08)善于和人交往	
(09)羡慕那种善于克制自己的感情的人	
(10)生活有规律,很少违背作息制度	
(11)在多数情况下情绪是乐观的	
(12)碰到陌生人觉得很拘束	
(13)遇到令人气愤的事,能很好地自我克制	
(14)做事总是有旺盛的精力	

(续)

气质类型测试题（每题都要回答）	分数
（15）遇到问题常常举棋不定，优柔寡断	
（16）在人群中从不觉得过分地拘谨	
（17）情绪高昂时，觉得干什么都有趣；情绪低落时，又觉得干什么都没有意思	
（18）当注意力集中一个事物时，别的事很难使我分心	
（19）理解问题总是比别人快	
（20）碰到危险情景时，常有一种极度的恐怖感	
（21）对学习、工作、事业怀有很高的热情	
（22）能够长时间做枯燥、单调的工作	
（23）符合情趣的事情，干起来劲头十足，否则就不想干	
（24）一点小事就能引起情绪波动	
（25）讨厌那种需要耐心、细致的工作	
（26）与人交往不卑不亢	
（27）喜欢参加热烈的活动	
（28）爱看感情细腻、描写人物内心活动的文学作品	
（29）工作学习时间长了，常感到厌倦	
（30）不喜欢长时间论谈一个问题，愿意实际动手干	
（31）宁愿侃侃而谈，不愿窃窃私语	
（32）别人说我总是闷闷不乐	
（33）理解问题常比别人慢一些	
（34）疲倦时只要短暂的休息就能精神抖擞，重新投入工作	
（35）心里有话宁愿自己想，不愿说出来	
（36）认准一个目标就希望尽快实现，不达目的，誓不罢休	
（37）学习、工作同样一段时间后，常比别人更疲劳	
（38）做事有些莽撞，常常不考虑后果	
（39）老师或师傅讲授新知识、技术时，总希望他讲慢些，多重复几遍	
（40）能够很快地忘记那些不愉快的事	
（41）做作业或完成一件工作总比别人花的时间多	
（42）喜欢运动量大的剧烈体育活动，或参加各种文艺活动	
（43）不能很快地将注意力从一件事情转移到另一件事情上去	
（44）接受一个任务后，就希望把它迅速解决	
（45）认为墨守陈规比冒风险强些	
（46）能够同时注意几件事	
（47）当我闷闷不乐时，别人很难使我高兴起来	
（48）爱看情节跌宕起伏、激动人心的小说	
（49）对工作抱认真、严谨、始终如一的态度	
（50）和周围人们的关系总是相处不好	
（51）喜欢复习学过的知识、重复已掌握的工作	
（52）希望做变化大、花样多的工作	
（53）小时候会背的诗歌，我似乎比别人记得清楚	
（54）别人说我"出语伤人"，可我不觉得这样	
（55）在体育活动中，常因反应慢而落后	

(续)

气质类型测试题（每题都要回答）	分数
（56）反应敏捷，头脑机智	
（57）喜欢有条理而不甚麻烦的工作	
（58）兴奋的事常使我失眠	
（59）对于新概念，常常听不懂，但弄懂以后很难忘记	
（60）假如工作枯燥无味，马上就会情绪低落	

注：1. 每题共有 5 个档次分数，你认为符合自己情况的，请记下数值 2；比较符合的记 1；介于符合与不符合之间的记 0；比较不符合的记 –1；完全不符合的记 –2。

2. 把每题得分按附表 D-3 题号相加，并算出各栏的总分。

3. 如果多血质一栏得分超过 20，其他三栏得分较低，则属典型多血质；如这一栏在 20 以下、10 以上，其他三栏得分较低，则为一般多血质；如果有两栏的得分显著超过另两栏得分，而且分数比较接近，则为混合型气质，如胆汁－多血质混合型，多血－黏液质混合型，黏液－抑郁质混合型等；如果一栏的得分较低，其他三栏都不高，但很接近，则为三种气质的混合型，如多血－胆汁－黏液质混合型或粘液－多血－抑郁混合型。

附表 D-3　气质类型与题目划分

气质类型	气质类型对应题目编号
胆汁质	02 06 09 14 17 21 27 31 36 38 42 48 50 54 58
多血质	04 08 11 16 19 23 25 29 34 40 44 46 52 56 60
黏液质	01 07 10 13 18 22 26 30 33 39 43 45 49 55 57
抑郁质	03 05 12 15 20 24 28 32 35 37 41 47 51 53 59

附录 E　意志力调查问卷及评分方法

附表 E　北京师范大学心理测评系统修订量表

指导语：下面 20 道题，请你对每个题目从五种选择（A. 是，B. 有时是，C. 是否之间，D. 很少是，E. 不是）中选择一个（只能选择一个）。

1. 我很喜欢长跑、远途旅行、爬山等体育运动，但并不是因为我的身体条件适合这些项目，而是因为它们能使我更有毅力。
2. 我对自己订的计划常常因为主观原因不能如期完成。
3. 如果没有特殊原因，我能每天按时起床，不能睡懒觉。
4. 订的计划应有一定的灵活性，如果完成计划有困难，随时可以改变或撤销它。
5. 在学习和娱乐发生冲突的时候，哪怕这种娱乐很有吸引力，我也会马上决定学习。
6. 学习和工作中遇到困难的时候，最好的办法是立即向师长、同学求援。
7. 在长跑中遇到生理反应，觉得跑不动时，我常常咬紧牙关坚持到底。
8. 我常因读一本引人入胜的小说而不能按时睡觉。
9. 我在做一件应该做的事之前，常常能想到做与不做的好坏结果，而有目的地去做。
10. 如果对一件事不感兴趣，那么不管他是什么事，我的积极性都不高。
11. 当我同时面临一件该做的事和一件不该做却吸引我的事时，我常常经过激烈斗争，使前者占上风。
12. 有时我躺在床上，下决心第二天要干一件重要事情（例如突击一下学外语），但到第二天，这种劲头又消失了。
13. 我能长时间做一件重要但枯燥无味的事情。
14. 生活中遇到复杂情况时，我常常优柔寡断，举棋不定。
15. 做一件事之前，我首先想的是它的重要性，其次才想他是否使我感兴趣。
16. 我遇到困难情况时，常常希望别人帮我拿主意。
17. 我决定做一件事时，说干就干，决不拖延或让他落空。
18. 在和别人争吵时，虽然明知不对，我却忍不住说一些过头话，甚至骂他几句。
19. 我希望做一个坚强的有毅力的人，因为我深信"有志者事竟成"。
20. 我相信机遇，好多事实说明，机遇的作用有时大大超过人的努力。

注：1. 计分方法：

　　（1）单号题 1、3、5、7……等每题后面的五种答案 ABCDE 依次是 5-4-3-2-1 分；

　　（2）双号题 2、4、6、8……等每题后面的五种回答 ABCDE 依次 1-2-3-4-5 分；总得分为 20 道题的得分之和。

2. 意志力层次：

　　0-30 分，意志力为弱；31-70 分，意志力为中；71-100 分，意志力为强。

附录 F　情绪体验自我报告问卷

请对自己此时此刻的情绪状态做出评价，从 0 到 8 分别表示每种情绪的强度

0	1	2	3	4	5	6	7	8
一点都不				有点				非常强烈

请最大限度地指出实验过程中你所经历的情绪体验：

_____ 愉悦	_____ 恐惧	_____ 自豪
_____ 愤怒	_____ 高兴	_____ 惊奇
_____ 焦虑	_____ 兴趣	_____ 无助
_____ 蔑视	_____ 悲伤	_____ 轻松

除了上述情绪，您是否有其他情绪体验？是 _____　否 _____

如果有，那么请问是何种情绪？_____

情绪强度是多少？_____

附录G T1、T3～T8车辆集群态势下汽车运动特征统计

附表G T1、T3～T8车辆集群态势下汽车运动特征选取结果

集群态势	汽车运动特征参数
T1	期望车速、加速频率、目标车加速度干扰、换道概率
T3	期望车速、加速频率、目标车加速度干扰、换道概率
T4	期望车速、加速频率、目标车加速度干扰
T5	期望车速、加速频率、制动力度、目标车与前车车头时距、目标车加速度干扰、换道概率
T6	期望车速、加速频率、制动力度、目标车与前车车头时距、目标车加速度干扰
T7	期望车速、加速频率、目标车加速度干扰、换道概率
T8	期望车速、加速频率、目标车加速度干扰

1. T1编组态势下汽车运动特征统计结果（附图G-1～附图G-6）

（1）期望车速

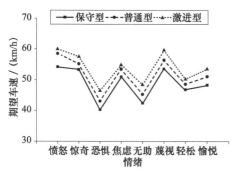
a）不同驾驶倾向性驾驶人

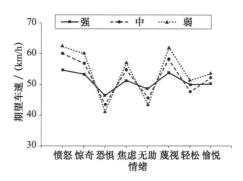
b）不同意志力驾驶人

附图G-1 不同类型驾驶人在不同情绪下期望车速统计结果

（2）加速频率

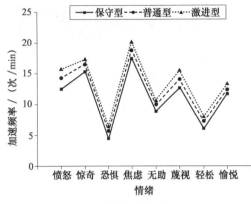
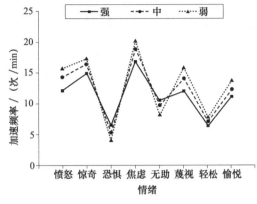

a）不同驾驶倾向性驾驶人　　　　　　b）不同意志力驾驶人

附图 G-2　不同类型驾驶人在不同情绪下加速频率统计结果

（3）制动力度

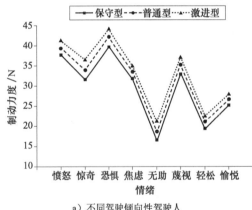
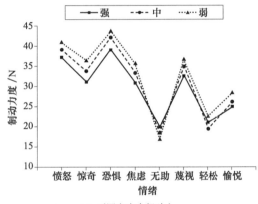

a）不同驾驶倾向性驾驶人　　　　　　b）不同意志力驾驶人

附图 G-3　不同类型驾驶人在不同情绪下制动力度统计结果

（4）目标车与前车车头时距

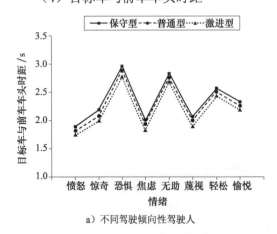
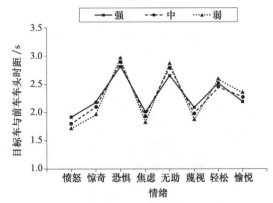

a）不同驾驶倾向性驾驶人　　　　　　b）不同意志力驾驶人

附图 G-4　不同类型驾驶人在不同情绪下目标车与前车车头时距统计结果

附录 G　T1、T3～T8 车辆集群态势下汽车运动特征统计

（5）目标车加速度干扰

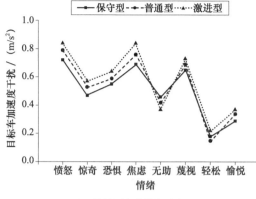
a）不同驾驶倾向性驾驶人

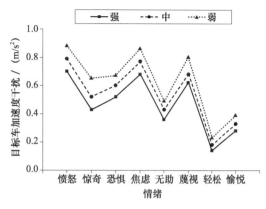
b）不同意志力驾驶人

附图 G-5　不同类型驾驶人在不同情绪下目标车加速度干扰统计结果

（6）换道概率

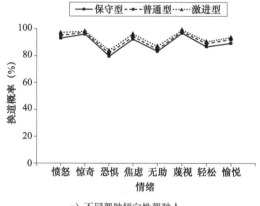
a）不同驾驶倾向性驾驶人

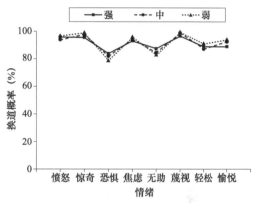
b）不同意志力驾驶人

附图 G-6　不同类型驾驶人在不同情绪下换道概率统计结果

2. T3 编组态势下汽车运动特征统计结果（附图 G-7～附图 G-10）

（1）期望车速

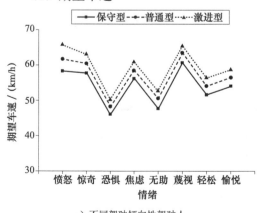
a）不同驾驶倾向性驾驶人

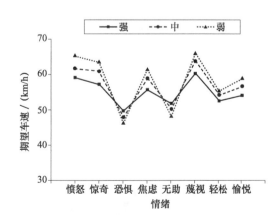
b）不同意志力驾驶人

附图 G-7　不同类型驾驶人在不同情绪下期望车速统计结果

195

（2）加速频率

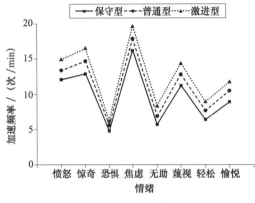
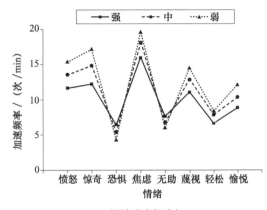

a）不同驾驶倾向性驾驶人　　　　　　　b）不同意志力驾驶人

附图 G-8　不同类型驾驶人在不同情绪下加速频率统计结果

（3）目标车加速度干扰

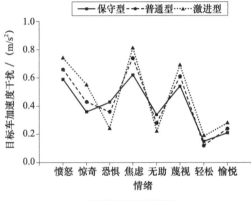
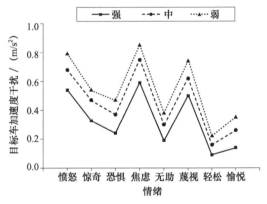

a）不同驾驶倾向性驾驶人　　　　　　　b）不同意志力驾驶人

附图 G-9　不同类型驾驶人在不同情绪下目标车加速度干扰统计结果

（4）换道概率

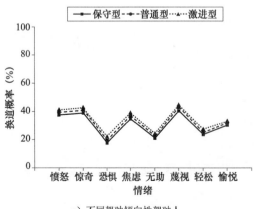
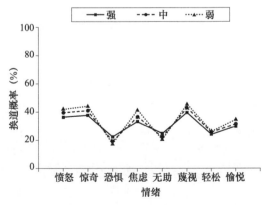

a）不同驾驶倾向性驾驶人　　　　　　　b）不同意志力驾驶人

附图 G-10　不同类型驾驶人在不同情绪下换道概率统计结果

3. T4 编组态势下汽车运动特征统计结果（附图 G-11 ～附图 G-13）

（1）期望车速

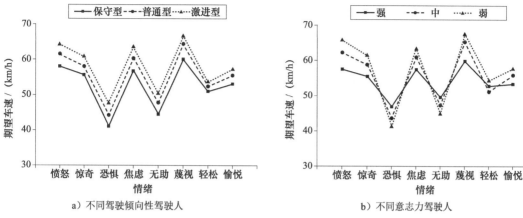

附图 G-11　不同类型驾驶人在不同情绪下期望车速统计结果

（2）加速频率

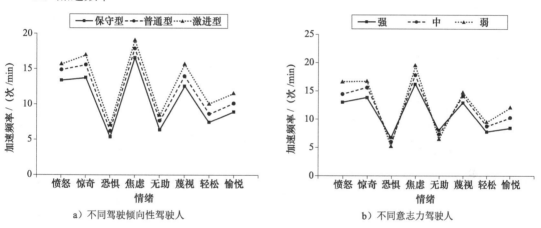

附图 G-12　不同类型驾驶人在不同情绪下加速频率统计结果

（3）目标车加速度干扰

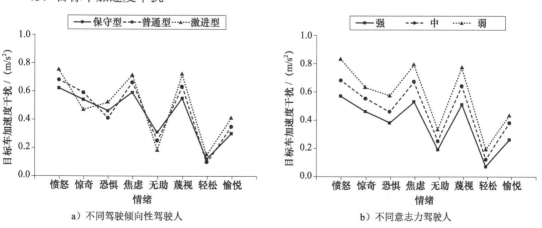

附图 G-13　不同类型驾驶人在不同情绪下目标车加速度干扰统计结果

4. T5编组态势下汽车运动特征统计结果（附图G-14～附图G-19）

（1）期望车速

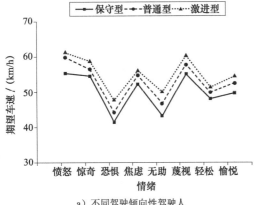
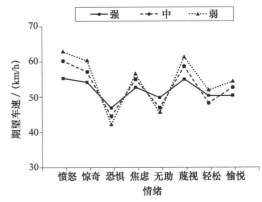

a）不同驾驶倾向性驾驶人　　　　　　b）不同意志力驾驶人

附图G-14　不同类型驾驶人在不同情绪下期望车速统计结果

（2）加速频率

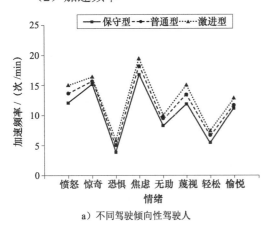
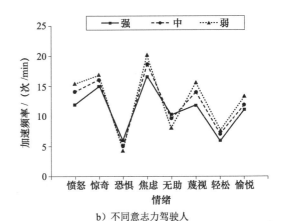

a）不同驾驶倾向性驾驶人　　　　　　b）不同意志力驾驶人

附图G-15　不同类型驾驶人在不同情绪下加速频率统计结果

（3）制动力度

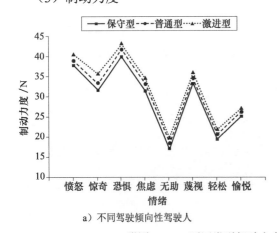
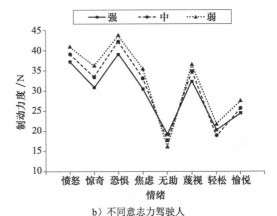

a）不同驾驶倾向性驾驶人　　　　　　b）不同意志力驾驶人

附图G-16　不同类型驾驶人在不同情绪下制动力度统计结果

附录 G　T1、T3～T8 车辆集群态势下汽车运动特征统计

(4) 目标车与前车车头时距

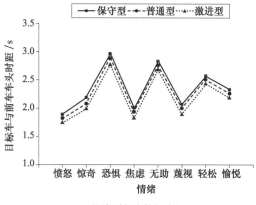

a) 不同驾驶倾向性驾驶人

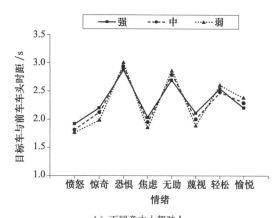

b) 不同意志力驾驶人

附图 G-17　不同类型驾驶人在不同情绪下目标车与前车车头时距统计结果

(5) 目标车加速度干扰

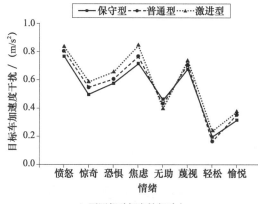

a) 不同驾驶倾向性驾驶人

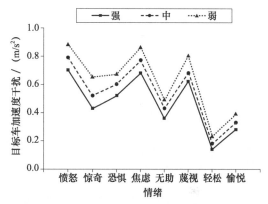

b) 不同意志力驾驶人

附图 G-18　不同类型驾驶人在不同情绪下目标车加速度干扰统计结果

(6) 换道概率

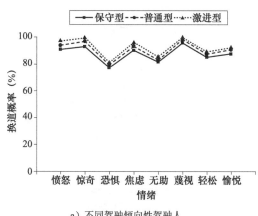

a) 不同驾驶倾向性驾驶人

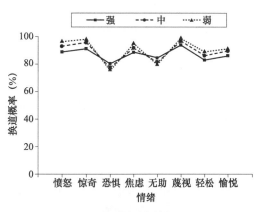

b) 不同意志力驾驶人

附图 G-19　不同类型驾驶人在不同情绪下换道概率统计结果

5. T6 编组态势下汽车运动特征统计结果（附图 G-20～附图 G-24）

（1）期望车速

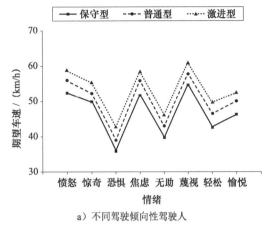
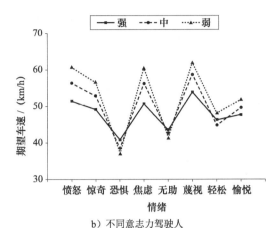

a）不同驾驶倾向性驾驶人　　　　　　　　b）不同意志力驾驶人

附图 G-20　不同类型驾驶人在不同情绪下期望车速统计结果

（2）加速频率

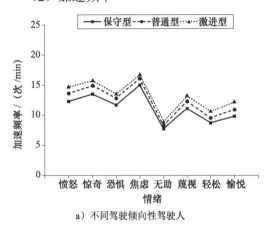
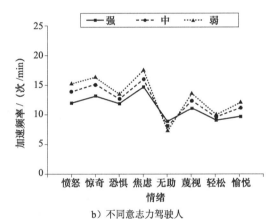

a）不同驾驶倾向性驾驶人　　　　　　　　b）不同意志力驾驶人

附图 G-21　不同类型驾驶人在不同情绪下加速频率统计结果

（3）制动力度

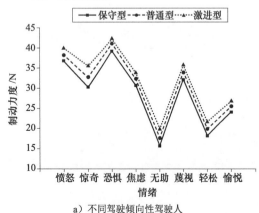
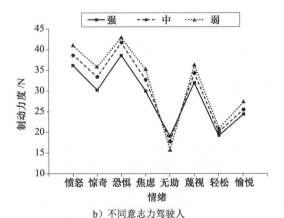

a）不同驾驶倾向性驾驶人　　　　　　　　b）不同意志力驾驶人

附图 G-22　不同类型驾驶人在不同情绪下制动力度统计结果

（4）目标车与前车车头时距

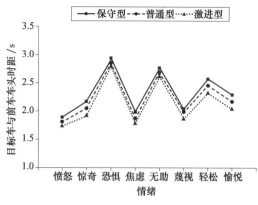
a）不同驾驶倾向性驾驶人

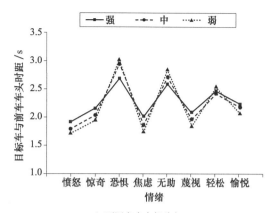
b）不同意志力驾驶人

附图 G-23　不同类型驾驶人在不同情绪下目标车与前车车头时距统计结果

（5）目标车加速度干扰

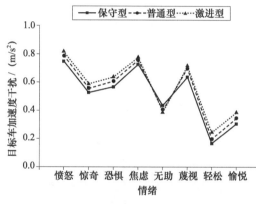
a）不同驾驶倾向性驾驶人

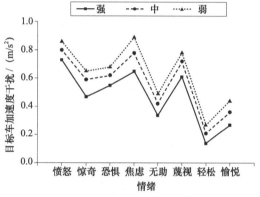
b）不同意志力驾驶人

附图 G-24　不同类型驾驶人在不同情绪下目标车加速度干扰统计结果

6. T7 编组态势下汽车运动特征统计结果（附图 G-25～附图 G-28）

（1）期望车速

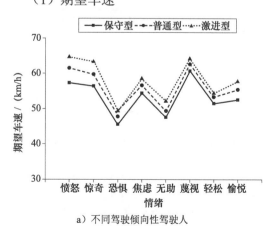
a）不同驾驶倾向性驾驶人

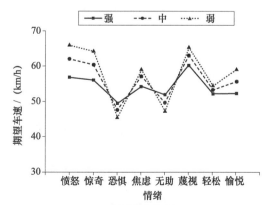
b）不同意志力驾驶人

附图 G-25　不同类型驾驶人在不同情绪下期望车速统计结果

(2) 加速频率

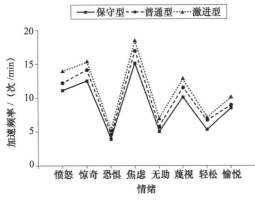
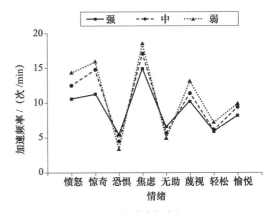

a）不同驾驶倾向性驾驶人　　　　　　b）不同意志力驾驶人

附图 G-26　不同类型驾驶人在不同情绪下加速频率统计结果

(3) 目标车加速度干扰

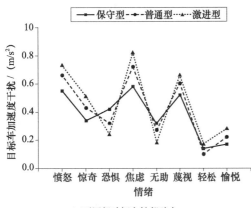
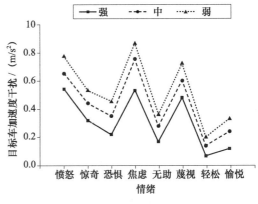

a）不同驾驶倾向性驾驶人　　　　　　b）不同意志力驾驶人

附图 G-27　不同类型驾驶人在不同情绪下目标车加速度干扰统计结果

(4) 换道概率

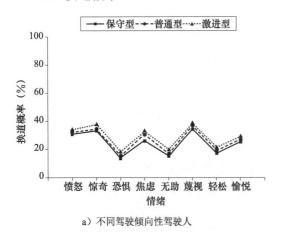
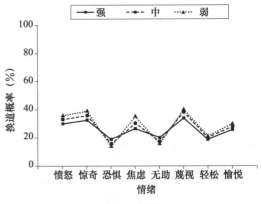

a）不同驾驶倾向性驾驶人　　　　　　b）不同意志力驾驶人

附图 G-28　不同类型驾驶人在不同情绪下换道概率统计结果

7. T8 编组态势下汽车运动特征统计结果（附图 G-29～附图 G-31）

（1）期望速度

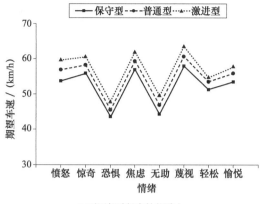
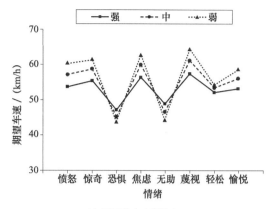

a）不同驾驶倾向性驾驶人　　　　　　　　b）不同意志力驾驶人

附图 G-29　不同类型驾驶人在不同情绪下期望车速统计结果

（2）加速频率

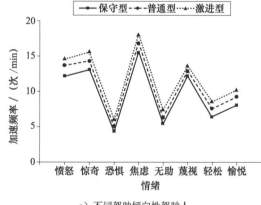
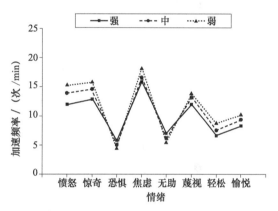

a）不同驾驶倾向性驾驶人　　　　　　　　b）不同意志力驾驶人

附图 G-30　不同类型驾驶人在不同情绪下加速频率统计结果

（3）目标车加速度干扰

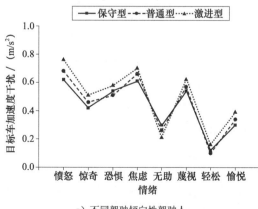
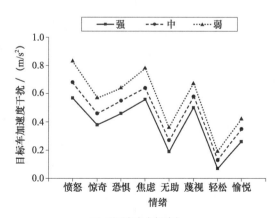

a）不同驾驶倾向性驾驶人　　　　　　　　b）不同意志力驾驶人

附图 G-31　不同类型驾驶人在不同情绪下目标车加速度干扰统计结果

附录 H 不同情绪下汽车运动特征差异性比较

附表 H-1 期望车速差异性检验

情绪 I	情绪 J	均值差（I-J）	显著性
愤怒	惊奇	3.19681*	0.000
	恐惧	16.58298*	0.000
	焦虑	0.56809	0.234
	无助	12.78298*	0.000
	蔑视	-2.22766*	0.000
	轻松	9.55532*	0.000
	愉悦	6.04574*	0.000
惊奇	愤怒	-3.19681*	0.000
	恐惧	13.38617*	0.000
	焦虑	-2.62872*	0.000
	无助	9.58617*	0.000
	蔑视	-5.42447*	0.000
	轻松	6.35851*	0.000
	愉悦	2.84894*	0.000
恐惧	愤怒	-16.58298*	0.000
	惊奇	-13.38617*	0.000
	焦虑	-16.01489*	0.000
	无助	-3.80000*	0.000
	蔑视	-18.81064*	0.000
	轻松	-7.02766*	0.000
	愉悦	-10.53723*	0.000
焦虑	愤怒	-0.56809	0.234
	惊奇	2.62872*	0.000
	恐惧	16.01489*	0.000
	无助	12.21489*	0.000
	蔑视	-2.79574*	0.000
	轻松	8.98723*	0.000
	愉悦	5.47766*	0.000

附录 H 不同情绪下汽车运动特征差异性比较

（续）

情绪 I	情绪 J	均值差（I−J）	显著性
无助	愤怒	−12.78298*	0.000
	惊奇	−9.58617*	0.000
	恐惧	3.80000*	0.000
	焦虑	−12.21489*	0.000
	蔑视	−15.01064*	0.000
	轻松	−3.22766*	0.000
	愉悦	−6.73723*	0.000
蔑视	愤怒	2.22766*	0.000
	惊奇	5.42447*	0.000
	恐惧	18.81064*	0.000
	焦虑	2.79574*	0.000
	无助	15.01064*	0.000
	轻松	11.78298*	0.000
	愉悦	8.27340*	0.000
轻松	愤怒	−9.55532*	0.000
	惊奇	−6.35851*	0.000
	恐惧	7.02766*	0.000
	焦虑	−8.98723*	0.000
	无助	3.22766*	0.000
	蔑视	−11.78298*	0.000
	愉悦	−3.50957*	0.000
愉悦	愤怒	−6.04574*	0.000
	惊奇	−2.84894*	0.000
	恐惧	10.53723*	0.000
	焦虑	−5.47766*	0.000
	无助	6.73723*	0.000
	蔑视	−8.27340*	0.000
	轻松	3.50957*	0.000

附表 H-2 加速频率差异性检验

情绪 I	情绪 J	均值差（I−J）	显著性
愤怒	惊奇	−2.88085*	0.000
	恐惧	10.08085*	0.000
	焦虑	−4.00957*	0.000
	无助	7.79468*	0.000
	蔑视	−0.07340	0.789
	轻松	5.49574*	0.000
	愉悦	2.71277*	0.000
惊奇	愤怒	2.88085*	0.000
	恐惧	12.96170*	0.000
	焦虑	−1.12872*	0.000
	无助	10.67553*	0.000
	蔑视	2.80745*	0.000
	轻松	8.37660*	0.000
	愉悦	5.59362*	0.000

（续）

情绪 I	情绪 J	均值差（I-J）	显著性
恐惧	愤怒	−10.08085*	0.000
	惊奇	−12.96170*	0.000
	焦虑	−14.09043*	0.000
	无助	−2.28617*	0.000
	蔑视	−10.15426*	0.000
	轻松	−4.58511*	0.000
	愉悦	−7.36809*	0.000
焦虑	愤怒	4.00957*	0.000
	惊奇	1.12872*	0.000
	恐惧	14.09043*	0.000
	无助	11.80426*	0.000
	蔑视	3.93617*	0.000
	轻松	9.50532*	0.000
	愉悦	6.72234*	0.000
无助	愤怒	−7.79468*	0.000
	惊奇	−10.67553*	0.000
	恐惧	2.28617*	0.000
	焦虑	−11.80426*	0.000
	蔑视	−7.86809*	0.000
	轻松	−2.29894*	0.000
	愉悦	−5.08191*	0.000
蔑视	愤怒	0.07340	0.789
	惊奇	−2.80745*	0.000
	恐惧	10.15426*	0.000
	焦虑	−3.93617*	0.000
	无助	7.86809*	0.000
	轻松	5.56915*	0.000
	愉悦	2.78617*	0.000
轻松	愤怒	−5.49574*	0.000
	惊奇	−8.37660*	0.000
	恐惧	4.58511*	0.000
	焦虑	−9.50532*	0.000
	无助	2.29894*	0.000
	蔑视	−5.56915*	0.000
	愉悦	−2.78298*	0.000
愉悦	愤怒	−2.71277*	0.000
	惊奇	−5.59362*	0.000
	恐惧	7.36809*	0.000
	焦虑	−6.72234*	0.000
	无助	5.08191*	0.000
	蔑视	−2.78617*	0.000
	轻松	2.78298*	0.000

附录 H 不同情绪下汽车运动特征差异性比较

附表 H-3 制动力度差异性检验

情绪 I	情绪 J	均值差（I-J）	显著性
愤怒	惊奇	4.78830*	0.000
	恐惧	-2.52128*	0.000
	焦虑	5.46809*	0.000
	无助	18.99043*	0.000
	蔑视	4.18830*	0.000
	轻松	18.38191*	0.000
	愉悦	12.88511*	0.000
惊奇	愤怒	-4.78830*	0.000
	恐惧	-7.30957*	0.000
	焦虑	0.67979	0.175
	无助	14.20213*	0.000
	蔑视	-0.60000	0.231
	轻松	13.59362*	0.000
	愉悦	8.09681*	0.000
恐惧	愤怒	2.52128*	0.000
	惊奇	7.30957*	0.000
	焦虑	7.98936*	0.000
	无助	21.51170*	0.000
	蔑视	6.70957*	0.000
	轻松	20.90319*	0.000
	愉悦	15.40638*	0.000
焦虑	愤怒	-5.46809*	0.000
	惊奇	-0.67979	0.175
	恐惧	-7.98936*	0.000
	无助	13.52234*	0.000
	蔑视	-1.27979*	0.011
	轻松	12.91383*	0.000
	愉悦	7.41702*	0.000
无助	愤怒	-18.99043*	0.000
	惊奇	-14.20213*	0.000
	恐惧	-21.51170*	0.000
	焦虑	-13.52234*	0.000
	蔑视	-14.80213*	0.000
	轻松	-0.60851	0.225
	愉悦	-6.10532*	0.000
蔑视	愤怒	-4.18830*	0.000
	惊奇	0.60000	0.231
	恐惧	-6.70957*	0.000
	焦虑	1.27979*	0.011
	无助	14.80213*	0.000
	轻松	14.19362*	0.000
	愉悦	8.69681*	0.000

（续）

情绪 I	情绪 J	均值差（I–J）	显著性
轻松	愤怒	−18.38191*	0.000
	惊奇	−13.59362*	0.000
	恐惧	−20.90319*	0.000
	焦虑	−12.91383*	0.000
	无助	0.60851	0.225
	蔑视	−14.19362*	0.000
	愉悦	−5.49681*	0.000
愉悦	愤怒	−12.88511*	0.000
	惊奇	−8.09681*	0.000
	恐惧	−15.40638*	0.000
	焦虑	−7.41702*	0.000
	无助	6.10532*	0.000
	蔑视	−8.69681*	0.000
	轻松	5.49681*	0.000

附表 H-4　目标车与前车车头时距差异性检验

情绪 I	情绪 J	均值差（I–J）	显著性
愤怒	惊奇	−0.29755*	0.000
	恐惧	−0.97000*	0.000
	焦虑	−0.04585	0.088
	无助	−0.88660*	0.000
	蔑视	−0.15809*	0.000
	轻松	−0.80638*	0.000
	愉悦	−0.57989*	0.000
惊奇	愤怒	0.29755*	0.000
	恐惧	−0.67245*	0.000
	焦虑	0.25170*	0.000
	无助	−0.58904*	0.000
	蔑视	0.13947*	0.000
	轻松	−0.50883*	0.000
	愉悦	−0.28234*	0.000
恐惧	愤怒	0.97000*	0.000
	惊奇	0.67245*	0.000
	焦虑	0.92415*	0.000
	无助	0.08340*	0.002
	蔑视	0.81191*	0.000
	轻松	0.16362*	0.000
	愉悦	0.39011*	0.000
焦虑	愤怒	0.04585	0.088
	惊奇	−0.25170*	0.000
	恐惧	−0.92415*	0.000
	无助	−0.84074*	0.000
	蔑视	−0.11223*	0.000
	轻松	−0.76053*	0.000
	愉悦	−0.53404*	0.000

附录 H　不同情绪下汽车运动特征差异性比较

（续）

情绪 I	情绪 J	均值差（I−J）	显著性
无助	愤怒	0.88660*	0.000
	惊奇	0.58904*	0.000
	恐惧	−0.08340*	0.002
	焦虑	0.84074*	0.000
	蔑视	0.72851*	0.000
	轻松	0.08021*	0.003
	愉悦	0.30670*	0.000
蔑视	愤怒	0.15809*	0.000
	惊奇	−0.13947*	0.000
	恐惧	−0.81191*	0.000
	焦虑	0.11223*	0.000
	无助	−0.72851*	0.000
	轻松	−0.64830*	0.000
	愉悦	−0.42181*	0.000
轻松	愤怒	0.80638*	0.000
	惊奇	0.50883*	0.000
	恐惧	−0.16362*	0.000
	焦虑	0.76053*	0.000
	无助	−0.08021*	0.003
	蔑视	0.64830*	0.000
	愉悦	0.22649*	0.000
愉悦	愤怒	0.57989*	0.000
	惊奇	0.28234*	0.000
	恐惧	−0.39011*	0.000
	焦虑	0.53404*	0.000
	无助	−0.30670*	0.000
	蔑视	0.42181*	0.000
	轻松	−0.22649*	0.000

附表 H–5　插车间隙差异性检验

情绪 I	情绪 J	均值差（I−J）	显著性
愤怒	惊奇	−0.40000*	0.000
	恐惧	−1.71383*	0.000
	焦虑	−0.10851*	0.045
	无助	−1.30532*	0.000
	蔑视	0.19149*	0.000
	轻松	−1.10000*	0.000
	愉悦	−0.80000*	0.000
惊奇	愤怒	0.40000*	0.000
	恐惧	−1.31383*	0.000
	焦虑	0.29149*	0.000
	无助	−0.90532*	0.000
	蔑视	0.59149*	0.000
	轻松	−0.70000*	0.000
	愉悦	−0.40000*	0.000

（续）

情绪 I	情绪 J	均值差（I-J）	显著性
恐惧	愤怒	1.71383*	0.000
	惊奇	1.31383*	0.000
	焦虑	1.60532*	0.000
	无助	0.40851*	0.000
	蔑视	1.90532*	0.000
	轻松	0.61383*	0.000
	愉悦	0.91383*	0.000
焦虑	愤怒	0.10851*	0.045
	惊奇	-0.29149*	0.000
	恐惧	-1.60532*	0.000
	无助	-1.19681*	0.000
	蔑视	0.30000*	0.000
	轻松	-0.99149*	0.000
	愉悦	-0.69149*	0.000
无助	愤怒	1.30532*	0.000
	惊奇	0.90532*	0.000
	恐惧	-0.40851*	0.000
	焦虑	1.19681*	0.000
	蔑视	1.49681*	0.000
	轻松	0.20532*	0.000
	愉悦	0.50532*	0.000
蔑视	愤怒	-0.19149*	0.000
	惊奇	-0.59149*	0.000
	恐惧	-1.90532*	0.000
	焦虑	-0.30000*	0.000
	无助	-1.49681*	0.000
	轻松	-1.29149*	0.000
	愉悦	-0.99149*	0.000
轻松	愤怒	1.10000*	0.000
	惊奇	0.70000*	0.000
	恐惧	-0.61383*	显著性
	焦虑	0.99149*	0.000
	无助	-0.20532*	0.000
	蔑视	1.29149*	0.000
	愉悦	0.30000*	0.000
愉悦	愤怒	0.80000*	0.000
	惊奇	0.40000*	0.000
	恐惧	-0.91383*	0.000
	焦虑	0.69149*	0.000
	无助	-0.50532*	0.000
	蔑视	0.99149*	0.000
	轻松	-0.30000*	0.000

附表 H-6 目标车加速度干扰差异性检验

情绪 I	情绪 J	均值差（I-J）	显著性
愤怒	惊奇	0.24883*	0.000
	恐惧	0.31936*	0.000
	焦虑	0.03968	0.117
	无助	0.35957*	0.000
	蔑视	0.07053*	0.005
	轻松	0.61957*	0.000
	愉悦	0.48085*	0.000
惊奇	愤怒	−0.24883*	0.000
	恐惧	0.07053*	0.005
	焦虑	−0.20915*	0.000
	无助	0.11074*	0.000
	蔑视	−0.17830*	0.000
	轻松	0.37074*	0.000
	愉悦	0.23202*	0.000
恐惧	愤怒	−0.31936*	0.000
	惊奇	−0.07053*	0.005
	焦虑	−0.27968*	0.000
	无助	0.04021	0.112
	蔑视	−0.24883*	0.000
	轻松	0.30021*	0.000
	愉悦	0.16149*	0.000
焦虑	愤怒	−0.03968	0.117
	惊奇	0.20915*	0.000
	恐惧	0.27968*	0.000
	无助	0.31989*	0.000
	蔑视	0.03085	0.223
	轻松	0.57989*	0.000
	愉悦	0.44117*	0.000
无助	愤怒	−0.35957*	0.000
	惊奇	−0.11074*	0.000
	恐惧	−0.04021	0.112
	焦虑	−0.31989*	0.000
	蔑视	−0.28904*	0.000
	轻松	0.26000*	0.000
	愉悦	0.12128*	0.000
蔑视	愤怒	−0.07053*	0.005
	惊奇	0.17830*	0.000
	恐惧	0.24883*	0.000
	焦虑	−0.03085	0.223
	无助	0.28904*	0.000
	轻松	0.54904*	0.000
	愉悦	0.41032*	0.000

（续）

情绪 I	情绪 J	均值差（I-J）	显著性
轻松	愤怒	−0.61957*	0.000
	惊奇	−0.37074*	0.000
	恐惧	−0.30021*	0.000
	焦虑	−0.57989*	0.000
	无助	−0.26000*	0.000
	蔑视	−0.54904*	0.000
	愉悦	−0.13872*	0.000
愉悦	愤怒	−0.48085*	0.000
	惊奇	−0.23202*	0.000
	恐惧	−0.16149*	0.000
	焦虑	−0.44117*	0.000
	无助	−0.12128*	0.000
	蔑视	−0.41032*	0.000
	轻松	0.13872*	0.000

参 考 文 献

[1] 中华人民共和国国家统计局. 2021 中国统计年鉴 [M/OL]. 北京：中国统计出版社，2022[2022-09-25]. http://www.stats.gov.cn/tjsj/ndsj/2021/indexch.htm.

[2] 中华人民共和国工业和信息化部. 汽车驾驶自动化分级：GB/T 40429—2021 [S]. 北京：中国标准出版社，2021.

[3] MARTIN S. Fear and anxiety while driving: differential impact of task demands, speed and motivation [J]. Transportation Research Part F: Traffic Psychology & Behaviour, 2013 (16): 14-28.

[4] STEPHENS A N, GROEGER J A. Following slower drivers: lead driver status moderates driver's anger and behavioural responses and exonerates culpability [J]. Transportation Research Part F: Traffic Psychology & Behaviour, 2014 (22): 140-149.

[5] LENG H, LIN Y, ZANZI L A. An experimental study on physiological parameters toward driver emotion recognition [J]. Ergonomics and Health Aspects of Work with Computers, 2007, 7 (22): 237-246.

[6] VANKAYALAPATI H D, ANNE K R, KYAMAKYA K. Data and mobility: Extraction of visual and acoustic features of the driver for monitoring driver ergonomics applied to extended driver assistance systems [M]. Berlin: Springer, 2010.

[7] PASCHERO M, et al. A real time classifier for emotion and stress recognition in a vehicle driver [J]. IEEE International Symposium on Industrial Electronics, 2012 (8): 1690-1695.

[8] AGRAWAL U, et al. Emotion and gesture recognition with soft computing tool for drivers assistance system in human centered transportation [C]// 2013 IEEE International Conference on Systems, Man, and Cybernetics. NYC: IEEE, 2013: 4612-4616.

[9] FRASSON C, et al. Virtual environment for monitoring emotional behaviour in driving [C]// International Conference on Intelligent Tutoring Systems. Berlin: Springer, 2014: 75-83.

[10] 张潇丹，等. 应用改进混合蛙跳算法的实用语音情感识别 [J]. 声学学报，2014，39（2）：271-279.

[11] 宿云，等. 面向脑电数据的知识建模和情感识别 [J]. 科学通报，2015，60（11）：1002-1009.

[12] OEHL M, et al. Improving human-machine interaction-a noninvasive approach to detect emotions in car drivers [C]// International Conference on Human-Computer Interaction. Berlin: Springer International Publishing, 2011: 577-585.

[13] WANG X Y, ZHANG J L. Extraction and recognition methods of vehicle driving tendency feature based on driver-vehicle-environment dynamic data under car following [J]. International Journal of Computational Intelligence Systems, 2011, 4(6): 1269-1281.

[14] WANG X Y, et al. Dynamic feature extraction method of driver's propensity under complicated vehicle group [J]. Advances in Mechanical Engineering, 2013 (5): 287653.

[15] WANG X Y, et al. Lane-changing model with dynamic consideration of driver's propensity [J]. International Journal of Modern Physics C, 2015 (26): 1550015.

[16] JALLAIS C, GABAUDE C, PAIRE-FICOUT L. When emotions disturb the localization of road elements: Effects of anger and sadness [J]. Transportation Research Part F: Traffic Psychology and Behaviour, 2014 (23): 125-132.

[17] PÊCHER C, LEMERCIER C, CELLIER J M. Emotions drive attention: effects on driver's behaviour [J]. Safety Science, 2009, 47(9): 1254-1259.

[18] BARNARD M P, CHAPMAN P. Are anxiety and fear separable emotions in driving? A laboratory study of behavioural and physiological responses to different driving environments [J]. Accident Analysis & Prevention, 2016 (86): 99-107.

[19] SONJA E. The theory of planned behaviour: the role of descriptive norms and past behaviour in the prediction of drivers' intentions to violate [J]. Psychology and Behaviour, 2009 (12): 198-207.

[20] HEIDI E, KATHERINE M. Texting while driving: psychosocial influences on young people's texting intentions and behavior [J]. Accident Analysis & Prevention, 2010 (42): 1257-1265.

[21] LETHAUS F, et al. Using pattern recognition to predict driver intent [C]// International Conference on Adaptive and Natural Computing Algorithms. Berlin: Springer International Publishing, 2011: 140-149.

[22] LEFÈVRE S, et al. Evaluating risk at road intersections by detecting conflicting intentions [C]// 2012 IEEE/RSJ International Conference on Intelligent Robots and Systems (IROS). NYC: IEEE, 2012: 4841-4846.

[23] HELMAN S, et al. Changes in self-reported driving intentions and attitudes while learning to drive in Great Britain [J]. Accident Analysis & Prevention, 2013 (59): 425-431.

[24] WADDELL L, WIENER K. What's driving illegal mobile phone use? Psychosocial influences on drivers' intentions to use hand-held mobile phones [J]. Transportation Research Part F: Traffic Psychology and Behaviour, 2014 (22): 1-11.

[25] AUZOULT L, et al. The perceived effectiveness of road safety interventions: regulation of drivers' behavioral intentions and self-consciousness [J]. Transportation Research Part F: Traffic Psychology and Behaviour, 2015 (34): 29-40.

[26] KINNEAR N, et al. An experimental study of factors associated with driver frustration and overtaking intentions [J]. Accident Analysis & Prevention, 2015 (79): 221-230.

[27] WANG X Y, JIN L, ZHANG J L. Dynamic recognition model of driver's propensity under multilane traffic environments [J]. Discrete Dynamics in Nature and Society, 2012 (46): 309415.

[28] 李亚秋，等．基于EKF学习方法的BP神经网络汽车换道意图识别模型研究[J]．武汉理工大学学报（交通科学与工程版），2013，37（4）：843-847．

[29] 丁洁云，等．驾驶人换道决策分析及意图识别算法设计[J]．清华大学学报，2015，55（7）：769-774．

[30] FORD J, MERCHANT A. Nostalgia drivers donations the power of charitable appeals based on emotions and intentions [J]. Journal of Advertising Research, 2010, 50 (4): 450-459.

[31] KABADAYI E, ALAN A. Revisit intention of consumer electronics retailers: Effects of customers' emotion, technology orientation and wom influence [J]. Procedia-Social and Behavioral Sciences, 2012 (41): 65-73.

[32] HARTH N, LEACH C, KESSLER T. Guilt, anger, and pride about in-group environmental behaviour: Different emotions predict distinct intentions [J]. Journal of Environmental Psychology, 2013 (34): 18-26.

[33] CHEN H, YEH S, HUAN T. Nostalgic emotion, experiential value, brand image, and consumption intentions of customers of nostalgic-themed restaurants [J]. Journal of Business Research, 2014, 67(3): 354-360.

[34] TSAUR S, LUOH H, SYUE S. Positive emotions and behavioral intentions of customers in full-service restaurants: Does aesthetic labor matter? [J]. International Journal of Hospitality Management, 2015 (51): 115-126.

[35] 宁淑荣，班晓娟，涂序彦．人工鱼"情＋智"协调的"意图产生"与"行为决策"[J]．自动化学报，2007，33（8）：835-839．

[36] GIPPS P. A model for the structure of lane changing decisions [J]. Transportation Research, Part B: Methodological, 1986, 20 (5): 403-414.

[37] RICKERT M, et al. Two lane traffic simulations using cellular automata [J]. Physica A: Statistical Mechanics and its Applications, 1996 (231): 534-550.

[38] MIKE M, WANG J P, MARK BRACKSTONE. [M] Development of a fuzzy logic based microscopic motorway simulation model [C]// Proceedings of the IEEE Conference on Intelligent Transportation Systems. NYC: IEEE, 1997, 82-87.

[39] WANG J P, MARK B, MIKE M. Fuzzy sets and systems for a motorway microscopic simulation model [J]. Fuzzy Sets and Systems, 2000 (116): 65-76.

[40] HIDAS P. Modeling lane changing and merging in microscopic traffic simulation [J]. Transportation Research Part C: Emerging Technologies, 2002, 10 (5-6): 351-371.

[41] HIDAS P. Modelling vehicle interactions in microscopic simulation of merging and weaving [J]. Transportation Research Part C: Emerging Technologies, 2005, 13(1): 37-62.

[42] 张发，宣慧玉，赵巧霞．基于有限状态自动机的车道变换模型[J]．中国公路学报，2008，21（3）：97-111．

[43] TOMER T, HARIS N, MOSHE B. Estimation of an integrated driving behavior model[J]. Transportation Research Part C: Emerging Technologies, 2009, 17(4): 365-380.

[44] TOLEDO T. Integrated driving behavior modeling [D]. Massachusetts: Massachusetts Institute of Technology, 2003.

[45] 许伦辉，等．基于最小安全距离的车辆换道模型研究[J]．广西师范大学学报（自然科学版），2011，29（4）：1-6．

[46] 龙小强，谭云龙．微观仿真自主性车道变换模型[J]．公路交通科技，2012，29（11）：115-119．

[47] SCHMIDT K, et al. A mathematical model for predicting lane changes using the steering wheel angle [J]. Journal of Safety Research, 2014 (49): 85-90.

[48] LI Q, QIAO F X, YU L. Socio-demographic impacts on lane-changing response time and distance in work zone with Drivers' Smart Advisory System [J]. Journal of Traffic and Transportation Engineering, 2015, 2(5): 313-326.

[49] KEYVAN-EKBATANI M, VICTOR L, WINNIE D. Categorization of the lane change decision process on freeways [J]. Transportation Research Part C: Emerging Technologies, 2016 (69): 515-526.

[50] LUO Y G, et al. A dynamic automated lane change maneuver based on vehicle-to-vehicle communication [J]. Transportation Research Part C: Emerging Technologies, 2016 (62): 87-102.

[51] ESMAEIL B, RUEY L, THOMPSON S G. A binary decision model for discretionary lane changing move based on fuzzy inference system [J]. Transportation Research Part C: Emerging Technologies, 2016 (67): 47-61.

[52] LEE J Y, et al. Design of a strategy for lane change assistance system [C]// 7th IFAC Symposium on Advances in Automotive Control. Tokyo: [s. n.] 2013: 762-767.

[53] LI S B, et al. Dynamical modeling and distributed control of connected and automated vehicles: challenges and opportunities [J]. IEEE Intelligent Transportation Systems Magazine, 2017 (9): 46-58.

[54] PENG J S, et al. Multi-parameter prediction of drivers' lane-changing behavior with neural network model [J]. Applied Ergonomics, 2015 (50): 207-217.

[55] LI G F, et al. Lane Change Maneuver recognition via vehicle state and driver operation signals-results from naturalistic driving data [C]// IEEE Intelligent Vehicles Symposium (IV). NYC: IEEE, 2015: 865-870.

[56] JORGE A L, CARLOS F D. Lane-changing in traffic streams [J]. Transportation Research Part B: Methodological, 2006 (40): 251-264.

[57] 禹伟，尹俊淞，李康. 缓慢车道变换的交通拥挤分析 [J]. 公路与汽运，2012（2）：60-62.

[58] LYU W, et al. A microscopic lane changing process model for multilane traffic [J]. Physica A: Statistical Mechanics and its Applications, 2013 (392): 1142-1152.

[59] ZHANG Z D, et al. The effects of lane-changing on the immediate follower: Anticipation, relaxation, and change in driver characteristics [J]. Transportation Research Part C: Emerging Technologies, 2013 (26): 367-379.

[60] LYU W, et al. Modelling of lane-changing behaviour integrating with merging effect before a city road bottleneck [J]. Physica A: Statistical Mechanics and its Applications, 2013 (392): 5143-5153.

[61] SIMON O, HWASOO Y. Impact of stop-and-go waves and lane changes on discharge rate in recovery flow [J]. Transportation Research Part B: Methodological, 2015 (77): 88-102.

[62] YASUHIRO S, et al. Simulating lane-changing dynamics towards lane-flow equilibrium based on multi-lane first order traffic flow model [J]. Transportation Research Procedia, 2015 (6): 128-143.

[63] MALACHY C, CHANDRA B, DAVID W. Extending the cell transmission model to multiple lanes and lane-changing [J]. Netw Spat Econ, 2015 (15): 507-535.

[64] LI Z P, et al. Study on the effects of driver's lane-changing aggressiveness on traffic stability from an extended two-lane lattice model [J]. Communications in Nonlinear Science and Numerical Simulation, 2015 (24): 52-63.

[65] LI X, SUN J Q. Studies of vehicle lane-changing to avoid pedestrians with cellular automata [J]. Physica A: Statistical Mechanics and its Applications, 2015 (438): 251-271.

[66] GONG S Y, DU L L. Optimal location of advance warning for mandatory lane change near a two-lane highway off-ramp [J]. Transportation Research Part B: Methodological, 2016 (84): 1-30.

[67] HIDEYUKI K. A merging-give way interaction model of cars in merging section: a game theoretic analysis [J]. Transportation Research Part A: Policy and Practice, 1999 (33): 305-312.

[68] 刘小明，郑淑晖，蒋新春. 基于动态重复博弈的车辆换道模型 [J]. 公路交通科技，2008，25（6）：120-125.

[69] 彭金栓，等. 基于有限零和灰色博弈的车道变换决策分析 [J]. 科技导报，2011，29（3）：52-56.

[70] 彭金栓，等. 驾驶人车道变换决策分析 [J]. 武汉理工大学学报，2011，33（12）：46-50.

[71] 张元良. 基于Stackelberg博弈理论的自主性车道变换模型 [J]. 交通运输系统工程与信息，2014，14（5）：67-73.

[72] ALIREZA T, HANI S M, SAMER H H. Modeling lane-changing behavior in a connected environment: a game theory approach [J]. Transportation Research Procedia, 2015 (7): 216-232.

[73] 王克刚. 汽车集群态势与驾驶倾向性的耦合作用机制 [D]. 淄博：山东理工大学，2015.

[74] WANG X Y, et al. Driver's behavior and decision-making optimization model in mixed traffic environment [J]. Advances in Mechanical Engineering, 2015, 7(2): 759571.

[75] WANG X Y, et al. The drivers' lane selection model based on mixed fuzzy many-person multi-objective non-cooperative game [J]. Journal of Intelligent & Fuzzy Systems, 2017, 32 (6): 4235-4246.

[76] 王广艳. 适应汽车安全预警系统的驾驶倾向性研究 [D]. 淄博：山东理工大学，2014.

[77] 吴大磊，等. 利用小样本数据计算车辆年平均行驶里程的研究 [J]. 交通运输系统工程与信息，2009，9（2）：155-160.

[78] 张梦航. 基于实车仿真的不同风险等级下新手驾驶人跟车行为研究 [D]. 上海：上海交通大学，2014.

[79] 蒋小梅，等. 基于J48决策树分类器的情绪识别与结果分析 [J]. 计算机工程与设计，2017，38（3）：761-767.

[80] 王晓原，张敬磊，BAN. X G 基于动态人车环境协同推演的汽车驾驶倾向性辨识 [M]. 北京：科学出版社，2013.

[81] 毛恩荣，周一鸣. 机动车驾驶人场依存性和速度估计能力对行车安全性的影响 [J]. 中国农业大学学报，1997（2）：114-118.

[82] 刘金. 基于人车环境动态数据协同推演的汽车驾驶倾向性特征提取及辨识 [D]. 淄博：山东理工大学，2012.

[83] AZNARTE J L, MEDEIROS M C, BENÍTEZ J M. Linearity testing for fuzzy rule-based models[J]. Fuzzy Sets and Systems, 2010, 161 (13): 1836-1851.

[84] JOHNSON R A, WICHERN D W. Applied multivariate statistical analysis [M]. Upper Saddle River, NJ: Prentice hall, 2002.

[85] ERNST R, BERIT F, RAINER H. Emotional states of drivers and the impact on speed, acceleration and traffic violations-A simulator study [J]. Accident Analysis & Prevention, 2014 (70): 282-292.

[86] RANI P, et al. An empirical study of machine learning techniques for affect recognition in human-robot interaction [J]. Pattern Analysis and Applications, 2006, 9(1): 58-69.

[87] ADOLF D M. Traffic flow fundamentals [M]. Denver: Pearson College Division, 1990.

[88] COOPER G, HERSKOVITS E. A Bayesian Method for the Induction of Probabilistic Networks from Data [J]. Machine Learning, 1992 (9): 309-347.

[89] 王梦莎. 多车道动态复杂环境下汽车驾驶倾向性的转移机制 [D]. 淄博：山东理工大学，2014.

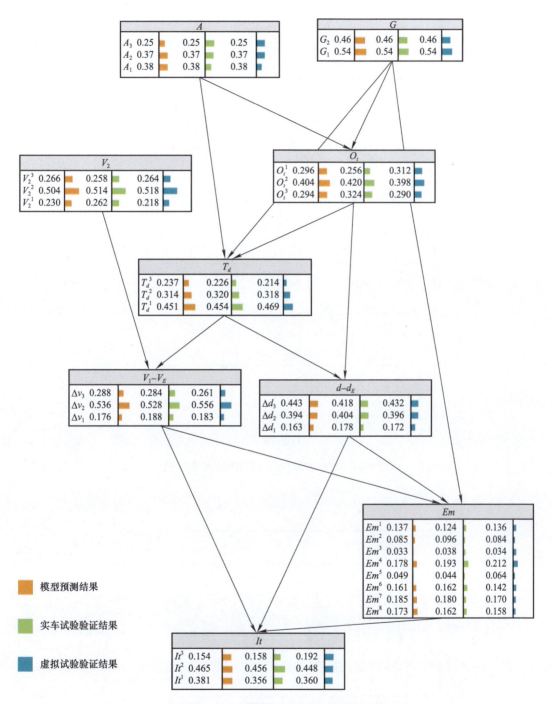

图 4-17 贝叶斯网络中各节点的概率分布

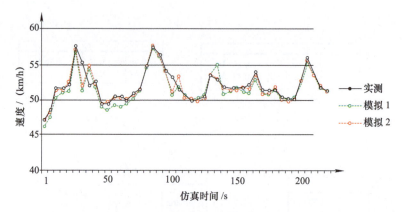

图 4-47　目标车速度的模型仿真结果

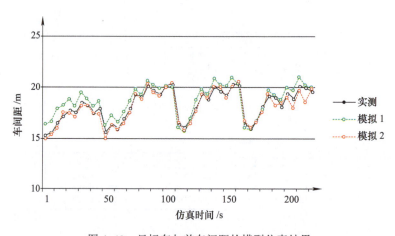

图 4-48　目标车与前车间距的模型仿真结果

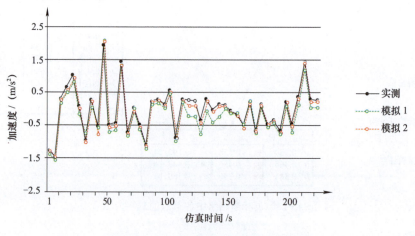

图 4-49　目标车加速度的模型仿真结果

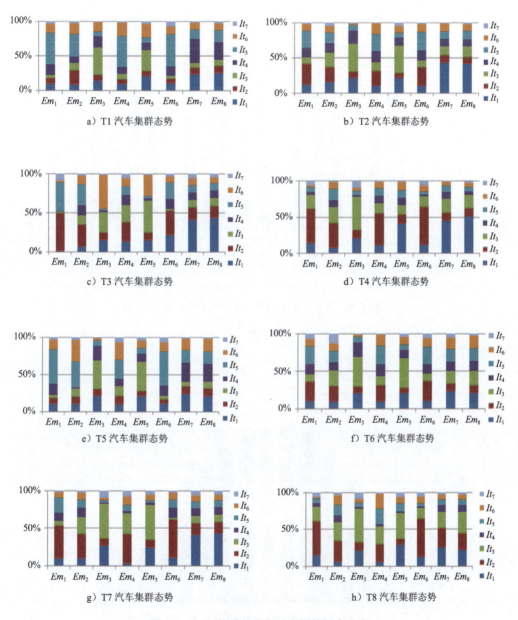

图 5-7 不同情感状态驾驶意图的概率分布

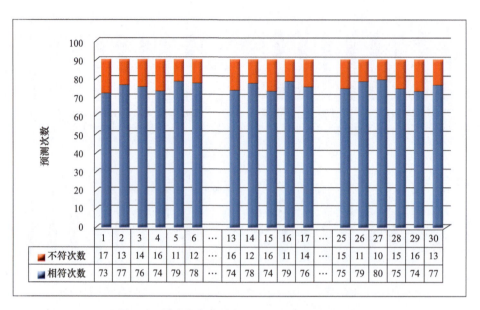

图 6-8　道路实车实验预测结果与实测结果对比

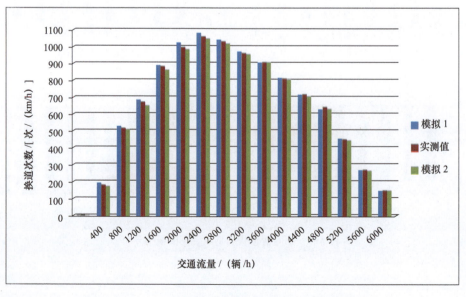

图 6-10　三车道道路车辆换道次数模拟值与实测值对比